"十四五"时期国家重点出版物出版专项规划项目（重大出版工程）

中国工程院重大咨询项目

实施乡村振兴战略重大问题研究丛书

第 五 卷

乡村振兴绿色环境发展战略研究

中国工程院"乡村振兴绿色环境发展战略研究"课题组

侯立安　席北斗　黄彩红　刁晓平　主编

科学出版社

北　京

内 容 简 介

本书是中国工程院重大咨询项目"实施乡村振兴战略重大问题研究丛书"成果丛书的第五卷,是重大咨询项目课题"乡村振兴绿色环境发展战略研究"的总结。全书基于"乡村环境调查诊断与绿色发展模式研究""乡村绿色环境发展战略与保障措施研究""典型区域乡村绿色环境发展战略研究:海南为例进行验证评估"三个专题的研究报告,依据地理位置、资源禀赋与经济水平差异,重点调研了经济大省浙江、农业大省山东、水网发达省份湖北、缺水寒冷省份(自治区)宁夏和陕西、海岛型特色省份海南等地区的 50 余个乡村,分析限制我国不同区域、不同类型典型乡村环境发展的主要环境问题与成因,总结和借鉴国内外先进经验,提出我国乡村绿色环境发展的方向、路径、工程措施与建议,形成我国乡村振兴绿色环境发展战略。同时,对海南典型乡村绿色环境发展模式进行了案例分析。

本书适合国内从事乡村振兴战略研究的人员,以及从事国家生态环境保护、农业农村环保研究的科研与管理人员阅读,还可供农业与资源环境专业大专院校师生参考。

图书在版编目(CIP)数据

乡村振兴绿色环境发展战略研究/侯立安等主编. —北京:科学出版社,2023.3

(实施乡村振兴战略重大问题研究丛书. 第五卷)

"十四五"时期国家重点出版物出版专项规划项目(重大出版工程)

中国工程院重大咨询项目

ISBN 978-7-03-075223-9

Ⅰ.①乡… Ⅱ.①侯… Ⅲ.①农村–社会主义建设–研究–中国 Ⅳ.①F320.3

中国版本图书馆 CIP 数据核字(2023)第 047024 号

责任编辑:马 俊 孙 青 / 责任校对:郑金红
责任印制:吴兆东 / 封面设计:无极书装

科学出版社 出版

北京东黄城根北街 16 号
邮政编码:100717
http://www.sciencep.com

北京建宏印刷有限公司 印刷

科学出版社发行 各地新华书店经销

*

2023 年 3 月第 一 版 开本:787×1092 1/16
2023 年 3 月第一次印刷 印张:12 1/4
字数:290 000

定价:158.00 元

(如有印装质量问题,我社负责调换)

乡村振兴绿色环境发展战略研究
课题组成员名单

组　长　侯立安　中国人民解放军火箭军工程大学，院士
副组长　席北斗　中国环境科学研究院，研究员
副组长　刁晓平　海南大学，教授
联系人　黄彩红　中国环境科学研究院，研究员

课题研究组

侯立安　中国人民解放军火箭军工程大学，院士

席北斗　中国环境科学研究院，研究员

刁晓平　海南大学，教授

黄彩红　中国环境科学研究院，研究员

李鸣晓　中国环境科学研究院，研究员

张列宇　中国环境科学研究院，研究员

何小松　中国环境科学研究院，研究员

赵　颖　中国环境科学研究院，研究员

金鹏康　西安建筑科技大学，教授

檀文炳　中国环境科学研究院，副研究员

杨天学　中国环境科学研究院，副研究员

党秋玲　中国环境科学研究院，副研究员

赵海洋　火箭军工程设计研究院，工程师

刘　刚　海南大学，副教授

王　旭　海南大学，副教授

彭丽成　海南大学，副教授

张金萍　海南师范大学，副教授

李　江　贵州大学，副教授

李　伟　中国环境科学研究院，工程师

李玉倩　中国环境科学研究院，助理研究员

侯佳奇　中国环境科学研究院，助理研究员

张　颖　中国环境科学研究院，工程师

报告编制组

侯立安　席北斗　刁晓平　黄彩红　李　伟

李鸣晓　夏湘勤　吴伟霞　郭　威　唐朱睿

丛　书　序

实施乡村振兴战略并将其写入《中国共产党章程》，是党中央着眼于"两个一百年"奋斗目标导向和农业农村短腿短板的问题导向作出的重大战略安排，是实现国家现代化和中华民族伟大复兴的重要前提。在中国特色社会主义进入新时代、社会主要矛盾发生变化的背景下，必须全面总结乡村发展现状和实施乡村振兴战略面临的重大核心问题，充分梳理乡村振兴战略的国际经验教训，综合探索推进乡村振兴战略的科技需求和实施路径，系统设计落实乡村振兴战略的政策措施。

2018年3月，中国农业发展战略研究院牵头，联合中国工程院、中国农业科学院、中国农业大学、华中农业大学、中国建筑集团股份有限公司、中国环境科学研究院、中国社会科学院、同济大学等多家机构的专家启动了"实施乡村振兴战略重大问题研究"重大咨询项目。项目由中国工程院院长周济院士，农业农村部副部长韩俊，中国工程院原副院长沈国舫院士，中国林业科学研究院张守攻院士，中国工程院原副院长赵宪庚院士，中国农业科学院党组书记陈萌山研究员，中国农业大学校长孙其信教授，国家发展和改革委员会宏观经济研究院马晓河研究员，科技部中国农村技术开发中心贾敬敦研究员担任顾问；由中国工程院党组书记、院长李晓红院士和副院长邓秀新院士，以及中国农业科学院院长唐华俊院士共同担任负责人。项目设置了加快农业农村现代化发展战略研究、科技创新支撑乡村振兴战略研究、城乡融合发展战略研究、新型乡村建设战略与推进策略研究、乡村振兴绿色环境发展战略研究等课题。

项目从产业兴旺、生态宜居、乡风文明、治理有效及生活富裕五个方面对乡村振兴现状进行总体评价；在针对当前到2035年实施乡村振兴战略进程中存在的加快农业农村现代化发展、科技创新支撑乡村振兴、城乡融合发展、新型乡村建设战略与推进策略、乡村振兴绿色环境发展、乡村治理发展战略研究等重大战略问题进行重点研究的基础上，借鉴国际经验教训和国内发展区域成功案例，提出解决乡村振兴战略过程中存在的重大问题的战略路径，设计出支撑乡村振兴战略落地的若干重大工程，提出重要政策建议，为中国顺利推进乡村振兴战略建言献策。

项目的实施为国家顺利推进乡村振兴战略提供了智力支撑。具体而言，项目认为应该坚持生产为基、生活为本、生态为先，实现农业农村的"三生三美"——生产美、产业强，生态美、环境优，生活美、农民富，全面提升农业农村的"六化三力"——标准化、绿色化、专业化、智能化、融合化、再工业化，让农村有活力、有吸引力、有竞争力、建设富裕、美丽、平等、文明的新乡村。在此基础上，项目提出了乡村振兴战略重点。一是促进"三个融合"，即促进"产城融合"、"产村融合"和"三产融合"。其中，促进"产城融合"要优化产业功能布局，促进"产村融合"要大力推动产业强村，促进"三产融合"要提升农业农村整体效益。二是健全"三个机制"，即健全城乡生产要素双向流动机制、农业农村投融资体制机制、乡村振兴的政府治理机制；其中，健全城乡生产要素双向流动机制要构建要素"上山下乡"新格局，健全农业农村投融资体制机制要构建政府引导多元参与的投资体系，健全乡村振兴的政府治理机制要提升乡村治理体系和治理能力现代化水平。三是实现"三个发展"，即农业高质量发展、农村绿色发展和农民创新发展；其中，农业高质量发展目的是全面提升农业质量效益和竞争力，实现质量变革、效率变革、动力变革，农村绿色发展目的是寻找乡村规划与建设、清洁能源供给、生态环境有效治理、高效公共服务的解决方案，农民创新发展目的是探索农业科技、教育、推广体系相结合的适合于农民创新发展的新模式，建立不同模式的创新型乡村示范点。

"实施乡村振兴战略重大问题研究丛书"是众多院士和多部门多学科专家、企业工程技术人员及政府管理者辛勤劳动和共同努力的结果，再次向他们表示衷心的感谢，特别感谢丛书顾问组的指导。

希望本丛书的出版，对深刻认识乡村振兴战略的重大意义，准确判断我国乡村振兴的发展水平，明确乡村振兴战略的发展愿景和重点方向等方面起到战略性的、积极的推动作用。

实施乡村振兴战略重大问题研究丛书

编委会

2022 年 5 月 9 日

前　言

实施乡村振兴战略是党的十九大作出的重大国家战略，是新时代"三农"工作的总抓手。2017年12月，中央农村工作会议部署了乡村振兴战略实施步骤及保障，系统提出"中国特色社会主义乡村振兴道路"，要求坚持人与自然和谐共生，走乡村绿色发展之路。乡村绿色环境发展，既包括农业绿色发展，也包括生态环境保护，在乡村振兴背景下提出乡村绿色环境发展，对推动和实施乡村振兴战略具有重要意义。

"乡村振兴绿色环境发展战略研究"是2018年3月中国工程院启动实施的重大咨询项目"实施乡村振兴战略重大问题研究"的课题之一。课题主要目标是系统分析限制我国乡村环境发展的主要问题与成因，提出乡村绿色环境发展的方向、路径、工程措施与建议，形成我国乡村振兴绿色环境发展战略，为新时代农业农村生态环境保护工作提供战略参考，为国家科学制定乡村振兴规划及全国乡村振兴战略的实施提供科学的基础支撑。

为深入研究乡村振兴绿色环境发展战略，课题下设"乡村环境调查诊断与绿色发展模式研究""乡村绿色环境发展战略与保障措施研究""典型区域乡村绿色环境发展战略研究：海南为例进行验证评估"三个专题，分别由中国环境科学研究院、中国人民解放军火箭军工程大学、海南大学承担。经过课题组20余名专家共同努力，系统调研了全国不同地理位置、资源禀赋与经济水平的典型乡村环境问题与优秀案例。课题组调研足迹遍布多个省市，获得了大量基础资料，经报告编制组梳理凝练，邀请相关领域专家160余人次，系统开展咨询和调研，最终完成课题研究任务。本书成稿时间为2019年6月，书稿中的内容也基本以此时间为准，在编辑出版过程中进行了部分更新。

《乡村振兴绿色环境发展战略研究》一书共分为九章，第一章由李伟、吴伟霞撰稿，第二章由唐朱睿、夏湘勤撰稿，第三章由李鸣晓撰稿，第四章由席北斗撰稿，第五章由李玉倩撰稿，第六章由张列宇、李鸣晓、金鹏康、李江等撰稿，第七章由侯立安、席北斗、黄彩红撰稿，第八章由黄彩红、郭威撰稿，第九章由刁晓平、刘刚、王旭等撰稿，全书由黄彩红统稿。

本书旨在研究从环境保障角度如何有效支撑乡村振兴战略，在撰写过程中广泛征求各个领域专家的意见与建议，成稿综合了包括中国环境科学研究院、中国人民解放军火箭军工程大学、海南大学、中国农业科学院、海南师范大学、贵州大学、西安建筑科技大学等多个研究单位的专家在各自领域的观点和成果，是生态环境与农业研究领域众多工程科技人员的集体智慧，在此特对参加相关研究的人员表示衷心感谢。限于时间和水平，资料数据收集有限，不妥之处在所难免，恳请广大读者批评指正。

乡村振兴绿色环境发展战略研究

课题组

2022 年 12 月

目　录

第一章　乡村环境发展战略概述

一、乡村环境发展战略提出背景

党的十九大报告中首次提出乡村振兴战略。2017 年 12 月，中央农村工作会议部署了乡村振兴战略的实施步骤及保障，系统提出"中国特色社会主义乡村振兴道路"，要求坚持人与自然和谐共生，走乡村绿色发展之路。2021 年 2 月《中共中央　国务院关于全面推进乡村振兴加快农业农村现代化的意见》发布，提出"农村生产生活方式绿色转型取得积极进展，化肥农药使用量持续减少，农村生态环境得到明显改善"的目标。乡村绿色环境发展，既包括农业绿色发展，也包括生态环境保护，不仅要求乡村美在环境、美在生态、美在文明，还对农村文化氛围、乡风民俗提出了更高的要求，在乡村振兴背景下提出的乡村绿色环境发展，对推动和实施乡村振兴发展战略具有重要意义。

基于我国乡村环境问题的区域差异，本研究系统分析诊断限制我国不同区域、不同类型典型乡村环境发展的主要问题与成因，总结国内外先进经验，提出乡村绿色环境发展的方向、路径、工程措施与建议，形成我国乡村振兴绿色环境发展战略。

二、乡村环境发展重大意义

十八大以来，党和国家把生态文明建设纳入了中国特色社会主义"五位一体"总体布局和"四个全面"战略布局，这对于实现中华民族伟大复兴的中国梦意义重大。党的十九大报告指出，中国特色社会主义进入新时代，我国社会主要矛盾已经转化为人民日益增长的美好生活需要和不平衡不充分的发展之间的矛盾。民族要复兴，乡村必振兴。

习近平总书记在 2021 年中央农村工作会议上强调，脱贫攻坚取得胜利后，要全面推进乡村振兴，这是"三农"工作重心的历史性转移。实施乡村振兴战略是全面建成小康社会的关键和重要内容，绿色发展是生态文明建设的必然要求，保障农业农村绿色发展、农民绿色生活是实现生态宜居总体要求的根本途径，是以获得感、幸福感、安全感满足人民美好生活向往的新时代需要。

三、乡村环境发展总体要求

农业农村的发展问题，归根结底是农民的发展问题，乡村振兴的主体是农民。以绿色发展引领乡村振兴环境生态宜居建设，将使农民绿色发展理念和生态保护意识得到加强、绿色生产技能不断提高、绿色生活习惯逐渐养成，农村人居环境全面改善，"气–土–水–生–人"和谐共处，农民的幸福感、获得感、安全感得到切实提升，推动实现农业强、农村美、农民富的有机统一。

第二章　乡村环境发展现状与振兴基础

一、农业发展现状与基础

　　农业是国民经济的基础。为实现我国经济腾飞及综合实力的提高，我国一直在探索农业的发展道路，并在农业科技、经济和社会各个方面都取得了巨大成就。农业综合生产能力实现新突破、农业产业发展取得新跨越、农业绿色发展取得新进展，但农业仍是全面现代化的薄弱环节和难点。然而，人口与环境配置不协调，造成对环境的巨大压力，也成为农业发展的瓶颈。化肥、农药、农膜的使用，对粮食的增产发挥了重要的作用，同时也造成了较大程度的农业面源污染，秸秆未利用和已利用方式较粗放，水产养殖污染导致水体富营养化程度加剧，以及水资源缺乏等问题，都成为制约农业发展的重要因素。

　　自 1978 年中国率先在农村实行经济体制改革后，中国的农业和农村的经济、社会状况发生了巨大的变化，主要农产品的供给已基本摆脱了短缺状况。农村废除了高度集中统一管理的人民公社制度，基本上废除了政府统一定价、国家计划收购、国家配给性销售的农产品流通体制。此外，农民的收入和生活水平明显提高，绝大多数农民摆脱贫困。20 世纪 70 年代以来，特别是改革开放以来，科学技术的巨大进步和物质投入的增加，提高了农业综合生产能力，结束了主要农产品长期短缺的历史，用世界上 7%的土地养活了世界 22%的人口，而且使农民生活从温饱迈向了小康，极大地提高了我国农业的国际地位，农业的发展使乡村振兴战略实施具备了更好的基础。

二、农村经济发展现状与基础

　　改革开放 40 多年来，党和政府坚持不懈地将改革作为推进农村发展的根本动力，农村改革和发展取得了历史性成就，符合国情、农情的农村经济体制初步建立。在不断深化农村改革背景下，我国初步建立了适应发展社会主义市场经济要求的农村经济体制，实行以家庭承包经营为基础、统分结合的双层经营体制，深化农村土地制度改革，实行农村承包土地所有权、承包权、经营权"三权分置"，巩固和完善农村基本经营制度，实行集体所有制为主体、多种所有制经济共同发展的所有制结构，稳步推进农产品流通体制改革，强化市场机制在资源配置中的作用，确定"市场定价、价补分离"的农产品价格形成机制改革的基本方向，努力建立健全农村市场体系。农业经济结构持续优化，第一产业即农业增加值占国内生产总值的比例由 1978 年的 28.1%下降到 2017 年的7.9%；不断调优农业产业结构，2017 年在农村三次产业增加值中，第一、第二、第三产业的比例分别为 33.5%、51.7%和 14.9%。

　　改革开放以来，我国粮食产量大幅提高，切实解决了全国人口的粮食问题。在这个过程中，农村机械化也在逐步推进，这大幅提高了农村生产水平（表 2-1）。然而，与世界发达国家相比，我国农村产业化发展仍处于规模小、水平低的程度。自 2008 年国家实行"以奖促治"政策以来，环境保护部（现生态环境部）、财政部先后出台多个规范性文件，安排农村环保专项资金，指导和推动各地开展农村环境连片整治。当前，我国存在农村土地荒置、农业科技含量不高、资源转化率与利用率低、城乡收入差距大、劳动生产发展相对缓慢等问题，在一定程度上制约了农村经济发展。然而，随着人均国民总收入高于中等收入国家平均水平，且进入工业化后期阶段，城市辐射带动农村的能力显著增长，我国已经具备了促进乡村全面振兴的经济基础。

表 2-1　1990～2019 年农村经济主要指标

指标	单位	1990 年	1995 年	2000 年	2015 年	2016 年	2017 年	2018 年	2019 年
一、农业机械总动力	亿 W	2 870.8	3 611.8	5 257.4	11 172.8	9 724.6	9 878.3	10 037.2	10 275.8
二、农林牧渔业总产值	亿元	7 662.1	20 340.9	24 915.8	101 893.5	106 478.7	109 331.7	113 579.5	123 967.9
三、农林牧渔业增加值	亿元	5 061.8	12 135.1	14 943.6	59 852.6	62 451.0	64 660.0	67 558.5	73 567.1
四、主要农产品产量									
粮食	万 t	44 624.3	46 661.8	46 217.5	66 060.3	66 043.5	66 160.7	65 789.2	66 384.3
棉花	万 t	450.8	476.8	441.7	590.7	534.3	565.3	610.3	588.9
油料	万 t	1 613.2	2 250.3	2 954.8	3 390.5	3 400.0	3 475.2	3 433.4	3 493.0
糖料	万 t	7 214.5	7 940.1	7 635.3	11 215.2	11 176.0	11 378.8	11 937.4	12 169.1
黄红麻	万 t	72.6	37.1	12.6	4.8	3.4	2.9	2.9	2.9
烤烟	万 t	225.9	207.2	223.8	249.6	244.5	227.9	211.0	202.1
猪牛羊肉	万 t	2 513.5	4 265.3	4 743.2	6 702.2	6 502.6	6 557.5	6 522.9	5 410.1
牛奶	万 t	415.7	576.4	827.4	3 179.8	3 064.0	3 038.6	3 074.6	3 201.2
禽蛋	万 t	794.6	1 676.7	2 182.0	3 046.1	3 160.5	3 096.3	3 128.3	3 309.0
水产品	万 t	1 237.0	2 517.2	3 706.2	6 211.0	6 379.5	6 445.3	6 457.7	6 480.4
水果	万 t	1 874.4	4 214.6	6 225.1	24 524.6	24 405.2	25 241.9	25 688.4	27 400.8
五、农村物价总指数（上年=100）									
农产品生产价格总指数	/	97.4	119.9	96.4	101.7	103.4	96.5	99.1	114.5
农村商品零售价格指数	/	103.2	116.4	98.5	100.3	100.9	101.3	102.1	—
农业生产资料价格指数	/	105.5	127.4	99.1	100.4	100.1	100.6	103.1	104.6
农村居民消费价格指数	/	104.5	117.5	99.9	101.3	101.9	101.3	102.1	103.2
六、农村居民人均可支配收入	元	—	—	—	11 421.7	12 363.4	13 432.4	14 617.0	16 020.7
农村居民人均消费支出	元	—	—	—	9 222.6	10 129.8	10 954.5	12 124.3	13 327.7
七、农村教育、卫生									
在校学生数									
普通中学	万人	2 739.0	2 773.0	3 586.3	779.5	742.7	721.3	730.5	733.3
普通小学	万人	9 595.6	9 306.2	8 503.7	2 965.9	2 891.7	2 775.4	2 666.4	2 557.5
乡镇卫生院床位数	万张	72.3	73.3	73.5	119.6	122.4	129.2	133.4	137.1
乡镇卫生人员	万人	—	105.2	117.0	127.8	132.1	136.0	139.1	144.5

注：—表示此项无数据；/表示无单位。

三、农村发展与人口就业情况

作为一个农业大国，我国正处于并将长期处于社会主义初级阶段，且农村人口在总人口中占据较大的比例。因此，我国发展的首要问题仍是提升农村的发展水平。伴随着城镇化的快速发展，人们的整体生活水平得到了提高，农村改革展开新布局、乡村治理取得新成就，农民生活水平得到巨大提升。2020年，我国全面建成小康社会，决战脱贫攻坚取得决定性胜利，历经8年，近1亿农村贫困人口全部脱贫，832个贫困县全部摘帽。近年来，尽管农村居民的收入和生活水平在不断提高，农村的生态环境建设工作仍存在较大的提升空间。

1978～2019年全国乡村人口和乡村就业人员情况见表2-2，乡村人口比例逐年减少，第一产业人员所占比例也在逐年递减。

表 2-2　1978～2019 年全国乡村人口和乡村就业人员情况

年份	乡村人口		乡村就业人员数（年末）/万人	第一产业	
	人口数/万人	占总人口比例/%		人员数/万人	所占比例/%
1978	79 014	82.1	30 638	28 318	92.4
1980	79 565	80.6	31 836	29 122	91.5
1985	80 757	76.3	37 065	31 130	84.0
1990	84 138	73.6	47 708	38 914	81.6
1991	84 620	73.1	48 026	39 098	81.4
1992	84 996	72.5	48 291	38 699	80.1
1993	85 344	72.0	48 546	37 680	77.6
1994	85 681	71.5	48 802	36 628	75.1
1995	85 947	71.0	49 025	35 530	72.5
1996	85 085	69.5	49 028	34 820	71.0
1997	84 177	68.1	49 039	34 840	71.0
1998	83 153	66.7	49 021	35 177	71.8
1999	82 038	65.2	48 982	35 768	73.0
2000	80 837	63.8	48 934	36 043	73.7
2001	79 563	62.3	48 674	36 399	74.8
2002	78 241	60.9	48 121	36 640	76.1
2003	76 851	59.5	47 506	36 204	76.2
2004	75 705	58.2	46 971	34 830	74.2
2005	74 544	57.0	46 258	33 442	72.3
2006	73 160	55.7	45 348	31941	70.4
2007	71 496	54.1	44 368	30 731	69.3
2008	70 399	53.0	43 461	29 923	68.9
2009	68 938	51.7	42 506	28 890	68.0
2010	67 113	50.1	41 418	27 931	67.4
2011	65 656	48.7	40 506	26 594	65.7
2012	64 222	47.4	39 602	25 773	65.1

续表

年份	乡村人口		乡村就业人员数（年末）/万人	第一产业	
	人口数/万人	占总人口比例/%		人员数/万人	所占比例/%
2013	62 961	46.3	38 737	24 171	62.4
2014	61 866	45.2	37 943	22 790	60.1
2015	60 346	43.9	37 041	21 919	59.2
2016	58 793	42.5	36 175	21 496	59.4
2017	57 661	41.5	35 178	20 944	59.5
2018	56 401	40.4	34 167	20 258	59.3
2019	55 162	39.4	33 224	19 445	58.5

第三章 乡村环境现状与短板

随着城镇化的不断推进，我国农村生活水平不断提高，环境污染却日益累积。近年来，农村水污染问题突出，农村水污染防治环节薄弱。2018年2月，中央办公厅、国务院办公厅印发《农村人居环境整治三年行动方案》，方案提出"以房前屋后河塘沟渠为重点实施清淤疏浚，采取综合措施恢复水生态，逐步消除农村黑臭水体"的具体要求。2019年7月8日，生态环境部会同水利部、农业农村部印发了《关于推进农村黑臭水体治理工作的指导意见》，将农村水污染问题再次与《农业农村污染治理攻坚战行动计划》等相关任务协同推进。党的十八大以来，农村基本服务设施大力改善，农民生态文明意识不断加强，农村人居环境持续改善，但仍有部分问题需要解决。

一、乡村环境分区特征

我国乡村因其地理区划、经济水平、生态环境类型不同，呈现显著的区域差异，复杂程度较高，难以用统一标准进行环境保护规划与环境问题防治。

依据地理区划可将我国乡村地区分为东北和华北地区、华中和华东地区、西南和华南地区，以及西北地区；依据经济水平，可将我国乡村地区分为华东和华南等经济发展水平较高地区，西北、西南和东北等经济欠发达地区，以及华中和华北经济基础较好地区；依据生态环境类型，可将我国乡村地区分为生态条件较为脆弱的西北地区，气候条件温和、自然条件优良的华中和西南地区，以及生态破坏较为严重的华北、东北和华东地区。

（一）地理区划

1）东北和华北地区的主导气候类型为温带季风气候，冬冷夏热、雨热同期，主要粮食作物为小麦、玉米、高粱，油料作物为花生、大豆，糖料作物为甜菜。农药化肥的过量使用、秸秆焚烧、畜禽粪便不当处置和农膜残留是东北和华北地区的主要乡村环境问题。吉林省对农民测土配方施肥和生物防治病虫害的指导普及率低，造成农药用量过大、利用率偏低等不良后果。河北省为了提高有限土地的产出效益，大量使用化肥和农药。除此之外，由于秸秆处置成本高、难度大，东北和华北地区秸秆焚烧的情况依然严重。秸秆焚烧会产生大量有毒有害物质，加重雾霾天气，对人体健康形成巨大威胁。仅2017年12月，卫星遥感数据就监测到全国秸秆焚烧火点87个。

2）华中和华东地区的主导气候类型为温带季风气候，分布有我国主要的耕地和林地，农药化肥和畜禽养殖的面源污染问题突出。此外，农村饮用水源多为井水水源，饮用水源地较为分散，缺乏必要的饮用水源保护措施。地下水水源容易因村民放牧、养殖、生产等行为而受污染。浙江省的农作物种植以粮食、蔬菜和水果为主，大部分农村地区为中度农业面源污染风险区。近年来浙江省化肥使用总量有所降低，但单位产量农作物消耗的化肥量有所增加，即利用率较低。由于自然条件适宜，浙江省台州市、桐庐县农业发展水平高，农业面源污染贡献的化学需氧量（COD）、总氮（TN）和总磷（TP）是污染负荷的主要来源。汉江流域农业较为发达，河南省、湖北省各地区的 TN、TP 污染负荷均以农田化肥和畜禽养殖为主，且农田化肥贡献较高。湖北省是畜禽养殖业规模大省，部分养殖场建设规模与沼气处理池大小不相适应，沼气池处理效率低。长沙市望城区养殖户较多，养殖量大，且畜禽养殖场所与居民生活区混杂。小规模的养殖户由于缺乏环境意识，随意堆放粪便，随意排放冲洗污水，导致地表水体严重富营养化、地下饮水井水质恶化。

3）西南和华南地区的主导气候类型为亚热带季风气候，温暖湿润，大部分为水田，主要农作物有水稻、油菜、甘蔗。南方地区畜牧业发达，农业畜禽粪便污染问题突出，导致了地下水重金属污染等环境问题。2010 年《第一次全国污染源普查公报》显示，畜禽养殖业源 COD 排放量超过工业源和城镇生活源。随着居民生活质量的提高，畜禽粪便及粪水的排放量逐年增加。畜禽粪便若不加以处置，一旦随地表径流流入水体，将带来更为严重的污染。此外，资源化畜禽粪便的排放、使用标准和利用方式也是当前存在的主要问题。2015 年四川省畜禽粪污量约 4730 万 t，有效处理率不足 50%。畜禽粪中含有重金属、抗生素及有害微生物等，未经无害化处理直接排放，将加重农田和流域污染负荷。

4）西北地区为非季风区，降水少，以畜牧业为主要经济产业。受限于干旱的气候条件，西北地区农药、化肥过量使用和农膜污染问题突出。新疆经济发展水平较低，农村环境基础设施严重落后，农村环境管理制度和管理机构不健全，农业施肥和施肥配套技术不完善，农民对于使用农药和化肥的知识并不了解。甘肃省大力发展日光温室，近年来聚乙烯塑料薄膜使用量不断上升。废弃的农膜除少数被再利用外，大部分被农户任意丢弃。据统计，我国农田每年会新增 20 万～30 万 t 不能降解的残留农膜。部分农膜残存于农田土壤中，极易造成耕地理化性状恶化，致使土壤板结、通透性变差。

（二）经济水平

1）华东和华南等经济发展水平较高地区，城乡一体化发展程度较高，城乡差异不显著。这些地区农民生活条件较好，生活污染源类似于中小城镇，因此对于污染物排放标准也相应较为严格。浙江省农村生活污水主要包括厨房用水、粪尿水、洗衣水、养殖污水等，污染类型主要为面源污染，污染不集中且分布面广。大量污水不经处理直接排入环境，容易造成附近水体富营养化，从而影响生态环境。上海市崇明区农村的一级生活污水处理设施为化粪池，化粪池常选择三格式化粪池。三格式化粪池造价低廉，在正常使用情况下可以去除粪便污水中 50%的 5 日生化需氧量（BOD_5）和重铬酸盐化学需氧量（COD_{Cr}），但出水水质如要达到《污水综合排放标准》（GB 8978—1996）一级标准，则需进一步处理。

2）西北、西南和东北等经济欠发达地区，农村环境基础设施建设普及率及利用率低，农村生活污水、生活垃圾的处理率低，农村生活污染情况较为严重。这些地区乡村环保建设严重缺乏资金，环保执法人员有限，解决环境污染问题往往难以得到财政保障。黑龙江省经济发展水平有限，对农村垃圾的环境污染和危害处理不够重视、投入不足，无专职人员和部门对农村垃圾进行收运和处理，绝大部分生活垃圾随意堆放。贵州省农村生活污水的治理起步较晚，最初的农村污水处理工程主要建于环境较为敏感的沿湖村寨，近年来农村污水处理设施的范围才逐步扩大。在这些经济欠发达地区还存在着农民厕所文化意识薄弱的问题，粪污处置不当给人体健康带来极大的风险。在农村使用旱厕，排水沟里污水、畜禽粪便随处可见。贵州省近年来在开展无害化厕所普及工作，但受限于资金和自然条件，仍有相当比例的农户使用非无害化卫生厕所，极易导致周围环境和饮用水水源受到粪便污染。这些地区同样存在着农民人文意识薄弱，对"文明、健康、科学"的现代化绿色生活方式认识不够的问题。农民主要从事小规模的农业生产，具有典型的自给和半自给的特征，由于追求短期的经济效益，缺乏专业的技术支持，很容易忽视社会和生态的效益。改革开放之前，乡村对资源的"节约利用""集约利用"比较重视，很少见到资源浪费的现象。但近十年来，随着居民生活水平的提高，乡村资源浪费现象随处可见。长期以来，环境保护的重点大都放在了城市、工业集聚地、流域、自然保护区、风景文物保护区等，忽视了农村特别是贫困地区农村的环保问题。农民很难获得环保政策、法律、法规的教育，对环保常识了解甚少。

3）华中和华北经济基础较好地区也存在着基础环境设施建设不足，或已建成设施运行管理不善的现象。河北省拥有环境污染治理和预防措施的行政村仅仅占 23.8%，这对环境造成了巨大的伤害，很多生活垃圾无法进行科学合理的处理，被直接堆积在地头、路边或者沟渠等地方，造成严重的环境污染。山西省境内的农村生活污水随意排放现象很普遍，大部分村庄没有修建排污管道和污水处理设备系统，绝大部分的农村生活污水未经处理直接排放，影响农村居住环境卫生，同时严重污染境内的黄河、汾河等的水环境。湖北荆州农村都没有污水通道和统一的污水处理系统，生活污水都是经简易的排水沟排放到空地或者直接倾倒在室外，最终渗入地下，影响地下水的水质。湖南长沙的村民生活污水的产生、排放也非常分散和无序，污水产生后绝大多数都没有经过任何处理就排入了附近的沟渠、河流。这些沟渠、河流汇入整治区域的主要河流，最终进入湘江，加剧了湘江流域水环境污染程度。这些地区相比于经济较发达省份，存在着乡村环境防治技术体系与标准体系不健全的问题。我国关于农村环境保护的法律法规，大多数都是分散在其他的法律文件之中，其内容也只是概括性的。由于没有较为健全的与乡村生态环境保护相关的法律法规，对随意排放污染物的企业没有依法惩处的法律依据。此外，对于政策性文件的不同解读，也成为一些企业规避风险的工具。

（三）生态环境类型

当前，我国生态环境已进入面临大范围生态退化和复合性环境污染的新阶段。与 20世纪 80 年代相比，我国生态与环境问题在类型、规模、结构、性质和影响程度上都发生了深刻变化。目前，我国仅 1/3 左右的国土生态环境质量优良，而 1/3 的国土生态环境处于差或较差水平；区域、流域生态破坏在加剧，新的生态问题不断涌现，原生生态环境在加速衰退，系统性生态环境问题更加突出，显性的生态问题向隐性的生态问题转变。从总体上看，生态系统呈现由结构性破坏向功能性紊乱演变的发展态势，局部地区生态退化的现象有所缓和，但生态退化的实质没有改变，生态退化的趋势在加剧，生态系统更不稳定，生态服务功能持续下降，生态灾害在加重，生态问题更加复杂化。地理区位和自然条件不同，其生态环境问题也呈现明显差异。

1）西北地区生态条件较为脆弱，但其矿产资源极其丰富，畜牧业也较为发达。西北地区掠夺式采石开矿，严重破坏原有的地质、生态环境；工矿企业废水、废渣、废气污染对人体健康安全造成极大伤害。新疆西北部地区乡村过度放牧和开垦草原、推广农牧民定居、矿物资源开采和城市化运动导致草原面积急剧萎缩、水资源枯竭，以及草场退化、沙漠化等问题。甘肃卓尼县由于过去一度采掘式的开发，造成森林面积日趋减少，木材质量日益下降，森林涵养水源、保持水土的生态功能减弱，河流流量减小，含沙量增加，在降水分配不均的条件下，加剧了水土流失。据内蒙古第 5 次荒漠化和沙化土地监测，截至 2014 年，全区荒漠化土地面积为 60.92 万 km^2，沙化土地面积为 40.78 万 km^2，有明显沙化趋势土地面积为 17.40 万 km^2。在"十二五"期间，内蒙古草原"三化"面积比 2010 年减少了 671.29 万亩[①]，草原生态整体恶化趋势有所缓解，部分地区生态开始恢复，然而与 21 世纪初草原"三化"面积达 7.02 亿亩相比，防止草原退化、恢复草原生态的任务仍然艰巨。

2）华中和西南地区气候条件温和、自然条件优良、环境状况较好，适宜发展种植业和畜牧业。然而，正是由于其自然地理条件的优势，这些地区的农业资源在近年来被过度开发，生态环境逐渐退化。西南边陲地区的乡村过度开采矿产资源，导致塌方和泥石流等人为地质灾害频发；橡胶、核桃等经济作物推广种植，热带雨林惨遭破坏，森林蓄水功能下降，雨季洪水泛滥；人口规模扩大，森林过度开垦，生物多样性逐渐被破坏；旅游资源过度开发，超过了环境容量，不但破坏了原有的自然景观，而且还产生了大量的生活垃圾和污水。在近些年的过度开发下，西南地区的农村生态系统正在遭受前所未有的破坏。

3）华北、东北和华东地区生态破坏较为严重，大部分省份城市污染下移，乡村环境胁迫度增加。随着产业梯级转移和农村生产力布局调整的加速，城市污染向农村地区转移加速，有的地方中小企业产生的污染物不稳定达标排放，已成为影响农村地区环境的重要因素。农村工业化实际上是一种以低技术含量的粗放经营为特征、以牺牲环境为代价的工业化。山东青岛的不少农村成了生活垃圾及工业废渣的倾倒地，一些不合理的资源开发建设活动，破坏了农村生态环境。河北、山西、黑龙江等省份农村生产污染所占比例较高，涉及范围广，治理成本也相对较高。很多企业的工业废水、废气不经处理直接向外排放，不仅给乡村的环境带来了负面影响，还使附近村民的生活和环境质量严重下降。由于乡镇企业布局分散，集中建设污水、废气等环保设施在经济上往往并不可行；因为技术落后，乡镇企业与技术先进的大企业相比，在生产过程中更容易产生污水、废气和废渣。目前，我国乡镇企业废水 COD 和固体废物等主要污染物排放量已占工业污染物排放总量的 50%以上。除此之外，东部地区同样存在着缺少环境治理规划及实施、监管主

---

① 亩，面积单位，1 亩≈666.7m^2。后同。

体，存在职权不清、监管不力等问题。农村环境治理涉及多个部门，如基层环保部门对农村工业污染的监管，农业主管部门对农业生产化肥过量使用、农药残留污染的监督，城乡建设部门对生活垃圾和污水的处理和加工，以及畜牧兽医主管部门对养殖污染的防控等。

在前文的基础上，总结概括我国不同区域乡村生产发展和环境问题特征如表 3-1 所示。

表 3-1　我国不同区域乡村生产发展和环境问题特征

行政分区	气候特征	发展特征	乡村环境问题特征
东北地区	温带湿润、半湿润大陆性季风气候	1) 城镇化程度较低 2) 农业以粮食作物产业为主 3) 人居分散	1) 农业面源污染形势严峻 2) 畜禽粪便污染呈加剧趋势 3) 环保投入严重不足，环保力量普遍薄弱
华北地区	典型暖温带大陆性季风气候	1) 城镇化程度较高 2) 粮棉主要产区，农业较发达，生产效率较高 3) 人居相对集中	1) 环境"脏、乱、差"，集约化养殖场点源污染 2) 农业面源污染，工业企业、乡镇企业点源污染 3) 城市生活污染向乡村转移，工业污染向乡村转移
华东地区	亚热带湿润性季风气候	1) 东部沿海地区城镇化率较高 2) 产业结构以工业为主 3) 畜牧业养殖品种多样，规模化养殖比例增大	1) 农药化学品污染较重 2) 废弃物、秸秆和畜禽养殖污染，造成饮用水水源地污染 3) 乡镇工业污染
华中地区	东部华中亚热带气候、西部西南亚热带气候	1) 城镇数量逐步增加 2) 农业生产稳步增长 3) 畜禽规模化养殖加快	1) 过量施用化肥、农药 2) 乡村生活垃圾和生活污水增多 3) 工业污染加剧 4) 集约化畜禽养殖污染严重
华南地区	热带、南亚热带气候	1) 城镇化水平较高 2) 特色农业优势明显 3) 乡镇企业数量大	1) 环境基础设施建设滞后，农业污染源缺乏有效控制 2) 乡村生活垃圾和生活污水增多 3) 工业污染加剧，集约化畜禽养殖污染严重
西南地区	东部亚热带季风气候（滇西北部）、川西青藏高原高寒气候、滇南热带季风气候	1) 人地矛盾突出 2) 劳务输出较多 3) 畜牧业较发达	1) 水土流失严重，部分地区荒漠化、石漠化问题突出 2) 生态环境破坏、土地退化严重 3) 环保投入严重不足，环保力量普遍薄弱

二、乡村环境现状

（一）水环境

随着我国经济社会的发展、人口规模的不断扩大，排入江河湖库的废污水不断增加。从全国情况看，水污染态势呈总体恶化趋势，形势严峻。水污染正从东部向西部发展，从支流向干流延伸，从城市向农村蔓延，从地表向地下渗透，从区域向流域扩散，农村水环境安全面临巨大压力。

我国农村地区生活污水排放随意，污染源较分散，污水处理率低，导致农村生活污水及主要污染物排放量占全国总量的很大比例。据统计，2016 年，我国农村生活污水排放量达 202 亿 t，占全国废水排放总量的 28.4%，2010～2016 年复合增速超过 10%，到 2020 年达到 300 亿 t，废水中化学需氧量、氨氮排放量分别为 1068.6 万 t、72.6 万 t，占全国排放总量的比例分别为 48.1%、31.6%。农村水体污染的来源多种多样，主要来源有以下几个。

1. 生态循环农业发展不足

我国乡村地形地貌多样，农业生产集约化、机械化程度低，畜禽养殖污染形势严峻，面源污染依然呈高压态势。传统粗放的农业生产方式是乡村水体污染、湖泊富营养化、大气污染的重要成因。畜禽养殖、水产养殖和种植业污染产生量大、涉及面广，且相互叠加、相互作用，对我国乡村环境总体质量提升形成很大威胁。我国人口基数大，在保证粮食、肉蛋奶、水产品等需求的基础上，如何兼顾生态环境成本和人民健康，将传统生产方式转化为绿色发展方式，任重道远。

仅以化肥为例，我国单位播种面积的化肥平均施用量已远远超过全球平均水平，全国化肥施用量从 1980 年的 1269.4 万 t 激增至 2015 年的 6022.6 万 t。2013 年中国环境状况公报显示，全国废水中化学需氧量和氨氮排放量，以及农业污染源排放量分别为当年工业污染源排放量的 3.52 倍和 3.27 倍，分别占全国污染物排放总量的 47.8% 和 31.7%。

全国有 4 万多个乡镇，其中绝大多数没有环保基础设施，在 60 多万个行政村中，绝大部分的污染治理还处于空白状态。农村化学需氧量产生量是城市的 4 倍多；生活废水污染占农村环境污染的 1/3，这些废水排入河流和小溪，造成水资源严重破坏。2010 年发布的《第一次全国污染源普查公报》数据显示，农业面源排放的化学需氧量、总氮、总磷分别占这三类污染物排放总量的 43.7%、57.2% 和 67.4%。在农业面源污染中，比较突出的是畜禽养殖业污染，畜禽养殖业的化学需氧量、总氮和总磷排放量分别占农业源排放总量的 96%、38% 和 56%。

2017 年，我国人口总数达 13.90 亿人，耕地面积为 166 331.91 万 hm²。2018 年《中国统计年鉴》数据（图 3-1、图 3-2）显示，1980～2017 年，我国粮食人均占有量基本持平，而肉类、水产品人均占有量逐年攀升，2017 年肉类人均占有量是 1980 年的 4 倍，水产品人均占有量是 2005 年的 1.5 倍、1995 年的 2.5 倍、1980 年的 10 倍。

2017 年农林牧渔业总产值统计数据表明，1980～2005 年农业产值占总产值的比例逐年下降（图 3-3），近年来稳定在 53% 左右，而牧业、渔业产值占总产值比例总体呈上升趋势，至 2017 年，分别占总产值的 26.85% 和 10.59%。

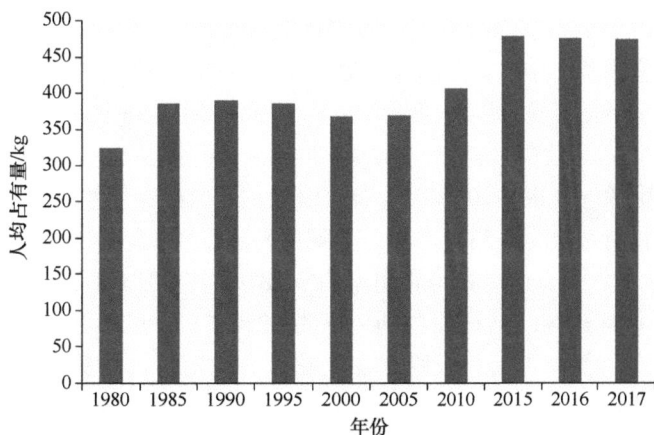

图 3-1　1980～2017 年我国粮食人均占有量变化

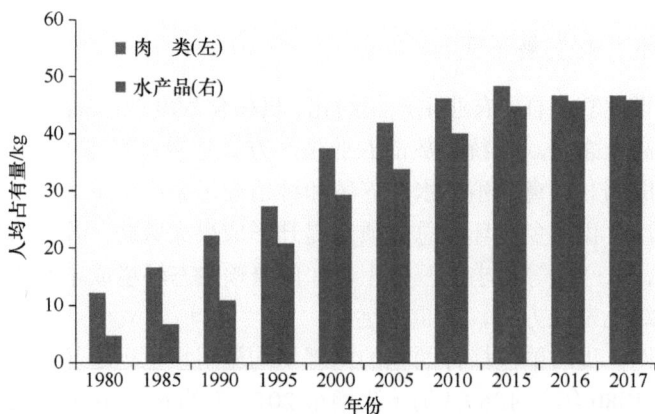

图 3-2　1980～2017 年我国肉类和水产品人均占有量变化

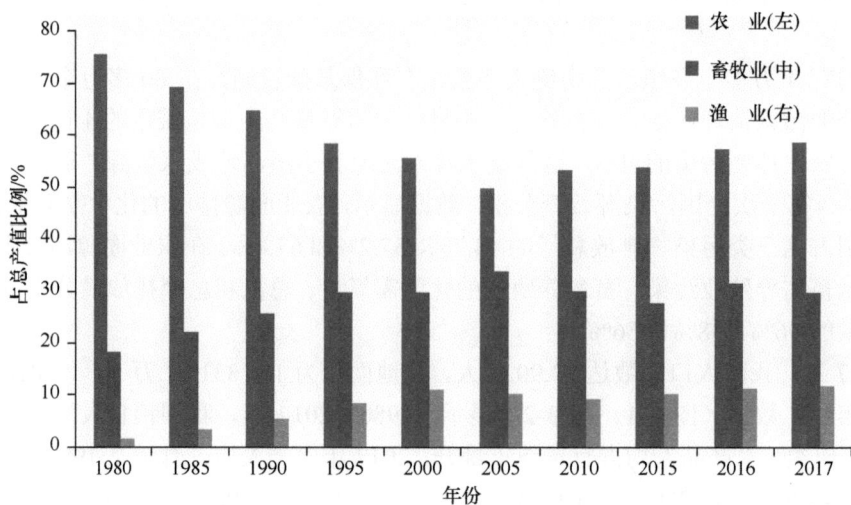

图 3-3　1980～2017 年农牧渔业产值占总产值比例变化趋势

我国人口稠密的淮河、海河、辽河和巢湖、滇池、太湖、松花江，以及北京水源地上游的潮河水系等重要水源地，都属于面源污染的典型区域。就巢湖、滇池和太湖流域而言，进入并滞留于巢湖中的污染物，69.5%的总氮和 51.7%的总磷来自面源污染；滇池外海的总氮和总磷负荷中，农业面源污染分别占 53%和 42%；据统计，太湖流域来自农业农村面源的化学需氧量、总氮、氨氮、总磷分别占各自总量的 45.2%、51.3%、43.4%、67.5%。

根据中国环境状况公报，2017 年，农业用水量占全社会用水总量的比例为 62.4%；农田灌溉水有效利用系数为 0.536；水稻、玉米和小麦三大粮食作物化肥利用率为 37.8%，比 2015 年上升 2.6 个百分点；农药利用率为 38.8%，比 2015 年上升 2.2 个百分点；畜禽粪污综合利用率为 64%；秸秆综合利用率为 82%左右。虽然我国已经开始重视农业面源污染防治工作，但由于起步较晚，加之缺乏有效监管，污染源类型逐渐多样化，要从根本上解决我国农业面源污染问题，必须将其纳入国家乡村生态环境保护的重要议程。

（1）畜禽养殖污染形势严峻

过去 30 年，我国养殖业发展速度很快，其产值占农业总产值的比例也逐年增加。主要动物源食品总产量（包括肉、奶、蛋等产品）（图 3-4、图 3-5）年均增速远高于同期粮食产量。2017 年，我国畜牧业产值达 2.94 万亿元，占农业总产值的 26.85%。畜牧业的快速发展，满足了全社会不断增长的畜产品需求，同时也产生了大量的养殖废弃物，畜禽粪污问题日益突出，成为污染的主要来源。

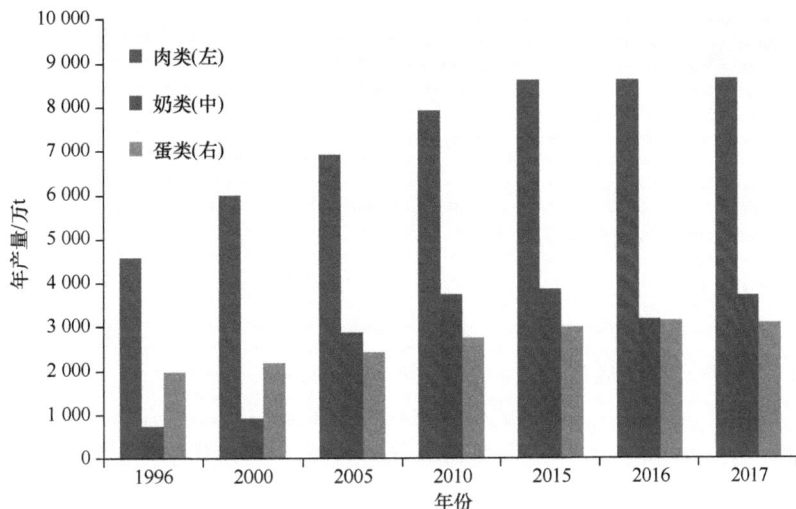

图 3-4 1996～2017 年我国肉、奶、蛋年产量变化趋势

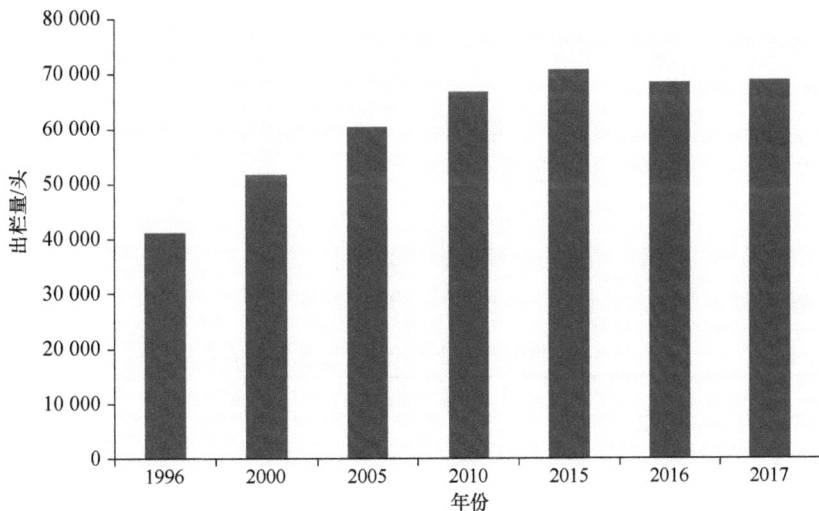

图 3-5 1996～2017 年肉猪出栏头数变化趋势

2010 年《第一次全国污染源普查公报》显示，全国畜禽养殖业水污染物排放中，化学需氧量（COD）排放量为 1268.26 万 t，约占全国的 41.9%，约占农业源的 96%；总氮（TN）排放量为 102.48 万 t，约占全国的 21.7%，约占农业源的 38%；总磷（TP）排放量为 16.04 万 t，约占全国的 37.7%，约占农业源的 56%（图 3-6）。畜禽养殖业源污染物排放量超过工业源（715.1 万 t）和城镇生活源（1108.05 万 t），已经成为我国三大污染源之首。

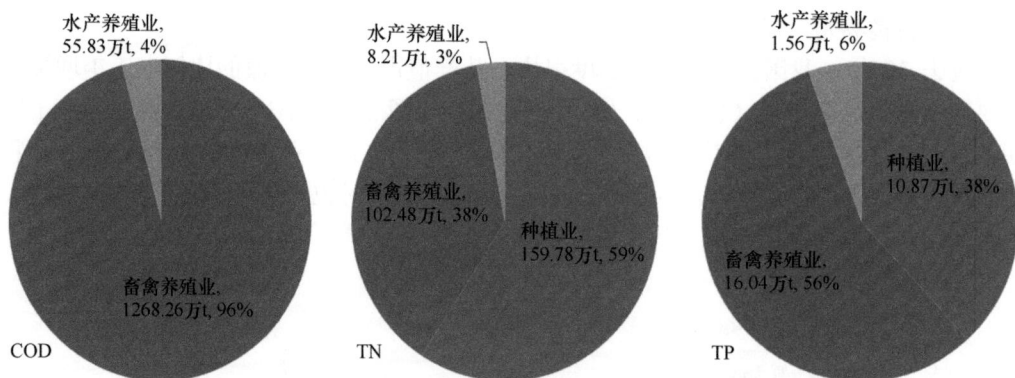

图 3-6　第一次全国污染源普查记录的农业源污染物排放来源

据 2015 年《中国畜牧兽医年鉴》数据显示，年出栏 100 头以上生猪的饲养规模场（户）数 107.79 万个，年出栏 10 头以上肉牛的饲养规模场（户）数 54.69 万个，年存栏 20 头以上奶牛的饲养规模场（户）数 7.51 万个，年出栏 100 只以上羊的饲养规模场（户）数为 38.74 万个，年出栏 2000 只以上肉鸡的饲养规模场（户）数为 42.07 万个，年存栏量 500 只以上蛋鸡的饲养规模场（户）数 56.5 万个。

全国规模化畜禽养殖场（小区）和专业户生猪（出栏量）、肉牛（出栏量）、奶牛（存栏量）、家禽（存栏量）饲养量折算为猪的量约为 7 亿头，化学需氧量、总氮、总磷排放量预计将达到约 2310 万 t、308 万 t、31 万 t。除上述规模化畜禽养殖污染压力外，在我国广大的农村地区有很多规模以下的散养户也带来污染压力。

2015 年畜禽粪便产生量高达 38 亿 t，即使只有 10% 的畜禽粪便进入水体，也将大幅提升我国的水体富营养化水平。畜禽养殖业水污染物排放量较大，尤其在农村污染源排放中占比较高。相关数据显示，我国规模化养殖场（户）数量占全国总量的比例不足 5%，意味着规模化以下养殖场占有绝对比例。规模化以下养殖场经营粗放、随意，污染物处置方式难以控制和统计，无害化处理率低，其污染与规模化畜禽养殖场污染相互叠加，使得养殖污染问题更加难以解决。

据中国工程院"我国养殖业可持续发展战略报告（2010 年）"的研究成果，到 2030 年我国养殖业污染物产生总量（表 3-2）将比 2007 年翻一番。

表 3-2　我国养殖业污染物产生总量预测表　　　　　　　（单位：万 t）

年份	类别	畜禽养殖	水产养殖	总计
2020	化学需氧量	7610	—	7610
	总氮	1790	174.1	1964.1
	总磷	413	40.6	453.6
	氨氮	734	52.23	786.23
2030	化学需氧量	8792	—	8792
	总氮	2069	222.5	2291.5
	总磷	495	51.9	546.9
	氨氮	853	66.75	919.75

注：水产养殖业氨氮产生系数按照总氮的 30% 计算，化学需氧量无资料记载，目前暂时不计入总量中；特种养殖缺乏相应的粪便含量研究数据，暂不计入。

（2）种植业污染不容乐观

我国农业发展创造了世界奇迹，用占世界 7% 的耕地养育了世界 22% 的人口。在农业快速发展，解决十几亿人口温饱问题的过程中，化肥、农药、农膜的使用，对粮食的增产发挥了重要的作用，但同时也造成了较大程度的农业面源污染。尽管这些年来，测土配方施肥的推广、绿色有机农业的发展，以及农村清洁工程的实施和生态乡镇、生态村的创建等对种植业污染问题的解决起到了一定的效果，但种植业污染状况仍然不容乐观。具体表现在以下方面。

1）化肥施用多（表 3-3、图 3-7、图 3-8），流失量大。2016 年《中国农村统计年鉴》

表 3-3　2018～2019 年农用化肥施用量　　（单位：万 t）

地区	农用化肥		氮肥		磷肥		钾肥		复合肥	
	2018 年	2019 年	2018 年	2019 年	2018 年	2019 年	2018 年	2019 年	2018 年	2019 年
全国	5653.4	5403.6	2065.4	1930.2	728.9	681.6	590.3	561.1	2268.8	2230.7
北京	7.3	6.2	3.0	2.2	0.4	0.3	0.4	0.3	3.5	3.3
天津	16.9	16.2	5.6	5.3	2.0	1.9	1.3	1.2	8.0	7.8
河北	312.4	297.3	114.5	106.5	23.9	23.4	24.0	22.2	150.0	145.2
山西	109.6	108.4	25.3	22.6	11.6	10.2	9.0	8.5	63.8	67.1
内蒙古	222.7	218.4	86.1	83.5	40.8	38.5	18.4	18.4	77.2	78.1
辽宁	145.0	139.9	54.8	51.2	10.0	9.5	11.8	11.2	68.4	68.0
吉林	228.3	227.1	58.4	53.3	6.3	5.9	14.0	13.2	149.6	154.7
黑龙江	245.6	223.3	83.6	73.0	49.5	44.1	34.7	30.6	77.9	75.6
上海	8.4	7.5	3.8	3.1	0.6	0.4	0.3	0.3	3.8	3.7
江苏	292.5	286.2	145.6	141.1	34.0	32.3	17.2	17.0	95.7	95.9
浙江	77.8	72.5	40.1	35.4	8.6	7.8	6.1	5.9	22.9	23.4
安徽	311.8	298.0	95.6	88.0	28.2	26.2	27.9	26.9	160.1	157.0
福建	110.7	106.3	41.9	39.9	15.5	14.9	21.9	20.8	31.4	30.7
江西	123.2	115.6	34.0	30.6	18.5	16.0	17.9	16.2	52.9	52.8
山东	420.3	395.3	130.7	119.2	42.1	37.9	35.6	33.0	211.9	205.3
河南	692.8	666.7	201.7	190.0	96.3	89.7	57.4	55.3	337.3	331.7
湖北	295.8	273.9	113.1	104.7	46.0	42.9	29.1	26.7	107.7	99.6
湖南	242.6	229.0	94.1	83.8	25.5	23.0	41.6	37.6	81.4	84.5
广东	231.3	225.8	88.6	86.3	27.0	26.4	44.9	43.3	70.8	69.8
广西	255.0	252.0	73.8	72.8	30.0	29.5	56.0	55.1	95.3	94.6
海南	48.4	46.3	14.8	13.9	3.1	3.0	8.6	8.2	21.8	21.2
重庆	93.2	91.1	45.9	44.1	16.6	16.0	5.3	5.3	25.4	25.7
四川	235.2	222.8	112.1	103.5	45.4	41.4	17.4	15.8	60.3	62.1
贵州	89.5	83.2	40.1	35.9	10.6	9.7	8.9	7.9	29.8	29.7
云南	217.4	204.0	105.0	98.5	31.3	28.2	24.6	23.4	56.5	53.9
西藏	5.2	4.8	1.5	1.5	0.9	0.7	0.4	0.4	2.4	2.3
陕西	229.6	202.5	88.9	80.4	17.9	17.4	24.1	23.1	98.7	81.6
甘肃	83.2	80.9	33.2	31.7	15.5	15.0	7.6	7.9	26.9	26.4
青海	8.3	6.2	3.5	2.6	1.4	1.0	0.2	0.2	3.3	2.4
宁夏	38.4	38.4	16.4	16.2	4.1	4.0	2.8	2.7	15.2	15.5
新疆	255.0	257.8	109.9	109.5	65.1	64.5	20.9	22.7	59.1	61.1

注：表中数据为按折纯法计算所得。

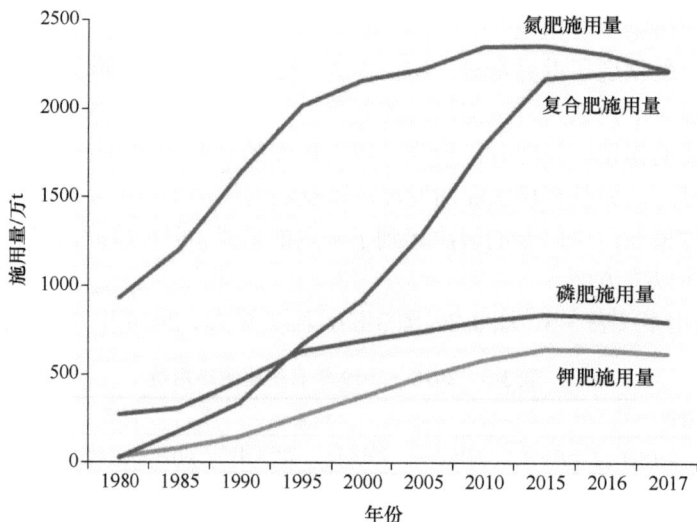

图 3-7　1980～2017 年我国氮肥、磷肥、钾肥及复合肥施用量

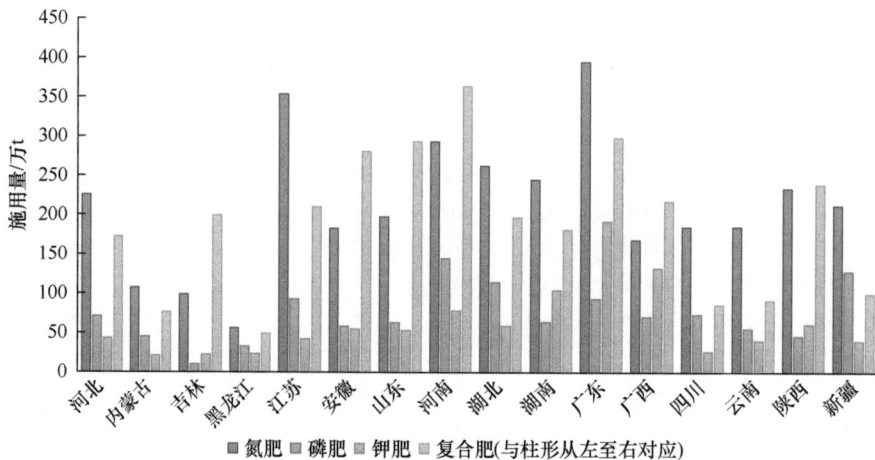

图 3-8　2015 年我国部分地区单位面积化肥施用量

数据显示，2017 年我国化肥消费量仍居世界第一，达 5859.4 万 t，是美国的 3 倍，约占世界消费总量的 36%。近 30 年来，种植业化肥施用量持续增加。2017 年我国耕地平均每公顷化肥施用量 496.6kg，远高于世界平均耕地化肥施用量（约 120kg/hm²）和国际公认的安全上限（225kg/hm²）。此外，我国化肥施用量不平衡，西部施用不足，东部过度依靠化肥提高产量，区域差异显著。由于气候、耕作方式的不同，2015 年，山西、内蒙古、辽宁、吉林、黑龙江、四川、贵州、云南、西藏、甘肃、青海、宁夏等省份的单位面积施肥量要低于全国平均单位面积施肥量（0.45t/hm²），而广东、河南、福建、山东、湖南、湖北、江西、浙江等省份的单位面积施肥量均高于全国平均水平，其中广东和福建单位面积施肥量已近 1000kg/hm²，超出平均值 2 倍。同时，因施用方式不当，化肥利用率低，粮食作物的氮肥、磷肥、钾肥的利用率仅为 33%、24% 和 42%，即 1/3 左右可被植物吸收，其余大部分未被利用的化肥通过径流的淋溶、吸附和侵蚀等方式进入环境，污染水体。

2）农药用量大（图3-9、图3-10），污染重。我国农药使用量从1990年的73.3万t持续增至2016年的175.4万t，近年稳定在180万t以下（图3-9）。所用农药中杀虫剂、有机磷和高毒类农药所占比例均为70%左右。农药利用率很低，大部分残留在农作物、农产品和土壤、大气、地下水等环境要素中引起土壤和水体的污染。相关研究表明，农药喷施后，仅10%～20%的药剂附着于植物体，1%～4%接触到害虫，其余40%～60%流失到地面，5%～20%挥发至空气中，随着降水或灌溉渗入土壤及地下水。农药不易降解、残留率高，我国食品中农药残留物的检出率持续处于较高水平，经由生物富集和食物链传递，对环境和人体健康构成了严重威胁。数据显示，我国当前农药污染面积已达933.4万hm^2。长江、松花江、黑龙江等重要河流以及巢湖、太湖等重点水域都已不同程度地遭受农药的污染，江苏、江西以及河北等地地下水中也已发现有六氯环己烷（六六六）、阿特拉津、乙草胺、杀虫双等的残留。

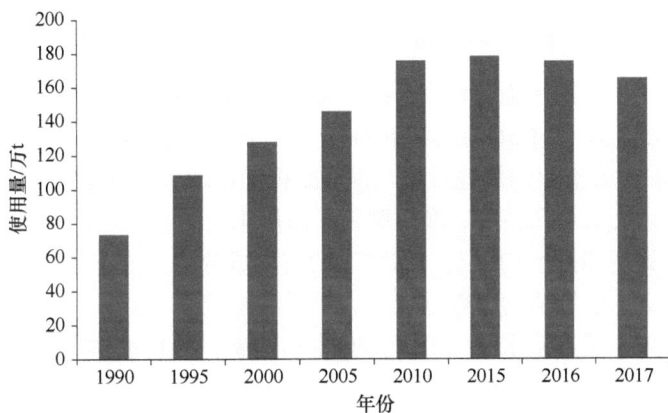

图3-9 1990～2017年我国农药使用量变化趋势

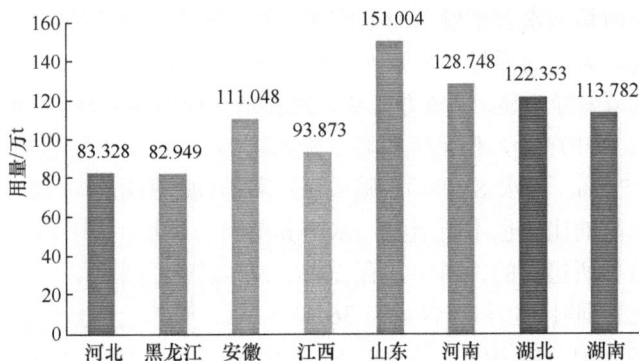

图3-10 2015年我国典型地区农药使用量

3）水产养殖污染隐患日益显著。随着蓝色国土战略的实施，近20年我国养殖水产品产量不断提升，连续数年位居世界首位。截至2007年，我国生产的养殖水产品已占世界水产品产量的70%以上。2018年《中国统计年鉴》数据显示，30多年来，我国水产品总产量逐年递增，1980年仅为449.7万t，1990年激增至1237万t，2017年已高达6445.3万t。同时，养殖面积也逐年扩大，海水养殖面积扩增速度较快（图3-11）。

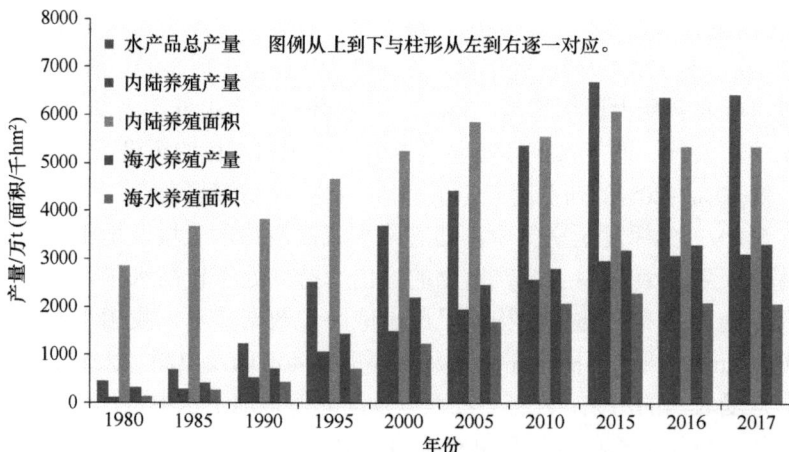

图 3-11　1980～2017 年水产养殖产量与面积变化趋势

千 hm² 在水产品养殖面积统计中为常用单位，1 千 hm²=0.1 万 hm²

2010 年《第一次全国污染源普查公报》数据显示，水产养殖业所排放的化学需氧量、总磷和总氮为 55.83 万 t、1.56 万 t 和 8.21 万 t，分别占全国排放总量的 1.84%、3.69% 和 1.74%。随着水产养殖业的快速发展，养殖面积逐年增大，而养殖规模一度不加限制，且生产方式粗放，大量水产苗种、渔用肥料、渔用饲料、渔用药物及环境改良剂等投入品和残饵、动物粪便和排泄物以及固态物质的溶出成分等固液态废弃物的沉降和堆积，直接造成水体中氮、磷等植物营养性元素、悬浮性颗粒、耗氧有机物等含量增加，藻类暴发性生长，水体中藻毒素水平上升，影响生物健康，导致水体富营养化。

研究表明，池塘系统中饵料氮素仅 13.9% 转化为养殖产品，另有 13.4% 沉积于底泥，水体及损失部分占 72.7%；输入磷素约 25.4% 转化为养殖产品，28.9% 沉积于底泥，45.7% 汇集于水体。而淡水网箱养殖虹鳟对饲料的食用情况研究表明，投喂的干饲料有 30% 残留于网箱中；利用网箱海水养殖鲑鱼时研究了投饵后网箱中的残饵量，发现残饵量高达 20%。中国工程院重大咨询项目"养殖业'十三五'规划战略研究"研究数据显示，我国水产养殖种类区域差异明显，养殖方式从天然养殖向投饵养殖转变，不投饵率高于世界平均水平（33.4%，2010 年），但呈现明显下降的趋势，从 1995 年的 90.5% 降至 2014 年的 53.8%（淡水 35.7%，海水 83.0%）。随着水产养殖面积的增加、水产品需求的增加，我国水产养殖投入品的比例也不断增大，水产养殖自身环境污染风险增大。

据统计，在鱼类所摄食的饲料中，有 20%～30% 转化为粪便，经排泄进入水体。据对鲤鱼养殖中投喂的饲料（蛋白质含量为 36%）中氮、磷的迁移分析表明，仅有 31.89% 的氮进入机体后转化为鱼体组织，其余的 52.50% 随尿液（以氨、尿素和尿酸的形式）、15.61% 随粪便被排出鱼体后进入水体环境；进入水体环境的磷的比例则超过了氮，达到投饵量的 70.20%，其中的 5.10% 和 65.10% 分别随尿和粪便排出体外。据估算，每吨鱼在喂养 1.4t 饲料后产生的粪便达 0.45t（干重）。在集约化高密度放养模式下，水产养殖业污染隐患日益突出。

2. 环境基础设施缺乏长效运维

农村水污染治理是一个复杂的综合过程，治理对象既有外生性污染也有内生性污染，既包括点源污染，也包括面源污染。农村水环境污染治理长期投入不足，导致基础设施建设相对滞后，污水管网分布不均衡，污水收集系统缺乏。受排污管网的限制，农村地区污水收集处理能力严重不足，生活污水处理设施建设覆盖率低，污水散排、直排问题依然严峻，全国大部分省（直辖市），包括吉林、江苏、山东、河南、重庆等都亟须补齐农村污水治理基础设施短板。对于已建农村污水处理设施，由于技术标准体系尚未形成，所用技术种类多、水平参差不齐、处理成本高，与农村特点不适应，在技术或者产品设计标准化方面存在较大缺失。农村已建设施目前多为建设单位、第三方机构或当地农民进行维护管理。由于农村生活污染治理设施建设、监管、运行相关政策文件标准体系不完善，治理设施维护管理长期存在责任主体不明确、分工协作效率低、管理不规范、监管不到位等问题。另外，污染处理设施的技术专业性强，运行智能化程度低，难以实现运行维护信息化统筹管理，污水处理设施有效使用率低，运行效率差，缺乏运营维护的长效机制。

（1）污水排放标准尚不完善

目前全国约 1/3 的省份建立并发布了农村污水排放标准，全面推进农村污水排放标准的制定和实施仍是下一步工作的重点。标准制定过程中，具体指标的设定与水功能区关系、标准的因地制宜性等问题考虑尚不全面。农村生活污水、生活垃圾，农业生产中过量使用的农药、农膜、化肥等，通过地表径流进入水体，导致农业面源污染不断加剧；农村畜禽养殖规模化、集约化程度不高，畜禽养殖废弃物面大、量大、处理难，养殖户环保意识单薄，养殖废弃物处理配套设施建设相对滞后，污染排放量呈上升趋势，这些都加剧了农村水环境污染。我国流域水环境区域覆盖广大农村地区，农村面源污染导致局部水体黑臭，增加了流域治理负担。农村面源污染中新兴有机污染物、重金属等加剧了流域水环境生态风险问题。

（2）农村地区饮用水水源地保护问题突出

据不完全统计，我国农村有 1.7 亿多人还存在饮水不安全、饮用水有害物质含量超标的问题。部分地区饮用水水源缺乏明确的考核制度和责任规定，满足规范化建设要求的水源地比例低。一些农村饮用水水源地检测出有毒有害物质，在各地农村饮用水水源地一级、二级保护区范围内仍有违法建筑物、排污口、畜禽养殖、网箱养殖等问题，周围环境复杂，整治和拆迁需投入大量人力、物力、财力。例如，内蒙古、东北三省、湖南、新疆等地区部分饮用水水源地存在水质超标的问题，农村水源地水质就地改善的难度大。另外，饮用水水源环境监测监管和预警应急能力存在不足，难以有效应对突发环境污染。农村地区分散式饮用水水源保护工作基础薄弱，缺乏必要的卫生防护措施和检测设备。另外，部分地区地下水水环境保护工作开展不够，未能建立地下水水质监测、评估、治理与修复的有效衔接机制。

（3）农村地区基层监管体系滞后

农村地区基层监管体系滞后，主要体现在以下方面。①随着水污染治理力度的加大，对基层执法监管专业化、信息化的要求越来越高，但部分地区基层监管队伍人员少、装备差、队伍参差不齐，环保专业与法律专业人员占比较小，对环保法律法规、生产工艺、产业政策不熟悉，不同程度存在监管不规范、执法不到位等问题，难以适应当前日益繁重的执法监管任务。②最基层的县级环保部门受人员编制不足、农村分布分散等条件限制，难以对乡镇、农村进行有效的水环境管理，而基层乡镇从事环境保护工作的人员太少，没有建立起系统的农村环境质量监测体系，环境监测和监察工作尚未覆盖广大农村地区，存在污染事故无人管、环保咨询无处问的情况。例如，海南、辽宁、四川、甘肃、西藏等地区基层执法队伍有待加强，基层环保部门尤其是执法部门编制少，部分地区尚未建立独立的环境执法队伍，重责任落实、轻条件保障的问题较突出。③农村水环境管理体制不顺、机制不健全。农村水环境管理涉及环保、水利、农业、住建、卫生等多个部门，部门职能交叉，分工不明确，未形成统一监管体制。例如，中央财政支持的农村水环境治理项目、有环保部门的"以奖促治"项目、水利部门的农村饮水安全工程、农业农村部门的乡村清洁工程、卫生部门的城乡环境卫生整治行动等。水系按照流域自然地貌分布，在现行按照行政区管理方式下，农村水环境管理成效必然达不到预期目标。

（4）农村地区水环境治理资金缺口较大

农村生活垃圾治理环节多，从收集运输、处理设施建设、保洁队伍配备到运行维护管理等方面都需要大量的资金投入。部分经济欠发达地区财政困难，环境治理资金投入普遍不足，而且正处于城镇化加速发展的阶段，既要加快解决历史遗留问题，又要应对新的环境压力，农村水环境治理和水生态保护任务十分艰巨（图 3-12）。目前各地农村生活污水处理设施运行大多没有建立合理的收费机制，经费主要来源于中央和地方财政，经费来源渠道单一并缺乏有效的保障机制，地方财政压力大。农村环境综合整治资金按规定主要用于农村生活污水处理等设施建设，不能用于设施运行维护。同时，生活污水治理投入大、见效慢、投资回报低，社会资本与市场化的第三方的运行维护积极性尚未有效调动，使得运行维护资金来源渠道少，运行维护资金缺口较大。以山东省为例，山东省农村人口 5056 多万人，近年来在农村污水治理、改厕方面累计投入 83 亿元，2018 年共争取并下达水污染防治资金 14.33 亿元，其中中央水污染防治资金 10.33 亿元，省级水污染防治资金 4 亿元，但仍然存在较大资金缺口。此外，据广西壮族自治区生态环境厅估算，为达到《广西壮族自治区水污染防治目标责任书》考核要求，"十三五"期间需要投入 3000 多亿元资金用于水污染防治，而地方财政无法满足要求。部分偏远地区的财力、物力、科技、人才难以解决自身的农村水环境治理问题，部分高海拔地区人才引进来、留不住现象突出，向省外"引智、借智"成本高。

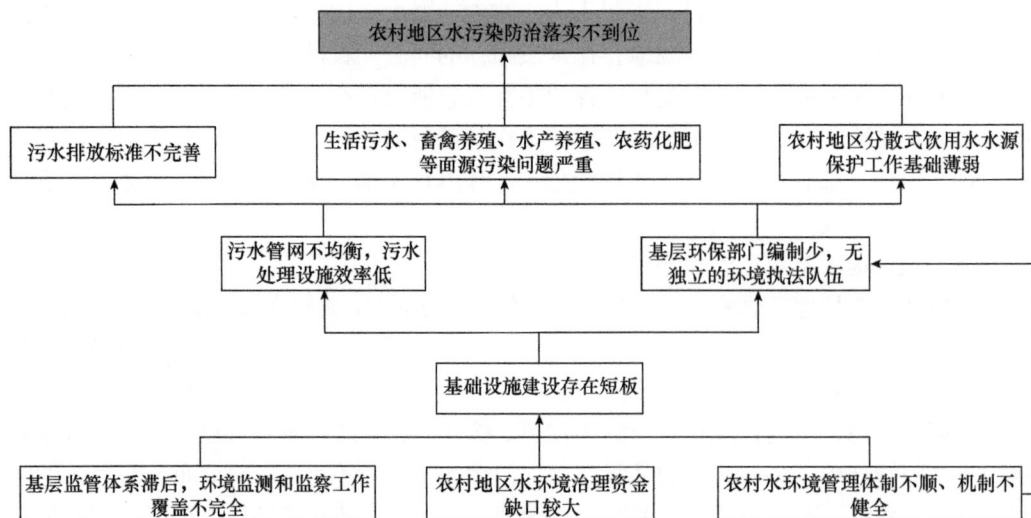

图 3-12　农村地区水污染防治问题关系

总体来讲，我国农村地区空间跨度大，地域差异规律明显，不同地区农村水环境问题成因差异较大。然而，国家层面缺乏分区治理体系设计，缺乏针对不同区域农村经济社会和环境特点的差异化管理政策，使不同地区的水环境问题未能因地制宜地制定治理方案并依照方案付诸实施。另外，目前的水污染防治法关于农业和农村水污染防治的篇幅较少，针对性和可操作性不强，相关排放标准还存在空白，难以适应农村水环境保护工作实际。

（二）土壤环境

1. 农村土壤重金属污染问题严重

当前，我国农村土壤重金属污染整体态势不容乐观，全国约有 2000 万 hm^2 的耕地不同程度地受到镉（Cd）、砷（As）、铬（Cr）、铅（Pb）、镍（Ni）、汞（Hg）等重金属污染，约占耕地总面积的 1/5。2014 年，从环境保护部与国土资源部联合开展的土壤污染调查结果来看，有 19.4%的农业耕地重金属污染点位超标，排在前三位的主要重金属污染物为 Cd、Ni、As 等无机物，其中 Cd 的超标点位占 7%；从公布的污染类型来看，主要是无机型。20 世纪 80 年代以来，随着我国城市化进程的不断加快，工业"三废"、农业自身污染等对农村土壤污染已由局部向整体蔓延，并不断加剧，农村土壤重金属污染问题日益突出，风险持续增加，已经成为全社会关注的焦点。强烈的人为活动以及高强度外源物质的输入扰乱了土壤系统原有的物质循环过程，致使土壤化学性质改变和污染物增加。

广西壮族自治区 8 种重金属背景值均超过全国平均值，特别是重金属 Cd 的背景值为全国平均值的 4.8 倍，成为广西土壤重金属 Cd 点位超标率普遍偏高的重要原因之一。湖南省 Cd、Hg、Ni、Cr 背景值均高于全国平均值，其中 Cd 背景值为全国平均值的 1.8 倍。江西省 Pb、Cd、Hg、As 背景值高于全国平均值，Cr 和 Ni 背景值低于全国平均值，Cd 背景值为全国平均值的 1.8 倍。四川省 8 种重金属背景值均高于全国平均值，超标倍数均不高于 2 倍。

2. 农膜使用量大，残留率高

2010 年我国农用塑料薄膜（农膜）年产量已居世界首位，并且每年以 10%的速率递增，我国农膜产量占世界总产量的 60%以上。2004 年以来，我国农膜使用量呈逐年显著递增趋势（图 3-13），2016 年使用量已高达 259.30 万 t，约为 2005 年的 1.5 倍、1995 年的 3 倍；2015 年，地膜覆盖面积达 1831.84 万 hm^2（表 3-4），河北、辽宁、江苏、山东、河南、四川、甘肃和新疆等省（自治区）使用量较大，其中山东和新疆的地膜使用量和地膜覆盖面积都居全国前列（表 3-5）。

目前，农业生产中使用的绝大部分农膜为厚度在 0.012mm 以下的超薄膜，成本低、易破碎、难回收，年残留量超过 35 万 t，残膜率高达 42%，连续覆膜 5 年后农田的农膜残留量可达 78kg/hm^2。农膜在土壤中自然降解需 200 年以上，对土壤乃至地下水环境构成严重威胁。并且，随着地膜栽培年限的增加，土壤中的残膜量不断增加，破坏土壤结构，阻碍作物生长，甚至引起地下水难于下渗和土壤次生盐碱化，最终导致作物大幅减产。据估算，如果土地连续使用农膜 10 年，小麦产量将降低 10%，蔬菜减产可达 12.8%~60%。

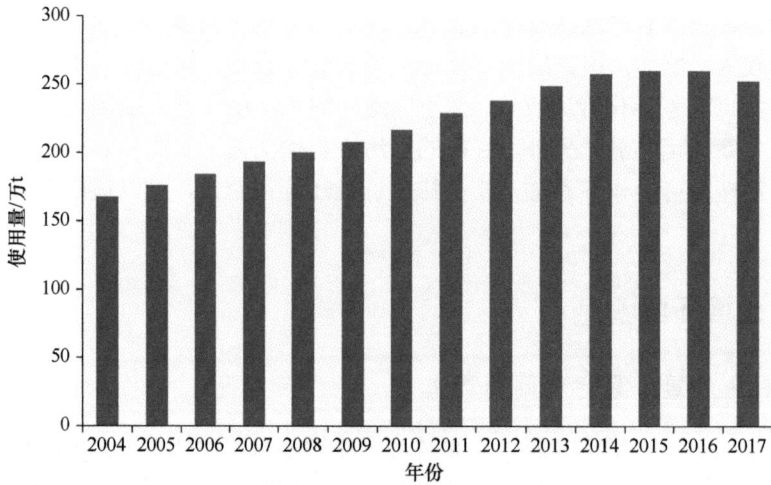

图 3-13 2004～2017 年我国农膜使用量变化

表 3-4 农用塑料薄膜和地膜使用量

年份	1990	1995	2000	2005	2010	2015
农用塑料薄膜使用量/万 t	48.2	91.5	133.5	176.2	217.3	260.4
地膜使用量/万 t	—	47	72.2	95.9	—	145.5
地膜覆盖面积/（×10³hm²)	—	6 493.0	10 624.8	13 518.4	—	18 318.4

注：—表示无此项。

表 3-5 2015 年我国典型地区农用塑料薄膜和地膜使用情况

地区	农用塑料薄膜使用量/t	地膜使用量/t	地膜覆盖面积/（×10³hm²)
河北	137 983	65 655	1 068 550
内蒙古	95 021	69 669	1 181 606
辽宁	141 942	40 582	323 675
江苏	113 243	45 563	609 443
山东	301 575	123 397	2 171 923
河南	162 001	74 406	1 032 096
四川	132 170	91 857	1 002 048
云南	113 104	90 865	1 011 227
甘肃	183 735	114 295	1 394 900
新疆	268 901	231 471	3 463 530

3. 秸秆等农业有机固体废物污染压力大

我国是农业大国，从农作物秸秆结构看，水稻、小麦和玉米是秸秆资源主要组成部分，占秸秆年产生量的 75%左右，集中分布于中南、华东和东北等农作物主产区，包括黑龙江、河北、山东、河南、江苏、安徽、湖北、湖南和四川等省份。20 世纪 90 年代，我国秸秆处理方式以焚烧为主，焚烧过程中释放大量的颗粒物及 CO、SO_2、NO_x、VOC（挥发性有机污染物）等有毒有害气体，引发环境问题，受到社会普遍关注。国家出台相关文件后，秸秆焚烧处理的比例降低、综合利用率有所提升。据粗略估计，目前我国秸秆直接用作生活燃料、肥料直接还田、饲料、工业原料和废弃或露天焚烧的部分约占秸秆总量的 20%、15%、15%、2% 和 33%，存在部分秸秆未利用和已利用方式较粗放的问题。《2017 中国生态环境状况公报》显示，全国秸秆综合利用率为 82% 左右。秸秆等农业固废仍存在较大资源化空间，如何多元化使用和快速高效利用的问题仍需重视。

（三）大气环境

近年来城市大气环境质量问题凸显，大气污染源开始向农村转移，城郊以及广大农村地区的大气质量面临严重威胁。同时煤炭的使用、垃圾及秸秆的焚烧、农药化肥的大量使用和挥发、畜禽养殖产生的臭气、城镇工业污染排放、农村机动车排放尾气以及扬尘等，导致部分农村局部地区大气问题日趋严重，特别是北方地区，冬季取暖和工业化发展较快造成的大气污染问题极为突出。

1）养殖业废气造成大气污染。畜禽养殖场排出的大量粪尿与污水较长期地堆置或排放到附近的低洼地区，往往会造成严重的恶臭，影响大气质量和居民环境。畜禽养殖业快速发展，产生的甲烷气体也是导致全球"温室效应"的主要因素之一，甲烷对增温贡献率为 15% 左右，在这 15% 的贡献率中，来自于农业活动、农作物秸秆燃烧和畜禽养殖业三个方面的贡献率就达到了约 70%。随着畜牧业产业化的发展，甲烷释放量会更加巨大，对环境造成的影响也将更加严重。

2）秸秆焚烧问题严重。北方地区由于气候、种植和耕作特点，季节性的秸秆焚烧问题尤为突出，虽然各省都采取了很多措施，但仍然屡禁不绝。根本原因在于回收利用的量远远小于秸秆的产生量，而且秸秆收集、处理、加工、运输等环节成本太高，农民得不到实惠，回收利用积极性不高。相反，焚烧秸秆是最直接、最省力的方式，以避免影响下茬农作物耕种，这样就造成了比较集中和大范围的面源污染问题。研究表明，近年冬季的重污染过程，有几次是秸秆焚烧和本地污染源叠加造成的。

3）农村生活废气污染严重。随着能源消费由利用生物能向燃煤过渡，农村大气环境质量面临着新的威胁。秸秆、木柴等一般作为农村能源用于做饭，北方地区农村还会用来取暖，但原料收获后一般不经过任何处理就直接处置。从北方区域部分城市的大气污染源解析成果看，燃煤排放是 $PM_{2.5}$ 的首要来源，说明燃煤排放是造成北方取暖地区大气污染的重要原因。农村地区人多而分散，使用的散煤大部分是灰分和硫分含量较高的劣质煤，特别是取暖季节散煤使用和排放量居高不下，散煤燃烧缺少脱硫、脱硝、除尘等处理直接排入外部环境，对环境空气质量造成严重影响。

4）机动车污染监管存在盲区。①由于近几年淘汰黄标车和老旧车辆力度的加大，很多不符合排放标准的车辆流入农村地区，存在移动源污染转移问题。②农村区域很多车辆为农用柴油车，虽然保有量小，但是由于使用车辆的生产和使用年限等原因，属于污染物高排放型车辆。有研究表明，一辆柴油车排放的污染物是汽油车的几倍甚至几十倍。③油品质量难以保证。由于地理位置和使用量等因素限制，成品油的销售渠道监管难度大，甚至有的不具备经营资质从事劣质油生产和销售，导致车辆尾气排放浓度高。

5）大气污染监管和治理能力薄弱。基层环保工作人员严重不足，绝大多数乡镇无环保机构，县级环保部门治理能力弱，很多不具备监测能力，因而对农村大气环境的监测和监管难以实施。目前，城区大气治理力度逐渐加大，很多违法小企业无法生存，转移到监管能力弱的农村区域，这些企业基本没有环保设施，几乎是直排污染物，对区域的大气影响极大。

（四）固体废弃物

农村生活垃圾产生量大，而处理率和资源化率低。2016 年，全国 214 个大中城市生活垃圾产生量约为 1.89 亿 t，处置量 1.87 亿 t，处置率达 99%，农村生活垃圾每年产生量约 1.5 亿 t，约为 214 个大中城市生活垃圾产生量的 80%，而处理率仅为 69%左右。全国农村畜禽粪污产生量约 38 亿 t/a，而 40%得不到有效处理和利用。除此之外，农村生活垃圾成分也由传统的果皮、秸秆等有机垃圾，逐渐发展为厨余、灰土、橡塑、纸类等复杂垃圾，这更加大了农村固体废弃物的处理难度。生活垃圾还随各地区农村经济水平的不同而分化，对于经济水平偏低的地区，其垃圾成分主要以灰土、砖瓦类为主；对于城乡差距不大的地区，生活垃圾组分主要是厨余类、橡塑类、灰土类，成分趋同于城市。可见，随着经济水平的增长，农村的垃圾产生量及处理难度不断增加，其治理需求不容忽视。

前瞻产业研究院发布的《2018—2023 年中国农村垃圾处理行业发展前景与投资预测分析报告》显示，农村垃圾处理缺口巨大。现阶段，我国农村垃圾处理基础设施建设不完全，垃圾处理率不高。2017 年我国农村生活垃圾的处理率较上年有所提升，达到 62.85%，其中养殖垃圾和秸秆垃圾的处理率分别为 82%和 60%。2012～2017 年我国农村垃圾的处理量也不断提升，由 2012 年的 20.86 亿 t 增加至 2017 年的 31.48 亿 t，年均复合增长率为 7%。从农村垃圾产生量来看，我国农村垃圾处理缺口还有近 20 亿 t，缺口巨大。

农村地区除了存在巨大的垃圾产生量和垃圾处理率较低等问题，生活垃圾随意丢弃现象也十分普遍。建设部《村庄人居环境现状与问题》调查报告对我国具有代表性的 9 个省 43 个县 74 个村庄的入村入户调查表明：89%的村庄将垃圾堆放在房前屋后、坑边路旁，甚至水源地、泄洪道、池塘中，无人负责垃圾收集与处理。大部分乡村地区未能对生活垃圾和农业废弃物进行有效处理，仅仅是将其随意堆放在周围的空地，如村口、田边、河滩、沟渠甚至水源地周围，引发了严重的二次污染问题。经过长时间的堆积，不同的垃圾之间会进行化学反应，加上微生物的分解作用，会产生甲烷、二氧化碳、醚等气体（统称"填埋场气体"）。这些气体气味难闻，给人们生活带来不便，部分气体有毒，会影响周边居民的健康甚至威胁居民的生命。此外，乡村垃圾堆积成堆，其渗滤液进入地下水，会污染水源。村民饮用这样的地下水自然会危害健康。丢弃在田里的农用垃圾、残留农药等也会随着降雨而渗入土层，影响土壤质量，抑制农作物的生长发育，造成农作物减产。若牲畜吃了这些废旧塑料，会引起窒息和各种消化道疾病，甚至引起死亡。乡村垃圾堆积对生态环境也会造成长期的不可低估的影响，使生态平衡遭受严重破坏。对人体健康有害的有毒物质和病原体在生活垃圾中也随处可见，它们可以通过各种途径传播疾病，还会造成蚊蝇肆虐，为细菌的繁殖提供条件，进而威胁人类健康。目前农村地区很多疾病的发生都与垃圾滋生的细菌有关，大量的蚊虫繁殖污染了人们的生活用水和食物，所以夏天由于垃圾污染导致的疾病不断增多。当人们食用被污染的生活用水和食物时，也会在体内积聚有毒物质，对人体肝和神经系统造成严重损害，并可能导致癌症，造成胎儿畸形等。生活垃圾对人体健康造成的危害也是需要在环境治理中重点关注的。

现阶段，农村大量固体废弃物治理中存在的问题主要表现在几个方面。

1. 垃圾产生量大

前瞻产业研究院《2018—2023 年中国农村垃圾处理行业发展前景与投资预测分析报告》根据住房和城乡建设部统计数据测算，2017 年我国农村生活垃圾产生量约为 1.8 亿 t，人均垃圾产生量为 0.8kg/d，其中至少有 0.7 亿 t 未作任何处理。与此同时，我国城市垃圾每年清运量 2.04 亿 t，处理率可达 90% 多，农村生活垃圾的无害化处理率仅为同期城市生活垃圾无害化处理率的一半。其中，还有十来个省份不到 50%，有少数省份不到 10%。农村生活垃圾数量巨大、处理率低，垃圾污染问题已成为影响农民生产生活、农村城镇化建设和可持续发展的重要因素，阻碍了我国建设"美丽乡村"的进程。

我国农村的生活垃圾随意堆放、随意倾倒、随地丢放、随意排放现象普遍，生活垃圾直接堆放在田头、路旁，甚至抛入沟渠、水塘的现象很普遍，垃圾"围村、塞河、堵门"之势已成为农村一大"公害"，严重污染了水系、土壤和空气以及人居环境，造成河流淤积，污染水体。另外，城市生活垃圾不断向郊区和广大农村地区转移，也造成农村地区生活垃圾的产生和堆积。大量蔬菜、秸秆等生产废物与生活垃圾随意堆放，在暴雨的冲刷下大量的污染物随渗滤液排入水体，沿河沿湖岸堆放的垃圾，在发生暴雨时被直接冲入河道，其中以玻璃瓶、饮料罐和不可降解的薄膜塑料袋为主的无机成分的增加尤为显著，形成了更直接、危害更大的非点源污染。2017 年江西省环境监测中心站的数据显示，江西省农村生活垃圾平均综合利用率为 15.8%，70% 以上的家庭生活垃圾都是被随意丢弃，加重了农村生态环境问题。

2. 处理和利用率低

《第三次全国农业普查主要数据公报（第三号）》显示，2016 年末，90.8% 的乡镇生活垃圾集中处理或部分集中处理。全国垃圾处理情况也存在区域差异，东北地区生活垃圾集中处理或部分集中处理的村仅有 53.2%。明显可见，西部及东北地区农村生活垃圾处理能力更为薄弱。表 3-6 展示了我国乡镇、村卫生处理设施在不同区域的分布情况。

行政主体	全国	东部地区	中部地区	西部地区	东北地区
生活垃圾集中处理或部分集中处理的乡镇	90.8	94.6	92.8	89.0	82.3
生活垃圾集中处理或部分集中处理的村	73.9	90.9	69.7	60.3	53.2

表 3-6　乡镇、村卫生处理设施分布情况　（%）

农村垃圾主要分为生活垃圾和生产垃圾。生活垃圾是农村居民日常生活产生的废弃物，生产垃圾主要是工业垃圾和农业垃圾。农村垃圾一般由村内自行收集，垃圾的处理主要采取单纯填埋、临时堆放、随意倾倒、焚烧等传统方式，垃圾的循环利用率较低，且易对环境造成二次污染，尤其是农村生产垃圾，已经成为污染农村环境的主要因素。

3. 集中处理难度大

农村居民文化水平普遍较低，环保意识较差，不具备给垃圾分类的常识，在对垃圾进行处理时，大多数农村居民随意地将垃圾倾倒在房前屋后、田间地头和道路两旁等。多数远郊的村庄没有符合标准的垃圾消纳设施，垃圾处理仍以利用废旧坑塘简易填埋为主。2008 年的一项调查结果表明，吉林省农村大约有 38.62%的生活垃圾未经处理，直接乱倾于宅前屋后。

另外，也有部分环卫公司职业素养较低、社会公益心较差，经常把收集的垃圾倾倒在无人居住的空地上，导致垃圾的集中处理难度不断增大。

4. 缺乏资金与技术工艺

在日常生活中，对农村垃圾处理工作的重视远远不够，农村垃圾处理相关法律法规缺失，同时支持农村垃圾处理的资金较少，使得农村垃圾处理仅限于环卫公司转运这一条途径，导致农村垃圾处理进程缓慢，尤其在文明城市创建工作中，垃圾处理难更成为制约文明乡村建设的一大难题。除此之外，我国农村地区垃圾处理经验和资金不足，处理技术五花八门，大部分地区缺乏垃圾收集处理设施，仍未实现垃圾的集中收运和无害化处理。

5. 农村生活垃圾处置的法律规定不健全

我国关于农村垃圾的立法不够完善，近年来出台的相关法律法规主要侧重于工业污染的防治和城市环境的保护。《中华人民共和国固体废弃物污染环境防治法》指出，地方各级政府应当加强农村生活垃圾污染环境的防治，保护和改善农村人居环境。但各级政府在关于农村生活垃圾治理方面的政策和法规不仅很少，且针对性不强，导致在实际生活中缺乏关于农村生活垃圾处置的指导性文件，农村居民的环保行为无法可依。

三、乡村环境问题成因

导致乡村环境问题形成的原因各异，需要从经济、技术、社会等多个方面综合分析，具体表现在以下几个方面。

（一）农村生活污染缺乏有效的处理

农村生活污水和固体废弃物是中国农业非点源污染的主要来源之一。随着农村经济的快速发展，农村生活产生的污水和垃圾日益增多，同时由于中国农村基础设施比较落后，普遍缺乏基本的排水和垃圾清运处理系统，小城镇和农村聚居点的生活污染物直接排入周边环境中，导致农村环境污染存在着严重的"脏、乱、差"现象。

传统的农村生活习惯，导致了广大农村地区"污水乱泼、垃圾乱倒、粪土乱堆、柴草乱垛、畜禽乱跑""室内现代化，室外'脏、乱、差'"现象较为普遍。目前农村使用液化气和煤炭作为燃料已相当普遍，大量秸秆被露天焚烧或推入水体中，给水体环境带来压力。另外，随着生活水平的提高，大量带包装的消费品进入农村地区，如各类电器、食品的包装材料，难降解的塑料包装，以及随着住房条件的改善，新增的建筑垃圾也成为农村新的污染源。再加之由于中国农村有沿河、沿湖堆放垃圾的传统陋习，生活垃圾在发生暴雨时极易被直接冲入河道，其中以玻璃瓶、饮料罐和不可降解的薄膜塑料袋为主的无机成分的增加尤为显著，从而形成更直接、危害更大的非点源污染。农村生活垃圾成分发生了根本变化，白色污染严重。随着农村生活方式的改变，大量的塑料制品和电子产品进入农村，废弃的塑料垃圾和电子垃圾所占比例越来越大，农村生态环境遭到严重破坏。

1. 农村大量生活垃圾无法得到合理的处理

由于我国农村生活垃圾产生量大，缺乏实用有效的垃圾收集及处理工艺技术，以及缺乏必要的保障，导致农村生活垃圾"围村、塞河、堵门"，生活垃圾已成为农村一大"公害"，严重污染了水系、土壤、空气，造成河流淤积，水体污染，影响环境卫生和农村景观；生活垃圾不仅占去了大片可使用耕地，还会传播疾病、污染环境。

（1）大量农村生活垃圾处理率低

用随机抽样的方法进行调查表明，农村人均每天生活垃圾产生量约为 0.8kg，日均和全年产生的总量很大。而且我国农村垃圾的综合利用率一直较低，特别是现在的城市垃圾成分中，塑料、包装纸、玻璃和金属物质等占有越来越大的比例，而可填埋用地越来越少，城市生活垃圾不断向郊区和广大农村地区转移，加剧了农村生态环境的恶化，对环境造成的影响和污染极为严重和深刻。

绝大多数村庄垃圾没有进行无害化处理，四川省乡镇生活垃圾无害化处理率仅为5.05%；河南省淮河流域及"南水北调"沿线区域 15 个市的农村生活垃圾处理率不足40%；即使在经济较发达的江苏省，苏中、苏北地区建设垃圾转运站的乡镇也不足一半。

（2）农村生活垃圾处理处置模式普遍落后

目前，我国农村生活垃圾收集和运营以自发为主，缺乏统一管理；部分发达地区开始探索城乡生活垃圾收集运输一体化处理模式，但尚未形成体系。农村生活垃圾基本混合堆放收集，未经分类收集的混合垃圾随意填埋和焚烧；村与村之间基本没有集中统一的处理办法；生活垃圾绝大多数简单填埋，综合利用率一直很低，严重污染水质及环境。

针对越来越严重的垃圾包围农村、严重影响民生的问题，我国部分发达地区以县（市、区）域为单元，探索改变现行城乡分离的环境卫生管理体制，建设和完善垃圾污水处理设施，建立"村收、镇运、县处理"的农村垃圾集中处理模式，尝试以政府为主导、群众广泛参与的农村垃圾处理体制。例如，北京市市政市容管理委员会按照市政府城乡统筹发展的管理思路，在城乡接合部地区开展了垃圾管理工作，并将工作思路由只管城区转移到城乡统筹管理，逐步将密闭化管理范围扩展到六环路沿线地区。在乡镇政府所在地和旅游景区建设了一批环卫设施。逐步形成了"属地清扫、统一清运、监管一体"的新模式。又如，宁波市各地按照减量化、资源化和生态化总体要求，充分运用填埋、焚烧、堆肥等方式，摸索村域多样化保洁、垃圾就地减量化分类，建立和完善梯次运送网络，集中实施垃圾无害化处置。但总体上我国还没有系统的农村生活垃圾收集运输处理的成套模式和技术保障机制。

（3）农村生活垃圾缺乏实用处理技术工艺

城乡统筹农村生活垃圾多元化处理技术集成及装备化、产业化不成熟，针对农村生活垃圾特点的相关适用技术研发力度不够，垃圾处理照搬城市规模化工艺，污染控制标准体系不完善，投入和运行费用高，难以适应农村垃圾分散、有机质含量高等特点。我国农村部分地区已经开始进行垃圾集中处理，但现有垃圾处理方法基本照搬规模化的城市垃圾处理工艺，即卫生填埋、焚烧发电及堆肥处理，缺少垃圾分类，带来一系列难以解决的问题。农村生活垃圾尚停留在简易填埋、焚烧、沤肥阶段，处于发展初期。基于资源充分利用的城乡生活垃圾源头减量化技术、分类收集优化技术、科学选址与城乡一体化垃圾转运网络构建技术和规范研究不足。

（4）农村生活垃圾处理保障机制不健全

城乡统筹农村生活垃圾多元化处理技术、装备与广阔的市场需求不配套，管理和政策保障机制缺失。农村的生活垃圾处理缺乏完善的垃圾处理系统和运作机制，处理主体个体化、分散化，技术水平低，处理不彻底，造成巨大的环境污染。农村垃圾处理不仅是技术层面的问题也是管理问题，有效的政策倾斜、资金扶持和技术帮扶，是农村垃圾处理工作有序开展的保证。目前我国缺乏与农村实际情况相吻合，与经济承载实力相适应，与城乡统筹发展相一致的农村垃圾科学处理模式；缺乏开展不同经济水平地区城乡统筹农村生活垃圾污染控制与循环利用技术集成与示范，没有形成适合我国不同类型城乡生活垃圾统筹控制的处理模式。

国家对农村生活垃圾治理既没有专项资金支持，也缺乏系统的政策引导，同时缺乏符合农村实际的生活垃圾处理技术、模式与标准。部分地方政府虽然开展了一些试点示范项目，但垃圾处理规模还很有限。由于缺乏约束机制，小城镇、农村建设中形象工程优先，而生活垃圾处理等环境保护与污染控制设施建设滞后的现象比较普遍。

2. 农村污水处理能力薄弱

随着城市化进程的加快，小城镇和乡村聚居点人口迅速增加，城市化倾向日趋明显，但农村水污染治理与城市相比，无论在技术上还是经济上都具有较大困难。城市具有相对规范的规划、较完善的基础设施，小城镇和乡村聚居点在这些方面明显落后，绝大部分农村的生活污水未经处理而直接排入河道，直接渗入地下或排入沟渠、水塘，使农村聚居点周围的环境质量严重恶化，并对地下水的安全与土壤质量构成威胁，特别是污水中含有大量氮、磷，使水体富营养化，给农村环境造成极大危害。

（1）农村污水处理设施相对落后，技术体系薄弱

过去农村水环境污染治理投入不足，基础建设相对滞后，部分地区存在污水处理建设征地难问题，导致农村地区污水收集与处理设施建设覆盖率低，污水收集处理能力不足，生活污水和排泄物散排、直排问题依然严峻。部分已建设施缺乏完善的技术标准体系，水平参差不齐、处理成本高，不适应农村的特点，难以实现运行维护的信息化统筹管理，处理设施有效使用率低。

（2）农村生活污水处理设施设备规范化要求不明确

农村生活污水排放标准体系尚不完善，治理技术和设施五花八门，特别是一些地方简单照搬城市污水处理技术，没有因地制宜地采取治理技术和模式，片面追求"高大

上"，治理效果参差不齐。农村生活污水治理点多分散，与城市相比，治理设施建设运行成本较高。由于缺乏运行经费保障机制，专业运行管护人员短缺，加上农村生活污水治理难以获得合理的投资回报，社会资本参与积极性不高，导致部分农村生活污水处理设施难以长期稳定运行。

（3）农村污水处理设施缺乏，厕所文化落后，无底化粪池较多

厕所作为基础卫生设施最重要的因素亟待提升，近年出台的《关于推进农村生活污水治理的指导意见》提出"统筹考虑农村生活污水治理和'厕所革命'，具备条件的地区一体化推进、同步设计、同步建设、同步运营"的方针。但当代的冲水式厕所用水量是人均日饮水量的 10 倍，在用水和排污网络不发达的农村地区不适用。因此，设计适合农村情况的厕所非常重要。同时，配套的化粪池建设也要科学合理。

除了完善设施设备等基础建设，提供适宜的污水处理技术也是农村污水治理的关键环节。现行的污水处理技术虽然可以处理大多数污废水，但投资大、运行费用高、管理技术要求高，因而在农村难以推广使用。因此，寻找适合于农村水污染治理的方法，对农村水环境保护及污染防治尤为重要。

（二）缺乏农村清洁生产和循环经济发展模式

我国农业绿色标准体系不完善，国家尚未制定一套完整的，包括绿色农产品标准、环境要素标准、农业模式标准、生产技术标准和加工质量标准的绿色农业标准体系。目前已发布的农业相关标准接近 200 个，但是针对绿色农业的较少，可操作性差，很难适应农业的绿色发展。

1. 农用化学品使用粗放，缺乏科学指导

我国农业面源污染呈现日趋严重的势头。在目前的生产方式下，为维持一定的粮食产量，使用大量的农用化学品还是最主要的途径之一，这导致我国成为世界上化肥使用量最大的国家。

农用化学品使用量大、利用率低。据报道，太湖流域集约化农田的化肥、农药流失等，对城镇地区地表水氨氮的贡献率超过 50%，总磷的贡献率 30% 以上，城郊种养区地下饮用水硝酸盐超标严重（按国际标准超标 45%，按国内标准超标 20%）。近年调研表明，我国三湖（巢湖、滇池和太湖）水域污染物中，农田、农村生活和城乡接合部的贡献一般占 50% 以上；来自于农田化肥与农药流失、畜禽场和城乡接合部的面源污染，贡献了太湖、巢湖水体富营养化和污染的 70%，远高于工业与城市生活排污。

农业面源污染对人类健康的影响不容忽视。据调查，累积于饮用水源特别是井水中的化肥氮磷和农药至少对 13 个省份的数以百万计居民的健康构成威胁。

（1）农用化学品有效利用率低

我国是世界上化肥、农药使用量最大的国家。农药使用量长期居高不下的原因是我国农药使用的巨大需求以及管理不到位造成的过量使用。在未来一段时期内，我国人口将持续增长，粮食安全保障日显重要。在目前的生产方式下，为维持一定的粮食产量，最主要的途径就是使用大量的农用化学品。近 20 年来，我国化肥施用量平均每年以

157 万 t 的速度递增，化肥施用总量由 1984 年的 1482 万 t 增加到 2005 年的 4766 万 t，每公顷耕地化肥施用量达到 390kg，居世界中上水平；但化肥的利用率仅为 30% 左右，流失部分造成地表水富营养化和地下水污染。

我国农田肥料已经成为水体富营养化的主要污染源。化肥流失加剧了湖泊和海洋等水体的富营养化，造成地下水和蔬菜中硝态氮含量超标，影响土壤自净能力。从 20 世纪 80 年代至目前，滇池、五大湖、三峡库区等流域的菜、果、花种植的化肥用量平均增长了 4.4 倍。对 31 个省（自治区、直辖市）20 余种作物的调查结果显示，菜、果、花种植的农田单季作物氮肥纯养分用量平均为 $569\sim2000kg/hm^2$，为普通大田作物的数倍甚至数十倍，但氮肥利用率仅 10% 左右，远低于我国大田作物的平均氮肥利用率（35%），成为流域水体富营养化最大的因素之一。

（2）有机肥料开发利用能力有限

从肥料使用情况看，有机肥料开发利用不够，化肥施用比例不尽合理。通过农田排放的氮磷和通过农田渗漏进入地下水的氮以及从农田排放到大气中的 N_2O、NO_x、NH_3 等，已成为水体和大气的重要污染源。化肥施用量的增加：①增加了土壤重金属与其他有害元素的含量；②导致土壤硝酸盐积累；③破坏土壤结构，促进土壤酸化；④降低土壤微生物的活动。以上结果会改变土壤性状，降低土壤肥力，影响作物产量，进而造成追施化肥的恶性循环。同时，化肥流失加剧了湖泊和河流等地表水体的富营养化，造成地下水和蔬菜中硝态氮含量超标，影响土壤自净能力。

（3）农药残留现象严重

目前，我国农药年施用量居世界第一位，喷施的农药的 60%～70% 仍散落于环境中，污染土壤、水体、大气和农产品，导致一些地区的瓜果菜产品农药残留超标竟高达 60% 以上。大量农药进入土壤、大气及水体，影响土壤微生物种群分布，破坏大气臭氧层，污染地表及地下水，并通过食物链危害动物及人体健康。

有关农药污染状况的调查研究表明，农药的大量使用，使部分地区的地下水已受到污染。虽然总体上地下水中的农药浓度较低，但农药一旦对地下水造成污染，将产生持久性危害。农药的大量使用对生物也造成严重危害，一方面表现为对土壤、地下水及地表水环境质量的影响；另一方面表现为对生物（包括水生生物、陆生生物和土壤生物等）物种产生危害，进而严重危害生物多样性。研究表明，我国农村地区鸟类的种类和数量均较以前明显减少甚至绝迹；农药使用也对土壤生物产生严重危害，农村地区普遍反映"广泛使用农药，土壤中蚯蚓明显减少"。除草剂使用对后茬作物产生污染危害已成为日益严重的农药环境问题。由于农药污染，残留在土壤中的农药为害下茬作物的事件经常发生。

（4）农膜使用量逐年激增

农膜（农用地膜）是农业生产的重要物质资料之一，由于农膜的应用，可以极大地促进农业产量和效益的提高，带动农业生产方式的改变和农业生产力的发展，因此近年来我国农膜用量激增。我国是一个农膜覆盖栽培大国，由于大棚农业的普及，农膜污染也在加剧。近 20 年来，我国的农膜用量和覆盖面积已居世界首位。农膜使用已经覆盖新疆、山东、山西、内蒙古、黑龙江、陕西、甘肃等高寒、冷凉、干旱及半干旱地区的 40 多种农作物，并呈现持续增长的态势。

农膜残留对于作物种子萌芽和种子幼苗生长有损害作用。例如，农膜的增塑剂邻苯二甲酸二异丁酯随水溢出渗入土壤，对种子有毒害作用，使用农膜的作物缺苗断垄状况比对照组高15%以上。田间大量调查试验表明，作物减产幅度随农膜使用年限和残留量的增加而增加，一般情况下小麦减产7%～20%，玉米减产15%～20%，大豆减产5%～10%，蔬菜作物减产5%～40%；生育期短的蔬菜减产幅度小于生育期长的品种。模拟试验表明，不同作物、不同地块中农膜残片存量虽有差异，但对土壤的物理性能影响基本相同。农膜残片影响土壤含水率、土壤容重、土壤孔隙率、土壤透气性和土壤渗透性。一般来说，残片越大，影响越严重，但对土壤硬度影响不大。特别是聚烯烃类薄膜，在土壤中抗机械破碎性强，妨碍气、热、水和肥等的流动和转化，使土壤物理性能变差，养分运输困难，最终造成减产。我国目前采用农膜覆盖栽培的农田中，普遍存在农膜残留问题，每年农膜残留量高达45万t。据浙江省生态环境厅的调查，被调查区农膜平均残留量为$3.78t/km^2$，造成减产损失达到产值的1/5左右。宁夏回族自治区受残膜污染的农田占总数的8.2%，并以年均23%的速度增长，平均每亩残留量为2.3kg。对北京、黑龙江和新疆石河子等地的调查发现，30cm深的耕作层内，农膜残留量每亩少则5～8kg，多者10kg。随着农膜使用年限的延长，耕地土壤中的残膜量不断增加。土壤中的残膜降低了土壤渗透性能，减少了土壤的含水量，削弱了耕地的抗旱能力，并通过影响作物根系的生长发育，对作物生长产生影响，导致作物减产。

2. 大量农业废弃物无法得到有效利用

（1）农业废弃物产生量大

我国是农业大国，有机废弃物每年大约有40亿t，其中全国农作物秸秆总量7亿t，蔬菜废弃物1亿～1.5亿t，城市生活垃圾2.0亿t，城市污泥0.2亿t。通过对各地区农业统计年鉴数据进行产污单元估算，我国秸秆产生地主要分布在黑龙江、河北、山东、河南、江苏、安徽、湖北、湖南和四川9个省份，这些省份每年的秸秆产生量均超过3600万t，9个省份秸秆产生总量占我国秸秆产生量的59.5%以上。秸秆产生量最大的9个省份都面临着严重的农田固体废弃物流失的问题。同时，农业固体废弃物利用率已大幅度降低，农业固体废弃物多为露天焚烧和乱堆乱放，严重污染环境，影响村容镇貌问题日益突出。

（2）农业固体废弃物无害化处理率低

随着农村生活水平的逐步提高，传统用作肥料或燃料的蔬菜和秸秆，由于生产方式的变革和劳力、成本、体制等一系列原因，包括秸秆自身的原因（如火力不足），以及一些地区外出务工人员增加，导致大量蔬菜、秸秆等生产废物与生活垃圾一起随意堆放，在暴雨冲刷下大量的废弃物渗滤液排入水体。堆积秸秆易侵占土地，滋生细菌、蚊、蝇，影响环境；秸秆露天放置，在雨水浇湿后，易腐烂，散发臭味。露天焚烧废弃物带来资源浪费、大气污染，引发火灾，损伤地力，危害周围的生物，最突出的问题是导致大气污染，造成大气能见度降低，直接影响民航、铁路、高速公路的正常运营。

3. 养殖废弃物处理水平不高

（1）畜禽养殖规模不断扩大

我国畜禽养殖蓬勃发展，畜禽养殖废弃物产生量逐年增加。改革开放以来，我国农村副业发展迅速，特别是畜禽养殖业，由庭院式养殖向集约化、规模化、商品化养殖方向发展。随着养殖规模不断扩大，畜禽数量日益增多，不可避免地带来畜禽粪便大量排放，附带各种伴生物和添加物污染，给农村生态环境带来了较大威胁。

畜牧业在发展农村经济中的作用越来越为各级政府所重视，在相当一部分地方被列为支柱产业，成为农村经济的重要来源。全国畜禽粪便年产生量已达到约 17.3 亿 t，是工业废物的 2.7 倍。调查显示，我国畜禽粪便总体土地负荷警戒值已达到 0.49（正常值应 <0.40），该值说明了畜禽养殖污染对环境的胁迫水平已相当高。

近年来，上海市郊集约化大中型畜禽场粪便流失污染环境的现象，已成为该市郊区最为突出的环境问题。大中型畜禽场畜禽粪和尿年流失率至少为 50%，流失致使 92% 的大中型畜禽场周围环境恶化，并对畜禽场密集地区地表及地下水质造成污染，形成数以百计常年黑臭的"小苏州河"。据有关研究，太湖富营养化的养殖业污染负荷贡献比例为 23%，而在黄浦江、杭州湾的贡献比例则分别高达 36% 和 35%。据估算，我国畜禽粪便主要污染物 COD、BOD、NH_3-N、TP、TN 的流失量分别是 7.28×10^6t、4.99×10^6t、1.32×10^6t、4.20×10^5t、3.46×10^6t。

畜禽养殖场的数量和密度随着人口数量和密度的增加而增加，1988 年"菜篮子工程"实施后各地兴建的集约化养殖场、大型养殖企业向城市近郊和人口密集的地区转移，一方面极大地改善了城镇居民的生活水平，另一方面城市周围没有充足的土地利用养殖场产生的畜禽粪便，不仅造成资源的极大浪费，也产生严重的环境污染。

规模以下养殖场粪污收集处理和资源化利用水平较低，个别规模化畜禽养殖场防渗设施不完善，均存在一定污染隐患。

在农业农村污染防治方面存在两方面主要问题。①禁养区内养殖企业拆除难度大，随着"三区"划定工作的深入开展，禁养区制度落实与扶贫攻坚的矛盾愈加突出，确需关闭搬迁的养殖场数量多，补偿资金量庞大，各县无力拿出足够的补偿资金。养殖场转产、搬迁措施不具体，缺乏积极的扶持政策，需相关部门出台补偿办法，解决资金问题，以确保关闭或搬迁工作顺利推进。②设施设备工艺落后，技术支撑和配套服务弱。有的地区中小规模养殖场较多，对粪污处理和利用认识不够，对粪污处理和利用设施设备投入少，导致这些工程和设施设备的实用性、经济性较差。在规模养殖场粪污处理和资源化利用方面的资金投入，远不能满足粪污处理和资源化利用需求，专业化生产、市场化机制尚未建立。

（2）水产养殖规模及密度增大

在过去 20 年，水产养殖为世界范围内食品领域增长最快的行业。我国是水产养殖大国，养殖品种众多，产量占世界水产养殖总产量的 70% 左右。

随着水产养殖业不断发展壮大，养殖密度及养殖产量不断提高，一些问题也随之出现。首先，我国养殖业大多为静水塘养，高密度的水产养殖造成大量的水产动物排泄物、残余饵料、消毒药剂等有机物沉淀水底，有机物被分解释放大量有害物质，使养殖水质恶化；其次，养殖密度增加，水体环境恶化，养殖病害也日益加剧，许多病害已经严重威胁养殖效益；最后，面对加剧的养殖病害，消毒剂、杀菌剂及其他化学药物的大量使用又带来了病菌的抗药性及药物残留等问题，最终威胁人类健康。因此，如何有效控制水产养殖污染的产生是防治水体污染的一个关键性问题。

与多数食品生产系统一样，水产养殖对环境具有消极影响，所以其发展必须保持在可以接受的限度内。以不负责任的方式放任水产养殖发展或只采取应急的局部措施会存在明显的风险，即水产养殖产生的消极影响可能抵消水产养殖产生的收益。

（3）养殖业规划和布局不当问题突出

畜禽养殖的区域规划布局不合理。由于缺乏科学的规划布局，一些地区可利用的环境容量小，没有足够的耕地消纳畜禽粪便；生产地点离人类聚居点很近或处于同一个水循环体系中，造成畜禽粪便还田比例低，直接危害水体等。

水产养殖规划可以降低水产养殖和水环境之间的不确定性、减少水产养殖活动的外部不经济性、提高水资源的利用效率，对水产养殖的持续发展有重要作用。但对已实施的水产养殖规划的现状分析结果表明，存在着水产养殖规划基础与水产养殖规划实施的不协调性、环境影响评价环节的缺失和水产养殖规划的实施效果不佳等主要问题，其根本原因是现有水产养殖相关制度和规划不完善。

（4）畜禽养殖污染治理设施建设滞后

全国 80%以上的规模化畜禽养殖场未经过环境影响评价，60%的养殖场缺乏必要的污染防治措施，畜禽废弃物污染严重。据调查，80%以上的畜禽养殖场没有废弃物综合利用和污水治理设施，畜禽养殖业产生的废弃物已经成为农村污染的重要来源。

据统计，我国畜禽养殖废弃物中氮约为 1597 万 t，磷约为 363 万 t，COD 约为 6400 万 t，已经接近工业废水[ρ（COD）≤100mg/L]的污染贡献率；BOD 约为 5400 万 t。畜禽粪便进入水体流失率高达 25%～30%，COD 排放总量，粪便中的氮、磷流失量已经超过化肥。部分地区，如北京、上海、山东、河南、湖南、广东、广西等已经呈现严重或接近严重的环境压力水平。近 15 年来，我国畜禽养殖业污染物的流失量呈持续上升趋势，但由于畜禽养殖结构的变化，与 TN 和 COD 的增长率相比，TP 流失量的增加幅度相对要小。进一步分析表明，近年来畜禽养殖业污染物流失量的 COD、TN、TP 比基本维持在 19∶10∶1 的水平，与污染物生物处理过程所需要的 100∶5∶1 相比，有机物和 TN 应是畜禽养殖业的重点控制指标。

（5）畜禽养殖废弃物污染形式多样

许多养殖场都与较差环境场所相联系，如粪便堆放处附近臭气熏天、污水漫流、蚊蝇滋生等。对空气的污染主要发生在养殖场圈舍内外、粪便堆周围的空间，这些地区粪便产生的有毒有害挥发性气体浓度大，可形成局部性空气污染。其污染物主要包括粪便有机物分解产生的恶臭、粉尘携带的病原微生物和氨等混合产生的气体。

恶臭的主要危害如下。①恶臭对人体健康有危害，使中枢神经系统的反射调节作用产生障碍，引起兴奋和抑制过程的紊乱，使人感觉烦躁不安，精神不振，思想不集中，判断能力和记忆力减退，产生厌倦感，心理状态变差，工作效率降低。②危害家畜。有研究表明，恶臭使家畜呼吸变慢，肺活量降低，食欲不振，严重时导致呼吸困难，进而影响代谢功能，降低机体抵抗力和免疫力，造成发病率和死亡率提高，产量下降。

粉尘可携带细菌并传播疾病，影响畜禽生长。畜禽粪便堆积发酵，可能产生硫化氢、氨、胺、硫醇、苯酚、挥发性有机酸以及粪臭素、乙醇、乙醛等上百种有毒有害物质，造成空气中含氧量下降，污浊度升高，空气质量下降。畜禽养殖污染物还会污染地下水，粪便在清理过程中，随冲洗水直接流失；畜禽粪便在储存和堆放过程中，在室外被雨水冲刷淋失。有资料表明,畜禽粪水进入水体率高达50%,粪便的流失率也达到5%~9%。粪便对水体的污染还包括生物病原菌污染等。

（6）缺乏经济实用的畜禽粪便处理技术

随着畜禽养殖业的快速发展,我国每年产生的畜禽粪便数量日益增多,但由于缺乏各种实用的、低成本的、处理效果好的畜禽粪污处理技术,畜禽养殖废物污染的问题未能得到有效地解决。由于缺乏科学的处理技术,畜禽粪便的堆放及其产生的挥发性恶臭气体对村民的生存环境造成极其恶劣的影响。

由于缺少经济实用的畜禽粪便处理技术,畜禽废弃物得不到及时的处理,畜禽养殖场排出的大量粪便与污水较长期地堆置或排放到附近的低洼地区,往往会产生严重的恶臭,影响大气质量和居民环境。新鲜畜禽粪便中含有的 NH_3、H_2S 等有害气体,在未能及时清除或清除后不能及时处理时,其恶臭程度将成倍增加,产生甲基硫醇、二甲二硫醚、甲硫醚、二甲胺及多种低级脂肪酸等恶臭气体,造成空气中含氧量下降,污浊度升高,危害居民健康,并且也影响畜禽的正常生长。畜禽养殖业的快速发展排出的甲烷气体也是导致全球"温室效应"的主要因素之一。

4. 农村工矿及外来转移污染

农村工矿污染突出。乡镇企业布局分散、工艺落后,绝大部分没有污染治理设施,造成严重的环境污染。城市工业污染"上山下乡"现象加剧,全国因城市和工业固体废弃物堆存而被占用和毁损的农田面积已超过200万亩。受乡村自然经济的深刻影响,农村工业化实际上是一种以低技术含量的粗放经营为特征、以牺牲环境为代价的反积聚效应的工业化,"村村点火、户户冒烟",不仅造成污染治理困难,还导致污染危害的产生非常直接。目前,我国乡镇企业废水 COD 和固体废物等主要污染物排放量已占工业污染物排放总量的50%以上,而且乡镇企业布局不合理,污染物处理率也显著低于工业污染物平均处理率。

此外,由于污水灌溉、固体废弃物堆置,农村地区承受了大量工业污染转移,农田土壤的重金属污染已经延伸到了食品。目前,全国受污染的耕地约有 1.5 亿亩,污水灌溉污染耕地 3250 万亩,固体废弃物堆存占地和毁田 200 万亩,合计占耕地总面积的 1/10以上,其中多数集中在经济较发达的地区。

5. 缺乏全国农村环境总体规划,产业布局不合理

我国农村存在整体经济水平低、村庄之间差距大、土地利用率低、建筑形式单一、基础设施欠缺、生活质量偏低等问题,为从根本上解决这些问题,实现整村推进,必须强调搞好农村规划。但是通过对农村规划的实际调查发现,目前一些地方在建设社会主义新农村的规划方面还存在亟待解决的问题,突出表现在规划理念、规划态度、规划要素、规划管理等方面。一些地方的领导和规划单位,还没有真正理解现代意义上的规划概念,缺乏将环境问题纳入规划要素的思路、技术、方法;农村规划人才缺乏,由于我国规划专业人员大多数从事城市规划,且当前规划专业中涉及环境要素的内容较少,影响了对未来中国农村景象的规划,农村规划水平低下,其中也表现在缺乏基于生态承载力的乡村环境规划方法和建设模式。新型乡村化背景下的乡村生态承载力不清;基于生态承载力的

环境健康、美丽宜居乡村评价指标不明；乡村建设的规模、速度、发展布局和产业结构不合理；缺乏水、大气、土壤、生态多要素宜居乡村环境质量总体提升的技术方法，缺乏不同类型、不同特点、不同发展水平的人居环境安全和健康的乡村建设模式。

目前，农村的生态保护还没有和经济社会发展结合起来，基本上处于产业发展破坏生态后，开展末端生态治理的被动状态，没有从优化产业布局、从源头减少生态破坏入手；农村产业布局性生态破坏问题突出，在实际工作中缺乏可以指导城乡产业布局优化，支撑产业发展决策管理的生态适宜性评价技术。

6. 农村地区经济增长方式粗放

随着现代科技进步和人类环境认知水平的提高，新的农村与农田面源污染不断出现，种植业越来越依赖于大量化学品投入以获得较高产量，而化肥利用率始终维持在30%左右，使用量越高，流失量就越多。农用激素类、二噁英类等所造成的环境和产品污染逐步凸现，生物污染已成为环境污染新的难题。

在传统生产方式没有改变的情况下，农村经济转向集约化发展，对环境产生一定的负面影响。经济活动的规模越大，对原材料需求量越多，导致自然资源的消耗加速，污染加重。同时，由于农村传统生产方式与生活习惯仍较普遍，大量的氮磷等养分、有机废弃物、有毒物品流失于环境之中，对我国水环境造成了循环污染和长远影响。农村居民水环境保护意识不强，农业生产和农村生活污染物使用和排放管理不力，无法可依，无章可循，以致环境负荷日益加大，环境受胁迫程度越来越高。

（三）缺乏农村生活饮用水安全体系

我国是一个水资源贫乏的国家，年缺水总量为 300 亿～400 亿 m^3，季节性缺水、区域性缺水严重。随着干旱的不断发生，用水量、农药化肥施用量和污废水排放量的不断增大，地下水水位下降和河道断流严重，水源污染加剧，水资源供需矛盾日益突出。目前我国呈现北部资源型缺水、西部工程型缺水，而东部和南方地区水质型缺水的特征。

据卫生部门和水利部门的调查，我国农村人口饮用水符合农村生活饮用水卫生标准的比例为 66%，还有 34% 的人口饮用水达不到标准的要求。

同时，由于水处理工艺不完备导致部分集中式水厂出厂水水质合格率低。据调查，按工艺情况分类统计，完全处理、部分处理和未处理分别占 16.70%、11.66% 和 26.75%。而在水处理的各个工艺环节中，饮水消毒率低是最迫切需要解决的。据调查，目前我国农村集中式供水水厂中，29.18% 的水厂有消毒设施，70.82% 的水厂无消毒设施，在有消毒设施的水厂中又有相当一部分并未按规定使用。缺少消毒工艺导致农村饮用水微生物学指标超标率居高不下，成为农村肠道传染病高发的主要风险因素。

目前，尽管我国已经建立了有关饮用水安全法律制度的基本框架，但是，由于大多数的农村饮用水安全法律规范只是散见于各种法律法规当中，饮用水安全的立法原则和制度设计多以城市为中心，忽视对农村饮用水安全的保障，到目前为止，还不存在一部保障农村饮用水安全的专门性法律法规，这与农村饮用水安全的重要性不相符，与尊重和保障人权的理念相违背，与社会主义新农村建设和可持续发展的目标相背离。虽然现在关于饮用水安全的规定并不少见，但是，由于与农村饮用水安全保护的特殊性以及现阶段我国农村饮用水安全保障工作的严峻性不相称，根本无法形成协调统一的法律规范体系，农村饮用水安全问题的严峻形势并未得到根本性的好转。因而，需要尽快出台农村饮用水安全保障方面的法律法规，以弥补我国农村饮用水安全保障法律体系在结构上的缺陷。

（四）缺乏完善的农村环境基准标准体系

1. 环境基准研究工作起步晚

与发达国家相比，我国的环境基准研究工作起步晚，再加上长期以来经费投入不足，研究机构封闭运行，基准成果难以共享，导致已有的为数不多的相关基准成果，如土壤重金属基准，也难以用于土壤环境质量标准的修订。环境基准研究缺乏科学规划，研究任务部署零散，研究成果不系统，难以支撑当前环境管理工作的实际需要。总体来讲，我国目前环境基准研究工作成果产出较少，远远满足不了目前环境管理工作的需要。例如，现行的《地表水环境质量标准》（GB 3838—2002）根据水环境质量指标将水环境质量分为五类。近年来，随着经济的快速发展，"水华"等水环境污染事件时有发生，湖库富营养化等水生态安全问题日益突出，开展基于我国区域特征的水环境基准研究势在必行。此外，在大气环境基准研究方面，我国至今未发布环境空气污染物基准文件；在环境流行病学方面，我国开展了关于大气污染物对公众健康影响，包括空气污染对死亡率、呼吸系统疾病发病率等方面的影响的研究。在国家环保公益性行业专项中已经设置了"基于健康风险评价环境空气铅质量标准限值制定方法研究""我国大气颗粒物环境基准预研究"等研究项目。总的来说，研究成果还比较薄弱，新修订的《环境空气质量标准》（GB 3095—2012）主要参考国际上的环境空气质量基准研究成果，如世界卫生组织（WHO）发布的空气质量准则以及美国环境空气质量污染物基准的研究成果。

面对不断出现的各种环境问题，科学基础研究明显滞后。为了向标准制定和修订，以及环境质量评价等提供科学依据，急需从国家层面上加强我国环境管理和环境保护工作的基础理论研究，为我国进行标准制定和修订，以及环境质量评价、决策、管理和外交提供长期而良好的知识储备和科学依据。

2. 环境标准的法律属性模糊

环境标准的法律属性模糊，与环境法律的界限不明确。环境标准的优先执行权不明确，虽然环保先进国家几乎将环境标准与司法准则相等同，但我国对于环境标准的法律属性却一直存在颇多不同看法。独立存在的环境标准只是一种技术规范，它只有在与有关环境标准管理的法律法规相结合后才能成为完整的法律法规，这一观点被大多数专家学者所认可。从此可以看出在我国环境保护法律规范中，环境法律与环境标准之间的关系尚未完全捋顺，体现了环境标准在法律属性方面的复杂性和模糊性。而且强制性标准和推荐性标准的分类方式，使环境标准很难被定性，这大大制约了它的法律功效，致使相关环境法律的规章制度相对滞后。环境标准模糊不清的性质和效力正是阻碍我国环境标准制度顺利实施的根源，也造成实践中标准制定不规范、适用随意等一系列问题。

3. 环境标准的技术含量低，配套措施不到位

（1）缺乏科学的技术支撑

我国环境标准一般仅以单项环境要素特征和地区污染情况为依据制定，没有结合整体环境数据和行业背景，制定前期缺乏基础性的科学研究，没有充分综合考虑多学科科学研究数据。这种缺乏科学技术支撑而制定的环境标准技术含量低、针对性不强，实施效果也不佳。

（2）标准的制定不能参照实际情况

由于对环境标准的系统性和技术性认知不够，以及受国家科学技术和经济水平限制，我国环境标准配套措施的配置没有跟上其本身发展的脚步，制约了环境标准准确性和科学性的提高，也降低了环境标准的可操作性。在我国西南地区以及沿海等发达地区，配套的环境监测系统相对比较完善，而在西北等发展相对滞后的地区，监测系统配备不完全，导致很多污染物是否达标排放缺乏有力的根据。

（3）标准有一定的局限性

我国各项环境标准中缺乏对节能技术、先进工艺技术设备和清洁能源原材料的运用要求，未能与国际标准接轨。节能与环保相辅相成，只有节能技术、清洁能源的运用效力提高才能从根本上解决环境质量下降、污染加重的问题。

（4）农村标准严谨度低

农村食品安全问题也在于食品安全标准与最严谨标准要求之间差距较大，而且农村地区食品安全方面的立法规范及实施力度相对城市地区都较薄弱，其风险防范意识较差，风险监测、风险评估和供应链管理能力不足。绿色农业生产的重压之下，我国农村地区食品安全工作仍面临不少困难和挑战，形势依然复杂严峻。微生物和重金属污染、农药残留超标、添加剂使用不规范、制假售假等问题时有发生，环境污染对食品安全的影响逐渐显现。安全与发展之间的矛盾急需解决，农村地区更应加强对食品安全的重视，落实责任主体。

（五）缺乏健全的农村环保与污染控制保障机制

1. 农村环保与污染控制法律法规体系不健全

我国农村污染控制、生态建设等方面的相关立法尚处于空白，整个环境立法体系中，没有形成系统性、综合性的专门法规，农村环境保护相关要求只是分散在各类法规中。

我国目前的诸多环境法规对农村环境管理和污染治理的具体困难考虑不够，针对性和可操作性不强，很难真正对农村环境保护工作起到指导作用。例如，目前对污染物排放实行的总量控制制度只对点源污染的控制有效，对解决面源污染问题的意义不大。加上基层管理机构、监管制度缺失和国家对农村环境污染严重性认识不足，农村环境基础设施还没有进入地方干部政绩考核体系，导致我国农村污染现象严重。

2. 农村环境保护与污染控制缺乏城乡统筹的经济政策

（1）城乡二元化发展模式制约农村发展

我国长期推行的城乡二元化发展模式，加之粗放落后的农村生产生活方式、不健全

的农村环保法律法规及政策体系，同时缺乏有效的农村环保投入机制及环境监管体系，农村环境保护科技支撑薄弱和农村环保的宣传教育力度不够，导致我国城市污染向农村加速蔓延、农业面源污染严重，农业生态系统的生物多样性降低，水土流失及农村水环境恶化趋势总体加剧，土壤环境恶化等生态环境问题突出，并有持续恶化的趋势；同时农村生态环境又具有脆弱性、区域性、阶段性、隐蔽性和难恢复性等特征，严重影响我国生态环境质量、粮食安全及社会经济的全面协调发展，危及农村生态环境与人体健康。

（2）缺乏农村环境保护生态补偿政策及机制

2005 年，《国务院关于落实科学发展观加强环境保护的决定》明确提出要完善生态补偿政策、尽快建立生态补偿机制，国家和地方可分别开展生态补偿试点的要求。2007 年，环境保护部发布了《关于开展生态补偿试点工作的指导意见》，推动了我国生态补偿机制的研究与实践。但从《关于开展生态补偿试点工作的指导意见》的落实情况来看，生态补偿机制研究与试点示范，多数是从自然保护区、矿产资源开发和流域水环境保护的角度开展的，缺少从城乡统筹的角度开展城市补偿农村生态服务功能的生态补偿机制与运行模式研究与示范，导致城乡环境保护与污染控制缺乏良性互动机制及模式。

乡村环境污染治理资金仍分散于环保、农业、畜牧、林业、国土、水利、建设等多个相关职能部门，尚未形成党委政府领导、生态环境和农业部门统一监管、各部门分工负责的有效管理体系。加之我国现已建成的乡村污水处理站主要由村民管理，管理人员专业素质不够，管理和维护工作缺乏必要的技术人员及运行管理经验，致使许多污水处理站因不能正常使用而废弃。

（3）缺乏国家层面城乡统筹环境保护科技投入机制

我国农村环保科技投入分散，缺乏国家层面城乡统筹环境保护科技投入机制，对农村环境保护的发展贡献水平低，缺乏强有力的、系统化的农村环保科学技术支撑和管理体制机制保障体系，现在的农村环境保护多是直接套用城市环境保护的技术体系和管理办法，很少重视农村环境保护的科技创新，致使实用、低成本的农村环境保护技术的开发和推广极为困难，成为开展农村环境保护工作的薄弱环节，导致城乡环境发展不同步和环境污染问题突出，如不有效解决，将严重制约"生产发展、生活宽裕、乡风文明、村容整洁、管理民主"的社会主义新农村建设进程。因此，开展新农村建设环境保护城乡统筹研究和典型技术集成示范，是推动城乡统筹和促进我国社会主义新农村建设的切实行动。

城乡在获取资源、利益与承担环保责任上严重不协调。长期以来，我国污染防治投资几乎全部投入工业和城市，对城市和规模以上工业企业的污染治理制定了许多优惠政策，如排污费返还使用，城市污水处理厂建设时征地低价或无偿、运行中免税免排污费，规模以上工业企业污染治理设施建设还可以申请用财政资金贷款贴息等。但农村从财政渠道获得污染治理和环境管理能力建设的资金非常有限，也难以申请到用于专项治理的排污费。由于农村污染治理的资金本来就匮乏，贷款授信程度低，建立收费机制困难，又缺少扶持政策，因此，农村生活污染控制、生态基础设施建设和运营的市场机制难以建立。

农村环境保护本身是一项公共服务，属于责任主体难以判别或责任主体太多、公益性很强、没有投资回报或投资回报较少的领域，对社会资金缺乏吸引力。农村聚居点和小城镇单体市场规模小，其基础设施建设和运行难以进行市场化运作，因而又必须依赖财政资金，而乡镇和村一级行政组织普遍资金不足，难以建设污染治理基础设施，这就造成了农村聚居点污染日趋严重并将继续严重。

3. 农村环境保护与污染控制科技支撑薄弱

我国农村环境保护研究工作起步较晚，整体上远远落后于发达国家，缺乏成熟的理论研究基础，系统的科学理论与总体治理思路尚未建立，面源污染控制政策研究与国家整体农村环境保护要求相脱节，很多基础层面的科学问题尚不清楚。规范化、标准化的农村环境国家监测网络还未形成，基础数据不清楚。实践中缺乏科学的技术路线和一体化防治技术的支撑，过程控制特别是源头控制少。农村环境保护实用技术缺乏。

农村环境保护技术支撑体系多是直接套用城市环境保护的办法，很少重视农村环境保护的科技创新，致使农村环境保护工作尚未建立起配套的科学技术支撑体系。各级政府和科技界在农业污染防治方面已经开展了大量的工作，取得了一定的技术成果，但大部分技术操作相对烦琐，缺乏相应替代产品和操作规程，推广应用存在一定困难。

4. 农村环境保护能力不足

我国农村环境保护能力相对薄弱，城乡差距不断扩大，加上农村经济发展水平相对滞后，使得农村抵御环境恶化的能力远远不及城市，从而使农村环境保护呈现脆弱性，城乡环境保护做到统筹十分困难，致使新农村建设中农村环保工作举步维艰。

目前在辨识农村环境问题的基础能力上，严重缺乏监测能力建设，同时由于对农村环境统计体系建设重视不够，农村环境统计体系不健全，导致目前无法获得农村污染状况的相对准确的数据，给农村环境保护各项工作的开展带来影响。

环保投资水平是削减污染物总量、改善环境质量的第一动力和主导力量。环保投入占国内生产总值（GDP）的比例达到 1%～1.5%可以基本控制污染，达到 2%～3%可以逐步改善环境。

受人力、资金条件限制，环保宣传教育还没有真正深入到农村，农民对生产生活污染的环境危害认识不足，日常生产生活行为缺乏必要的环境知识作指导，难以适应新农村建设的需要。当大量的生产生活中的现代要素被缺乏科学知识的农民使用时，会产生更大的潜在环境问题。由于目前宣传培训力度不够，农民知识水平有限，造成了现代科技成果与实际使用者能力之间存在巨大差距的问题。

有效的监督机制对执行环境法规有着重要作用。我国的环境管理体系是建立在城市和重要点源污染防治上的，缺乏农村环境监管能力。当前农村面源污染严重，难以确定农业非点源污染的管理尺度，难以合理分配中央和地方的责任与权力。在农村环境保护与污染控制监管过程中，地方管理更加贴近实际、"中央集权"便于制定标准。由于缺乏农村环保法规机制及相应的环保执法部门，对不规范的生产、经营行为缺乏指导和监督，导致乡镇一级政府对辖区环境质量负责的法定职能很难履行。

（六）农村环境问题认识不清

我国整体已进入复杂的结构性、压缩性、复合性、区域性环境污染新阶段，高能耗、高污染、高排放、低产出的重化工产业格局尚未得到改变，每年由于环境污染造成的直接经济损失占 GDP 的 3%～8%。目前我国环境总体仍然处于局部改善、整体恶化的发展态势，成为我国经济社会可持续发展和建设小康社会的巨大障碍，对生态系统、人体健康、经济发展、社会稳定乃至国家安全的影响更加深远。我国的环境将面临前所未有的挑战。

1. 农村环保缺乏分区、分类控制体系

受地理区位、自然条件、社会经济发展水平的制约，我国不同区域的农村环境状况、环境污染程度以及环境保护能力建设等都是不相一致的，导致不同区域的农村环境保护与污染控制的技术模式不一致；由于不同地区对环境要求标准不一样，所以导致农村环境保护与污染控制的研究及实施工作缺乏分类控制体系。同时，现阶段我国极其缺乏针对不同地区、不同突出农村环境问题的生活污染控制与城乡统筹生态建设的成套化技术与运行管理模式和保障机制。

2. 缺乏环境承载力研究

目前，我国缺乏全面、系统地分析和预测农村未来经济发展、环境变化、人口趋势，缺乏计量分析经济发展与污染物减排效应及环境质量变化之间的相互关系，尚未分析农村水承载力与经济社会发展的关系，缺乏从经济发展、社会进步、技术革新等多个角度，应用技术–经济–社会模型进行农村环保与社会经济发展的适配性研究。对我国不同发展阶段对农村污染减排需求和农村承载力的关系的理解不明确，缺乏从全面建设小康社会和粮食安全的角度剖析我国农村污染减排新需求的分析。

各种直接、间接或制度性原因形成的农村环境问题，也是制约农村发展的关键因素，而乡村环境污染的根本原因在于我国当前经济发展转型及城乡二元结构性失衡（表3-7）。若要实现农村的长期全面发展，同步解决城乡二元结构问题，在注重当前农村人居环境综合整治的同时，也需预判日后农村发展的整体趋势。促进农村全面发展和繁荣，使广大农村居民能够与全国人民一道同步实现小康，最终实现城乡共同繁荣和农业农村现代化，也是中国特色社会主义的本质要求。据统计，1992 年至今，我国城镇化率平均每年递增约一个百分点。如果按照国际上关于城乡的定义衡量人口流动趋势，我国的城镇化速率还会更高。在这个背景下，乡村社会治理的确遇到一些新问题。到 2035 年和 2050 年我国城镇化率将分别达到 71.1%和 75.8%，届时乡村常住人口将分别达到 4.19 亿人和 3.45 亿人，有望实现农民收入与市民收入大体相等。在农业现代化条件下，农户的社区性特征不再显著，大量村庄会消失，农户将分散居住，农村治理最终会是一个趋于消失的概念。所以，未来趋势是建立城乡一体、兼顾差异的乡村治理体制，基本的发展策略是逐步实现城乡社会治理的统一。

表 3-7　我国乡村环境污染原因汇总

原因类型	原因性质	形成乡村环境问题的原因	问题形成机制
直接原因	种植业污染	化肥污染	使用量增加+化肥高品质、高品位比例小+化肥流失、氮磷排放
		农药污染	使用量增加+农药残留+危害生物多样性

续表

原因类型	原因性质	形成乡村环境问题的原因	问题形成机制
直接原因	种植业污染	农膜污染	使用量增加+难以降解+残留量大
		农业固体废弃物污染	产生量巨大+未充分利用
	畜禽养殖业污染	畜禽粪便产生量巨大，土地负荷过大	产生量巨大+污染物流失严重+土地负荷警戒值增高
	乡村聚居点生活污染	垃圾随意堆放	生活垃圾增多+环卫设施落后+环保意识淡薄+缺乏相应管理
		固体废弃物再利用逐步弱化	固体废弃物利用率低，垃圾随意堆放
	乡村周边工业企业污染	乡镇企业布局分散、工艺落后，多数没有污染治理设施	乡镇企业多而散，技术落后，粗放式经营
		城市工业污染"上山下乡"现象加剧	城市工业污染向乡村转移，农业工业化以牺牲环境为代价
间接原因	历史性因素	传统生活习惯影响，农民环保意识淡薄	农民不注重生活习惯对乡村环境的影响
		政府对乡村环境保护工作重视不够	政府长期关注经济发展，弱化了对乡村环境的重视程度
		乡村资源和能源结构长期不合理	传统生产方式+自然消耗加剧+生物质能源多被遗弃
	基础性缺失	乡村环保投入不足，基础设施比较落后	政府提供环保设施的服务能力薄弱，乡村环卫设施建设总体处于空白状态
		基层环保机构缺失，管理体系不完善	基层环保机构不健全，村（街道）、社区环保办事机构缺失，环境立法缺位，现有法律的针对性、可操作性不强
		资金、人力不足，环保宣传教育不够	基层环保宣传缺乏，农民知识水平较低，环保意识较为薄弱
制度性原因	土地现行制度	乡村土地产权不明确	土地产权主体认识模糊，集体组织对土地环境保护职责缺失
		土地经营不够稳定	经营权不稳，农户未能达到预期收益，短期压榨土地资源行为普遍
		土地零碎化管理	土地使用权缺乏流动性，制约农业规模化经营，农民经营成本高、收益低
		共有资源得不到保护	乡村公共物品未得到有效界定，共有资源掠夺式使用严重
	乡镇企业管理	乡镇企业缺乏统一管理，经营混乱	部门掣肘+地方保护主义+很多企业未得到环保部门批准
	环境保护机构设置制度	环保机构的设置与现实要求不一致	环保机构规模小，不能直接行使强制执行程序，国家环保机构对地方环保机构只有政策指导作用，不能很好地行使管理和监督职能
		基层环保机构整体素质与能力不适应新形势需要	执法人员素质不高，不熟悉环境法律规定且缺乏必要的行政执法素养和能力，执法不当或行政不作为，降低了地方环境执法的效率
	环境问题管理制度	环境管理行政手段与当前环保要求不符	不能适应市场经济要求，人为因素影响大，行政主客体不对称
		环境管理部门的权责不对等影响环境治理的效果	权力清晰化与责任模糊化错位，高位职级命令化与低位职级服从化错位，权力占有与义务免赦型错位
根本原因		我国当前经济发展转型以及城乡的二元结构性失衡	

四、乡村绿色环境发展短板

生态宜居是乡村振兴战略的内在要求，是提高广大农村居民生态福祉的重要内容。为此，应站在化解新时代社会主要矛盾的战略高度，从满足人民日益增长的美好生活需要出发，明确新时代农村人居环境整治的关键问题，补齐乡村绿色环境发展短板，扎实推进美丽宜居乡村建设。

（一）缺乏基于生态承载力的乡村环境顶层规划

在新型城镇化背景下，我国农村环境生态承载力底数不清，基于生态承载力的宜居乡村评价指标不明，尚缺乏水、大气、土壤、生态多要素环境质量总体提升的顶层设计，也未建立考虑南方与北方、山区与平原、内陆与滨海、经济发达与欠发达、居住分散与相对集中等区域差异的乡村环境专项规划，使得与经济社会发展和生态环境保护相适应的农村建设规模、速度、发展布局和产业结构缺乏科学指导，不利于从绿色发展与资源可持续利用角度长期保障乡村生态环境。此外，基于不同类型、不同特点、不同发展水平的乡村环境设施建设模式也有待完善。

目前，我国现行的农村污水处理、垃圾处理、厕所改造等技术支撑体系远远滞后于实际需求。首先是技术应用缺乏引导，标准化和规范化不够，部分标准缺失，各种环保标准之间相互支持配合度低，且当前技术指导文件多为原则性规定，可操作性差，与其他标准或规划的互补性有待进一步加强。例如，各省市都在制定和实施农村生活污水排放标准，从部分已发布的标准来看，在指标限值设定与水功能区关系、因地制宜性、处理水用途等方面考虑尚不全面，存在个别地区标准偏高、一刀切的现象。其次，技术工艺多而杂、散而乱，未分区分类考虑乡村环境污染特性、环境要素和敏感程度，尚未形成技术体系，缺少核心治理技术与装备，"低成本、低能耗、易维护、高效率"适宜性技术储备严重不足。我国农村污染防治技术标准方面的主要问题或短板梳理如下。

1. 农村地区环境标准内容不全面

目前我国环境标准存在内容不全面、部分标准已过时、与国际标准脱轨的现象。环境标准涵盖的领域越广泛对环境的保护才能更全面。我国环境标准虽已涉及很多方面，但仍存在一些空白领域，特别是关系人们生存安全的生活环境标准严重缺乏。

根据对我国农村污水、垃圾以及农产品的相关标准和规范的统计可知，我国污水的相关标准制定方面较垃圾和农产品好，但并不是所有省份的农村地区都有相应的农村污水排放标准和农村污水处理技术规范。只有少数的省份针对农村地区垃圾和农产品专门制定了相关的标准和规范，具体标准制定方面的问题如下。

（1）环境标准缺失

农村污水标准制定方面，我国东部上海、江苏、广东、广西、辽宁没有专门制定排放标准，其农村地区污水排放是根据污水类型执行有关各省份制定的相关排放标准；除浙江、山东、辽宁有农村污水处理规范以外，东部其余省份均没有相关的污水处理规范；

福建、海南的农村污水排放标准只制定了征求意见稿，未正式发布；中部地区山西、河南、江西、湖南制定了农村污水排放标准（其中湖南是征求意见稿，未正式发布），其余省份没有制定专门的农村污水排放标准，中部地区均没有制定各省份农村的污水处理技术规范；西北甘肃、陕西、宁夏制定了农村污水排放标准（其中甘肃农村污水排放标准是征求意见稿，未正式发布）；除宁夏制定了农村污水处理规范外，其余各省份均没有制定相关的农村污水处理技术规范；西南地区除贵州和重庆制定农村污水排放标准外，其余各省份均没有制定；西南地区未制定农村污水处理技术规范。农村垃圾相关标准制定方面，只有浙江、重庆、天津制定了专门针对农村生活垃圾分类处理的技术规范，其他省份没有专门制定。农产品相关标准制定方面，只有浙江、黑龙江两个省份制定了关于农产品相关的标准规范，其他省份都是根据全国的标准来参照执行。此外，现有的农村污水排放标准中，有的省份只给出了一些常规污染因子，对于其他的污染因子没有给出排放标准。

（2）标准规范等制度体系仍需不断完善

环境基准标准缺失严重制约农村生态环境的治理工作和农村经济的发展。我国农村污水处理的早期标准是《村庄整治技术规范》（GB 50445—2008）和《镇（乡）村排水工程技术规程》（CJJ 124—2008），但条款非常简单，不能满足当前农村污水处理的需求。2010 年，《农村生活污染控制技术规范》（HJ 574—2010）发布。2013 年，《户用生活污水处理装置》（CJ/T 441—2013）发布，该标准更针对设备包装和其他方面的监管。2010 年，住房和城乡建设部发布了 6 个地区的农村生活污水处理技术，分别为华北、东北、西北、东南、西南、中南区域；2011 年，《村庄污水处理设施技术规程》发布，适用于人口不超过 5000 人的新建和分散家庭生活污水（包括住宅厕所、洗涤和厨房等的排水）设施的建设和验收、扩大和重建。我国 3/4 的省市还没有农村污水相关标准，标准缺失制约着农村污水治理。面对农村地区污水处理标准缺失的问题，国家层面也加大了对标准制定的推进工作。近期，生态环境部与住房和城乡建设发布了《关于加快制定地方农村生活污水处理排放标准的通知》，要求各省（自治区、直辖市）抓紧制定地方农村生活污水处理排放标准。然而，已制定的地方农村生活污水处理排放标准的一些标准规范，仍需根据该通知要求作出进一步修订或完善。

2. 环境标准内部不协调

（1）国家标准与地方标准之间不平衡

地方环境标准薄弱，并且国家标准和地方标准之间定位不明确，作用划分不清晰，地方环境标准的功能被忽视，使得一部分地方政府照搬国家标准，或者是一味要求国家制定适合当地需求的国家标准，仍然主要依靠国家标准进行环境管理。另外，国家只允许地方制定严于国家标准的地方排放标准而不允许地方制定高于国家标准的环境质量标准，这使地方排放标准难以体现地方环境质量的实际情况。

（2）综合排放标准和行业排放标准内容不协调

我国综合性污染物排放标准可操作性不强，它以水、大气等主要环境要素为核心编制，但涵盖行业过多，具体内容过于宽泛，不能有效展现各行业的排污特点。这种内部不协调的局面不利于环境标准体系整体优势的发挥，影响了标准的实施。

（3）标准范围狭隘

在我国农村地区的相关标准中，更注重的是排放标准，也就是更关注末端治理的效果，对于如何从源头减少污染物的排放或是从源头避免污染物的产生没有详细的规范或是标准。

（4）农村标准针对性与适用性不足

目前，国家层面还没有统一的农村污水处理排放标准。宁夏、浙江、河北、山西、重庆、陕西、江苏、北京等8个省（自治区、直辖市）已经发布了地方标准，还未出台排放标准的地区，也普遍将《城镇污水处理厂污染物排放标准》（GB 18918—2002）作为自己农村污水处理的参考排放标准。从目前已经发布的地方排放标准来看，有些省份制定的排放标准过于严格，甚至远超技术可达，这是目前不得不正视的问题。同时，一些没有出台排放标准的地区又急于推进，简单套用城镇污水处理排放标准，一些不切实际的排放标准则更加严重地阻碍了农村污水处理的进程。农村污水治理难点主要体现在以下几方面。

1）排放标准分级混乱。有的标准按排水去向分级，但绝大部分农村污水去向无法定性。农村污水很多存在来源不清楚的状况，不能简单地用分级来确定排放标准；有的标准按设施规模分级，但规模取决于采用集中还是分散的规划布局，难以体现针对农村污水的特点；有的标准按本地经济状况分级，但本地经济状况实际又无法定性。

2）排放限值宽严不相济。很多省份的一级标准等同或严于国家城镇标准的一级A，但三级标准又放宽到不处理也可达标。

3）排放标准要素缺失。排放标准应该包括限值、取样方法、评价方法三个要素。但目前，几乎所有省份的排放标准都没有明确的取样方法和评价方法，导致实际执行过程中，往往采用瞬时样，或者采用全达标的取样和评价方法。

4）排放标准越来越严。从目前已经发布了地方排放标准的省份来看，北京的农村污水排放标准远严于城镇污水排放的一级A标准；河北的相当于一级A；上海介于一级A与一级B（国家城镇标准的一级B）之间；宁夏、山西和陕西相当于一级B；浙江和重庆远低于一级B。部分地区的污水排放标准指标情况请见表3-8。

表3-8　地方污水排放标准指标对照表　[单位：mg/L（粪大肠除外）]

地区	COD_{Cr}	BOD_5	SS	NH_3	TN	TP	粪大肠（CFU/L）
北京	30	6	5	1.5	15	0.3	10^3
河北	50	10	10	5	15	0.5	10^3
上海	50	—	30	8	15	1	—
宁夏	60	20	20	15	20	1	10^4
山西	60	20	20	15	20	1	10^4
陕西	60	—	20	15	20	2	—
浙江	60	—	20	15	—	2	10^4
重庆	80	—	30	20	—	3	—
一级A	50	10	10	5	15	0.5	10^3
一级B	60	20	20	15	20	1	10^4

注：COD_{Cr} 为重铬酸盐化学需氧量，BOD_5 为5日生化需氧量，SS为固体悬浮物浓度，NH_3 为氨气浓度，TN为总氮浓度，TP为总磷浓度；CFU/L是菌物浓度计量单位，指每升溶液中的菌落形成单位。

正在征求意见的排放标准也有加严的趋势。目前,甘肃、广东、山东、河南、湖南、福建、湖北、天津等 8 个省(直辖市)发布了农村污水处理排放标准的征求意见稿。这些正在征求意见的标准,总体上严于城镇污水排放的一级 B 标准,且有加严的趋势。目前来看,很多地区并没有准确理解国家相关部委的初衷,依然没有从地方的实际出发,制定因地制宜的标准。

3. 现有技术标准存在的不足之处

(1) 农村污水标准及技术规范

现有的农村污水排放标准中只包含一些常见污染因子,其余的污染因子没有给出确切的排放标准,如粪便中的大肠杆菌等。在排放标准中虽然给出了监测断面,但是是否能保证在两个监测断面之间水质可以达标呢?在监测要求中虽给出了监测时间,但是在监测时间外的其余时间,是否可以达标排放?在西北等水资源稀缺的地区农村污水处理后是否可以再次进行回收利用?有污水排放标准的地区因为该地区的水资源短缺,并未严格执行排放标准。像新疆地区虽没有制定农村地区的污水排放标准,但是可以以全国农村污水排放为基础执行,据资料显示,该地区并没有执行全国农村污水排放标准,而是限制生活污水,不允许外排。在没有农村地区排放标准的农村地区执行的是全国污水排放标准,虽然农村地区污水成分简单,但不同省份的污水水质也有一定的区别,执行统一的标准是不合理的。在标准中虽然给出了污水排放的标准,但是对于没有污水管网的地区如何执行排放标准未明确说明。我国农村污水治理更多注重的是排放标准,对于源头治理或是减少污水的排放等未给出对应的标准规范。在某些地区,农村污水处理标准或规范只适用于规模小于 $500m^3/d$ 的情况,对于规模大于 $500m^3/d$ 的却未给出明确的说明。

(2) 农村垃圾标准及技术规范

我国制定生活垃圾标准及技术规范的省份很少,对于没有制定的省份,其农村生活垃圾的处理参照国家的标准来执行,国家的标准范围过广,且不同省份的生活垃圾的成分及其对环境的危害程度也不同,用统一的国家标准来限制不合理。

(3) 农产品标准及技术规范

我国制定农产品相关规范的省份很少,用国家统一的标准来限制,范围太宽,并不能代表不同省份农产品的规范需求。因此,我国现有的农村地区环境基准标准并不完善,必须重新制定农村环境基准标准或是完善适合每个省份的标准。

除农村污水(表 3-9)、农村垃圾(表 3-10)和农产品(表 3-11)相关标准外,关于农业面源污染、畜禽污染、农药污染、土壤污染等方面,我国环境保护标准上出现了空白区域。另外,农村环境保护方面的立法也亟待加强。

(二)农村人居环境整治科技支撑能力不足

现行农村污水、垃圾处理技术支撑体系远远滞后于实际需求。首先,技术应用缺乏引导,标准化和规范化不够,部分标准缺失,且当前技术指导文件多为原则性规定,可操作性差,与其他标准或规划的互补性有待于进一步加强。例如,各省份都在制定和实

表 3-9　我国农村污水治理方面的基准标准

地区	序号	省份	标准	适用范围	备注
东部地区	1	北京	《农村生活污水处理处置设施水污染物排放标准》（DB 11/1612—2019）	1）规定了农村生活污水处理设施水污染物排放的控制要求、监测要求和实施与监督 2）适用于农村生活污水处理设施的水污染物排放管理 3）适用于法律允许的污染物排放行为	东部地区上海、江苏、广东、辽宁没有专门制定农村污水排放标准，其农村地区污水排放是根据污水类型执行有关各省份制定的相关排放标准
	2	天津	《农村生活污水处理设施水污染物排放标准》（DB 12/889—2019）	1）规定了农村生活污水处理设施水污染物排放技术要求、水污染物监测要求和实施与监督 2）适用于规模小于 500m³/d 的农村生活污水处理设施水污染物排放管理 3）适用于法律允许的污染物排放行为 4）不适用于混入工业废水或畜禽养殖废水的农村生活污水设施水污染物排放管理	除浙江、山东、辽宁有农村污水处理规范以外，东部其余省份均没有制定相关的处理规范
	3	河北	《农村生活污水排放标准》（DB 13/2171—2015）	1）规定了农村生活污水及处理设施的术语和定义、一般要求、水污染物排放限值、监测要求等 2）适用于农村生活污水处理设施的水污染物排放管理	福建、海南的农村污水排放标准只制定了征求意见稿，未正式发布
	4	辽宁	《辽宁省农村分散型污水治理技术指南》（征求意见稿）	1）适用于 0.5～200m³/d 规模的农村分散型生活污水处理项目的规划、设计、建设、运行及监督 2）日处理水量 200m³/d 以上的农村污水处理设施宜参照城镇污水处理设施的相关规范执行	
	5	浙江	《农村生活污水处理技术规范》（DB 33/T868—2012）	1）规定了农村生活污水处理工程的设计、施工、验收、运行和维护的技术要求 2）适用于农村生活污水处理工程新建、改建、扩建的设计、施工、验收和运行的管理，可作为环境影响评价、设计、施工和环境验收以及建成后运行与管理的技术依据	
			《农村生活污水处理设施水污染物排放标准》（DB 33/973—2015）	1）规定了农村生活污水处理设施的水污染物排放控制、监测、标准的实施与监督等要求 2）适用于除城镇建成区以外的农村生活污水处理设施水污染物排放管理 3）适用于法律允许的污染物排放行为 4）不适用于混入工业废水的农村生活污水处理设施	
	6	福建	《农村生活污水处理设施水污染物排放标准》（征求意见稿）	1）规定了处理规模在 500m³/d 以下的农村生活污水处理设施水污染物排放的控制要求、监测要求和实施与监督 2）适用于处理规模在 500m³/d 以下农村生活污水处理设施水污染物排放管理 3）适用于法律允许的污染物排放行为	
	7	山东	《农村生活污水处理处置设施水污染物排放标准》（DB 37/3693—2019）	1）规定了山东省农村生活污水处理设施的水污染物排放限值、监测要求和标准的实施与监督等内容 2）适用于规模小于 500m³/d（不含）的农村生活污水处理设施水污染物排放管理，规模大于 500m³/d（含）的农村生活污水处理设施执行 GB 18918 中一级 A 标准要求	
			《农村生活污水处理技术规范》（DB 37/T 3090—2017）	适用于分散农户、村庄及新型农村社区的生活污水处理设施的设计、建设和运行维护与管理	
	8	海南	《农村生活污水处理设施水污染物排放标准》（DB 46/483—2019）	1）规定了农村生活污水排放的术语和定义、分类分级、监测、标准的实施与监督 2）适用于处理规模在 500m³/d（不含）以下的农村生活污水处理设施水污染物排放管理。适用于法律允许的污染物排放行为	

续表

地区	序号	省份	标准	适用范围	备注
中部地区	9	山西	《山西省农村生活污水处理设施污染物排放标准》（DB 14/726—2013）	1）规定了农村生活污水排放的术语和定义、分级和限值，以及监测、标准的实施与监督 2）适用于农村地区水处理设施和水污染物的排放管理	中部地区山西、黑龙江、河南、江西、湖南制定了农村污水排放标准（其中黑龙江和湖南是征求意见稿），其余省份没有制定专门的农村污水排放标准 中部地区均没制定各省份农村的污水处理技术规范
	10	黑龙江	《农村生活污水处理设施水污染物排放标准》（征求意见稿）	1）规定了农村生活污水处理设施水污染物排放的术语和定义、一般要求、水污染物排放控制要求、监测要求、实施与监督 2）适用于规模小于 500m³/d（不含）的农村生活污水处理设施出水的污染物排放管理 3）适用于法律允许的污染物排放行为，不适用于混有工业污水和畜禽养殖废水的农村污水处理设施的排放管理	
	11	河南	《农村生活污水处理设施水污染物排放标准》（DB 41/1820—2019）	1）规定了农村生活污水设施的水污染物排放控制和监测要求，以及实施与监督等内容 2）适用于规模小于 500m³/d（不含）的农村生活污水处理设施的水污染物排放管理	
	12	江西	《农村生活污水处理设施水污染物排放标准》（DB 36/1102—2019）	1）规定了农村生活污水处理设施水污染物排放的一般要求、控制要求、监测要求以及标准实施与监督等内容 2）适用于除城镇建成区以外地区的单个处理规模小于 500m³/d（不含）的农村生活污水处理设施水污染物排放管理	
	13	湖南	《农村生活污水处理设施水污染物排放标准》（征求意见稿）（DB 43/XXX—2019）	1）规定了农村生活污水处理设施水污染物的排放控制、监测、实施与监督要求等 2）适用于处理规模小于 500m³/d（不含）的农村生活污水处理设施水污染物排放管理 3）适用于法律允许的污染物排放行为	
西北地区	14	陕西	《农村生活污水处理设施水污染物排放标准》（DB 61/1227—2018）	1）规定了农村生活污水处理设施水污染物排放限值、监测和实施要求 2）适用于设计规模 50m³/d（含）至 500m³/d（含）且位于城镇建成区以外的农村生活污水处理设施的水污染物排放管理 3）农村生活污水处理设施的水污染物排放管理 4）农村生活污水就近纳入城市污水管网（末端配置污水处理设施）的，执行《污水排入城镇下水道水质标准》 5）适用于法律允许的污染物排放行为	西北地区新疆和青海未制定专门的农村污水排放标准（其中甘肃农村污水排放标准是征求意见稿，未正式发布） 除宁夏制定了农村污水处理规范外，其余各省份均没有制定相关的农村污水处理技术规范
	15	甘肃	《农村生活污水处理设施水污染物排放标准》（征求意见稿）（DB 62/XXX—2019）	1）规定了农村生活污水处理设施水污染物排放限值、监测和控制要求，以及实施与监督等相关规定 2）适用于甘肃省城镇建成区以外地区 500m³/d（不含）以下规模的农村生活污水处理设施水污染物排放管理 3）不适用于混有工业废水和农业废水的农村污水处理设施水污染物排放管理	
	16	宁夏	《农村生活污水排放标准》（DB 64/T700—2011）	1）规定了农村生活污水排放的术语和定义、一般要求、技术内容、监测方法与分析方法 2）适用于农村污水处理设施水污染物的排放管理	
			《农村生活污水分散式处理技术规范》（DB 64/T868—2013）	1）规定了农村生活污水分散处理技术的术语和定义、水量和水质、总体要求、工艺设计 2）适用于农村新建、扩建和改建的生活污水分散处理工程的规划、设计、建设和管理	

续表

地区	序号	省份	标准	适用范围	备注
西南地区	17	贵州	《农村生活污水处理污染物排放标准》（DB 52/1424—2019）	1）规定了农村生活污水处理设施水污染物排放一般要求、控制要求、监测要求，以及实施与监督 2）适用于除城镇建成区以外的500m³/d（不含）以下规模的农村生活污水处理设施的水污染物排放管理 3）不适用于混有工业废水和畜禽养殖废水的农村污水处理设施的污染物排放管理	西南地区除贵州和重庆制定农村污水排放标准外，其余各省份均没有制定 西南地区未制定农村污水处理技术规范
	18	重庆	《农村生活污水集中处理设施水污染物排放标准》（DB 50/848—2018）	1）规定了农村生活污水集中处理设施的水污染物排放限值、监测和监督实施要求 2）适用于农村生活污水集中处理设施水污染物排放管理 3）适用于法律允许的污染物排放行为	
全国			《农村生活污染控制技术规范》（HJ 574—2010）	1）规定了农村生活污染控制的技术要求 2）适用于指导农村生活污染控制的监督与管理	

注：1. 我国制定农村污水排放标准的省份有：北京、天津、河北、辽宁、浙江、福建、山东、海南、山西、黑龙江、河南、江西、湖南、陕西、甘肃、宁夏、贵州、重庆（其中福建、黑龙江、湖南、甘肃是征求意见稿）；2. 我国制定农村污水处理技术规范的省份有：浙江、山东、宁夏，全国针对农村污染物的防治制定了《农村生活污染控制技术规范》（HJ 574—2010）；3. 农村污水处理技术规范存在的问题：在某些地区的农村污水处理适用规模为小于500m³/d，对于规模大于500m³/d的未给出明确的说明。

表3-10　我国农村垃圾治理方面的基准标准

序号	省份	标准	适用范围
1	浙江	《农村生活垃圾分类处理规范》（DB 33/T 2091—2018）	1）规定了农村生活垃圾的术语和定义、分类类别，以及分类投放、分类收集、分类运输、分类处理、长效管理等内容 2）适用于农村生活垃圾分类处理
2	天津	《农村生活垃圾分类与静态发酵处理》（DB 12/T 511—2014）	1）规定了农村生活垃圾的术语和定义，生活垃圾分类方法、分类容器、分类操作、运输要求、垃圾静态发酵处理 2）适用于农村生活垃圾分类处理
3	重庆	《重庆市农村生活污水及生活垃圾处理适宜技术推荐》（试行）	1）适用于建制乡镇（街道）政府所在地以外的农村居民聚居点新建、改建、扩建的生活污水、生活垃圾收集（收运）及处理工程

注：我国只有浙江、重庆、天津制定了专门针对农村生活垃圾分类处理的技术规范，其他省份没有专门制定关于农村生活垃圾处理的技术规范。

表3-11　我国农产品方面的基准标准

序号	省份	标准	使用范围
1	浙江	《浙江省农产品产地环境质量安全标准》（DB 33/T 558—2005）	1）规定了农产品产地环境质量的安全标准分级、污染物项目及其浓度（含量）限值，以及污染物的采样和分析方法 2）适用于大田种植的农产品产地环境质量评价。标准中所指的灌溉水适用于地表水、地下水、处理后的城镇生活污水、养殖业污水以及以农产品为加工原料的工业污水；不适用于医药、生物制品、化学试剂、农药、石油炼制、焦化和有机化工处理后的进行灌溉的废水
2	黑龙江	《农产品产地环境监测技术规范》	1）规范了农产品产地灌溉水质量、土壤环境质量、环境空气质量的监测断面、点位布设原则、监测项目、监测频率、采样及评价方法 2）适用于大田农产品产地环境监测
全国		《食用农产品产地环境质量评价标准》（HJ/T 332—2006）	1）规定了食用农产品产地土壤环境质量、灌溉水质量的环境空气的各个项目及其浓度（含量）限值和监测、评价方法 2）适用于农产品产地，不适用于温室蔬菜生产用地
		《农产品安全土壤环境基准制定技术指南》（征求意见稿）	1）规定了保障农产品安全的土壤环境基准制定的技术方法 2）适用于食用农产品农用土壤中有机物和无机物环境基准的制定，以有效态为基础的土壤环境基准制定参考本标准 3）不适用于放射性污染物的农产品安全土壤环境基准制定

注：我国只有浙江、黑龙江两个省份制定了关于农产品相关的标准规范，其他省份根据全国标准参照执行。

施农村生活污水排放标准,从部分已发布的标准来看,在指标限值设定与水功能区关系、因地制宜性、处理水用途等方面考虑尚不全面,个别地区存在标准偏高、一刀切的现象。其次,技术工艺多而杂、散而乱,未分区分类考虑乡村环境污染特性、环境要素和敏感程度,尚未形成技术体系,缺少核心治理技术与装备,"低成本、低能耗、易维护、高效率"适宜性技术储备严重不足,多套用城市思路,技术装备适宜性差,治理效果参差不齐。此外,尚缺乏系统解决农村环境问题的成套共性技术与因地制宜的集成技术综合示范。

1. 农村生产生活污染治理效果较差

农村的环境污染问题,主要来源于生产生活的垃圾污染。受农村生产生活状态影响,农村垃圾形成的速度很快,垃圾倾倒很随意。生活污水、生活垃圾倾倒后,没有集中进行处理。特别是村与村之间相连接的地带,污染极为严重。大多数农村给人"脏、乱、差"的印象,这是农村居民长期的生活习惯造成的,是生产生活弊端的集中展现。例如,有关海南农村地区的调研中发现,主要的农村环境问题是:生活垃圾等固体废弃物没有进行有效分类,乱堆乱倒现象普遍,回收利用率低,严重影响村容村貌。海南农村废水、废渣基本是直排倒在河道里,生活生产垃圾在这些地方也随处可见。野炊、露营等户外活动所产生的垃圾也大多遗留在活动场地。农村生产生活行为不规范给当地的水、土壤和大气环境均造成了严重污染。目前,农村使用液化气和煤炭作为燃料已相当普遍,大量秸秆被露天焚烧或推入水体中,给水体环境带来压力。

据统计,目前我国农村人口的排泄物年产生量为 2.6 亿 t,无害化卫生厕所普及率却仅为 32.31%,有 1.8 亿多吨排泄物未进行无害化处理就直接排放。未经无害化处理的排泄物随着雨水进入水体环境,是造成农村饮用水微生物指标严重超标的主要原因,大大增加了肠道传染病、寄生虫病和人畜共患病发生和流行的风险,严重影响了农村群众的身体健康。据调查,蛔虫感染在西方发达国家已接近绝迹,而在我国感染人次高达 5 亿多,其中绝大多数病例发生在农村。可见,农村地区农业生产生活方面的污染问题极为严重,但治理方法和处理能力仍处于初始阶段,只有加快推进农村生活垃圾、生活污水等处理机制的建设和完善,才能不断改善农村人居环境。

2. 农业面源污染呈高压态势

农业是国民经济的基础,为了实现经济腾飞及综合实力的提高,我国一直在探索农业的发展道路,并在农业科技、经济和社会各个方面都取得了巨大成就。农业综合生产能力实现新突破、农业产业发展取得新跨越、农业绿色发展取得新进展,但农业仍是全面现代化的薄弱环节和难点。然而,人口与环境配置不协调,造成对环境的巨大压力,也成为农业发展的瓶颈。尤其随着农村经济社会的快速发展,农业产业化、城乡一体化进程的加快,农膜等农业生产废弃物逐年增多,秸秆综合利用率水平低,化肥、农药使用量超标,使得农村土壤污染及面源污染日益严重,秸秆未利用和已利用方式较粗放,水产养殖污染导致水体富营养化程度加剧,水资源缺乏等问题频发,成为制约农业发展的重要因素,内源性农业面源污染状况堪忧。

在农业生产中,需要使用化肥等农业物资。农药和化肥都是具有一定毒性的化学物质，长期使用，都会残留在土地、水体中，造成化学物质的堆积。例如，农膜等化学生产资料使用后没有有效清理，造成土壤硬结、土质下降，影响农作物产量和质量，更对土壤和水源环境造成严重污染。

农业面源污染不仅造成农业资源质量下降、环境污染，同时会给农产品质量安全带来严重隐患。①化肥施用量快速增加。由于种植生产需要，我国化肥施用量持续增加，目前化肥年施用量达到 5700 万 t 左右，是世界上化肥使用强度最高的国家之一。据测算，我国化肥当季利用率为 35% 左右。第一次全国污染源普查显示，种植业源总氮流失占农业源总氮流失量的 59.1%，成为引起水体富营养化的重要原因。②农药不科学、不合理使用。我国是农作物病虫害频发、重发国家，目前化学防治仍是控制病虫灾害的主要手段，年化学农药使用量达 100 万 t 以上（商品量），而有效利用率仅 35% 左右。过度依赖化学农药防病治虫，加之使用不科学、不合理，农药废弃包装物随意丢弃等，导致农药在土壤、水体等环境中不断富集，成为面源污染的主要成因之一。③蔬菜残体和农作物秸秆随意抛弃、焚烧现象严重。农作物秸秆产量大、分布广、种类多，长期以来一直是农民生活和农业发展的宝贵资源。随着粮食产量实现连年增加，近年来农作物秸秆产生量逐年增多，但由于缺乏有效利用途径，带来一系列环境问题。④农膜残膜回收比例低。由于现行农膜生产标准偏低、回收手段落后、鼓励回收的体制机制缺失等，农膜残膜回收困难，残留污染现象日益严重，特别是新疆、甘肃等北方旱作农业地区，部分地方农膜土壤残留率高达 40%。随着农膜栽培年限的延长，耕地土壤中的残膜量不断增加。土壤中的残存农膜降低了土壤渗透性能，减少了土壤的含水量，削弱了耕地的抗旱能力，并通过影响作物根系的生长发育，对作物生长产生影响，导致作物减产。⑤畜禽粪污资源化处理滞后。随着畜禽养殖业的发展，我国畜禽养殖规模不断扩大，然而养殖废弃物处理利用设施建设却严重滞后，大量粪污由传统农家肥直接转变成了污染物，给农村环境造成巨大压力。《第一次全国污染源普查公报》显示，畜禽养殖业排放的化学需氧量、总氮、总磷分别为 1268.26 万 t、102.48 万 t、16.04 万 t，分别占全国排放总量的 41.9%、21.7%、37.9%，占农业源污染物排放量的 96%、38% 和 56%。

近年来，农村养殖业发展迅速，已成为农民创收的重要来源，但由于畜禽粪便污染的治理和资源化利用相对滞后，有些选址不科学，没有远离水源区和生活区，对可能造成的污染没有有效评估，因此，农村畜禽养殖污染已成为影响农村生活生存环境的因素之一。

（三）农村环保基础设施建设滞后，缺乏长效运维机制

过去农村环境污染治理资金投入不足，环保基础设施不完善，设施运行缺乏监管和技术保障，难以保证设施长期有效作业等问题均成为农村地区环境治理的制约因素。

2016 年，我国农村生活污水产生量为 83.5 亿～125.3 亿 m³，在 54.21 万个行政村中，只有 20.0% 对生活污水进行了处理。农村生活垃圾不仅量大，而且成分复杂、处理粗放、资源化利用率较低。2016 年，农村生活垃圾产生量为 2.4 亿 t，只有 63.4% 的生活垃圾实现了集中堆放，其中 57.0% 的生活垃圾仍采取直接填埋方式进行处理，资源化利用率仅为 28.0%。只有 65.0% 的行政村对生活垃圾进行了处理。

部分工厂建在农村周围，工厂废气与废水的排放对空气与地下水造成不同程度的污染，造成农村的水环境变差，已经成为迫不及待需要解决的新问题。基于此，加强监测农村地下水已成为环境监测的重点工作内容，与农村居民的饮水安全息息相关。全国有相当比例的农村饮用水源地没有得到有效保护，水源地周边污染源得不到有效治理，监测监管能力薄弱。在一些地区，饮用水源地只是简单地划出一个保护范围，且保护方式还非常粗放，污染源治理、水质监测等配套措施缺乏。氟超标、细菌超标等问题也较为严重。①饮水安全方面立法不足，缺少针对农村饮水安全保护的规定。目前，只有《中华人民共和国水法》（简称《水法》）与《中华人民共和国水污染防治法》（简称《水污染防治法》）两部法律涉及水资源和饮用水安全保护。《水法》主要通过对饮用水源的保护以及水功能区的划分来实现对饮用水资源的保护，虽然，新修订的《水污染防治法》增加了"饮用水源保护"一章，但主要还是对集中式饮用水源区尤其是城镇一级集中式饮用水源保护区的保护。目前，对于农村地区的非集中式饮用水源的保护还存在着立法空白，对于通过自发或者国家援助的形式建立起来的自助式集中供水也没有相应的规定。当前，由于相关法律支撑的缺乏，保护农村饮用水安全的责任主体缺失、管理不到位，饮用水安全根本得不到有效的保障。②与农业面源和生活垃圾污染治理相配套的法规缺失。虽然《水污染防治法》对农村水污染的防治，如农药和化肥的使用、农田的灌溉等做了原则性的规定，但我国农村地区的饮用水源地往往也是实际上的农田灌溉区，将灌溉用水和生活用水分开根本不可能。更重要的是，目前农村农药、化肥的使用基本上处于无监管状态，一些剧毒农药的容器往往与生活垃圾一起遗弃，对饮用水安全造成极大的威胁。缺少与《水污染防治法》相配套的法规，同时，由于地下水污染具有长期性以及难以察觉与恢复的特点，如何加强对农村地下水的保护立法也值得考虑。③对资源性缺水问题的规定还存在立法空白。目前，我国饮用水源保护注重的是对饮用水源地保护与水污染防治，而许多地方面临的饮用水安全困境的根本原因是区域性水资源缺乏，急需通过工程措施解决这一问题。虽然我国已经制定了《全国农村饮水安全工程"十一五"规划》，但与法律的调控效果相比较，规划提供的仅仅是原则性指导，实施起来难度大，不具有现实可操作性。但是，法律并未对缺水地区的工程措施进行规范。④农村水质监测体系还处于空白状态。虽然目前饮用水源地的监测涉及水利、环保、卫生、城建等部门，但由于该工作未纳入国家水环境监测体系，加之相关部门的职责划分不明确，无法通过对农村饮用水进行专门监测来实现农村的饮用水安全。对于农村饮用水水质的监测，相应的法律规定也并不存在。

我国乡村环境保护起步晚、进展慢，特别是环境基础设施建设方面严重滞后，已建成的基础设施运行维护不善，缺乏长效运行机制。2016 年末，全国城市生活污水、生活垃圾处理率分别为 93.4%、98.5%，全国县城生活污水、生活垃圾处理率分别为 87.4%、93.0%。而农村生活污水处理率仅为 17.4%，生活垃圾处理率为 73.9%。生活污水处理基础设施建设亟须改善。此外，经济水平较高、人口密集型乡村环境基础设施建设发展较快，而大部分村庄特别是贫困村、偏远村、"空心村"发展缓慢，环境公共服务水平，特别是污水垃圾处理还没有实现全覆盖，差距很大。

根据第三次全国农业普查数据，对标 2020 年行动方案要求，除东部地区外，中西部地区距离环境整治目标差距较大。

2016 年，东部地区完成改厕的村庄比例为 64.5%，对生活垃圾、生活污水进行治理的比例分别为 90.9%、27.1%，生活垃圾治理、厕所改造与全覆盖目标差距分别为 9.1 个百分点、35.5 个百分点，污水处理覆盖率不足 50%。

中部地区完成改厕的村庄比例为 49.1%，对生活垃圾、生活污水进行治理的比例分别为 69.7%、12.5%，厕所改造与 85%覆盖率的目标差 35.9 个百分点，生活垃圾治理与 90%覆盖率的目标差 20.3 个百分点，生活污水治理比例低于全国平均水平（17.4%）4.9 个百分点。

西部地区完成改厕的村庄比例为 49.1%，对生活垃圾、生活污水进行治理的比例分别为 60.3%、11.6%，厕所改造与 85%覆盖率的目标差 35.9 个百分点，生活垃圾治理比例与 90%覆盖率的目标差 29.7 个百分点，生活污水治理比例低于全国平均水平（17.4%）5.8 个百分点。

东北地区完成改厕的村庄比例为 23.7%，对生活垃圾、生活污水进行治理的比例分别为 53.2%、7.8%，厕所改造与 85%覆盖率的目标差 61.3 个百分点，生活垃圾治理比例与 90%覆盖率的目标差 36.8 个百分点，生活污水治理比例低于全国平均水平（17.4%）9.6 个百分点。

部分地区存在污水处理建设管网配套难、征地难、融资难，生活垃圾收运半径大、资源化程度低的问题，导致农村地区污水、垃圾收集与处理设施建设覆盖率低，处理能力不足，散排、直排、随意丢弃等问题依然严峻。特别是西部、东北部地区，生活垃圾集中处理或部分处理的村仅占 60%左右，生活污水集中处理或部分处理的村不足 20%，完成或部分完成改厕的村不足 50%。此外，对于部分已建设施，因缺乏完善的技术标准体系，处理水平参差不齐、处理成本高，不适应农村的特点，难以实现运行维护的信息化统筹管理，处理设施有效使用率低，"晒太阳"工程屡见不鲜。依靠国家和政府补助进行环境基础设施日常管理及运行维护，并不能保障设施的长期正常运行。我国农村环境治理设施数量多、分布较分散，且大部分未引进第三方专业运营机构，也在一定程度上加重了乡村环保工作的难度。目前，乡村污水处理站主要由村民自己管理，人员专业素质低，管理体制不健全，运行管理经验不足，管理人员匮乏，平均每个乡镇从事乡村建设管理的人员不足 3 人，60%的乡镇仅一名乡村建设管理员，专职从事乡村污水管理的人员匮乏，从业人员收入低、工作条件差，技术人员紧缺。总体而言，由于农村环境污染治理过去投入不足，我国农村地区环保基础设施不完善，设施运行缺乏监管和技术保障，长效运维机制严重匮乏的问题极为显著。

（四）城乡环境治理并重的制度体系有待革新

长期以来，我国"重城市、轻农村"的观念尚未得到革新式转变，城乡统筹生态补偿、投入及长效运行机制研究与实践较少，尚未形成城市反哺农村的城乡统筹综合保障机制。城乡公共服务均等化程度依然不高，农村环保管理体制、农民环境意识和公众参与机制也尚未形成。此外，基层监管体系滞后，大多数乡镇没有环保机构或环保员，存在污染事故无人管、环保咨询无处问的现象。同时，大多数基层环保机构由于经费紧张、监测设备陈旧等，导致监测覆盖面达不到要求，监管能力存在人员与设备双限制。由于我国环境管理体系是建立在城市和重要点源污染防治上的,对农村环境统计体系建设重视不够,导致目前无法获得农村污染状况相对准确的数据。具体问题分析如下。

1. 农村环境监测试点村庄数量偏少

2009 年起,中国环境监测总站组织全国各省级环境监测站开展农村环境质量试点监测工作,监测范围包括空气、地表水、饮用水源地和土壤。从 2009 年每个省份至少监测 3 个村庄,发展为 2013 年各省份至少选择 10 个村庄开展农村环境试点监测,同时在典型区域范围内选择一定数量的代表性村庄开展环境质量监测。全国农村环境质量监测范围逐年扩大,如安徽省从 2009 年的 9 个村庄扩大到 2014 年的 16 个县 48 个村庄。虽然农村环境监测的试点村庄数量逐年上升,2012 年监测村庄数量已达 798 个,但是相对于我国 60 万个以上的行政村来说,这个数量还是偏低,代表性明显不足,覆盖率较低。

2. 农村环境监测能力不足

农村环境监测的内容涉及空气、地表水、地下水和土壤等多方面,监测任务重,但经费极为有限。农村面积广阔,县级环境监测站是农村环境监测的主体。随着国家环境监测站能力建设的逐步加强,县级环境监测站的仪器设备配置水平有了进一步提高,但部分县级监测站依然没有配置适用于农村环境监测的原子吸收、气相色谱、离子色谱等基本仪器,有的县级站虽然配置有相应的仪器,但或因为人员有限,无相应的技术人员操作仪器,或无相应的场所放置仪器,仪器设备只能搁置不开箱。农村环境监测工作依然由上级监测站完成,每次采样浪费大量的时间在路程上,大大降低了工作效率。

3. 农村空气自动监测站点极少

相对于手动监测,空气连续监测数据更具有代表性,而农村空气自动监测站点极少,远远不能满足监测的要求。农村环境监测的覆盖面明显不足,给农村环境保护各项工作的开展带来严重的影响,阻碍了农村环境保护与污染控制工作有效开展。由于人力、财力、技术等原因,规范化、标准化的农村污染国家监测网络还未形成,基础数据不清楚,信息资料的区域性、实用性相对较差;实践中缺乏科学的技术路线和一体化防治技术的支撑,给农村环境保护与污染控制的监管带来难度,同时降低了农村环境保护技术、模式等的针对性和有效性。水、土地、森林等资源由不同部门交叉管理,造成管理重复和缺位,在一定程度上影响了资源开发利用与生态环境保护的效率。部分地区农业农村部门虽然设置了农业环保监测点,但缺少有效的动态评估和评价方法,监测得到的数据和信息也不能及时应用于农业农村的生态建设中。农村环境监测工作亟待进一步完善发展,各级环境监测部门应开阔思路、勇于创新、制定切实可行的监测方案和措施,加强农村环境监测工作,为农村环境保护尽责尽力。

4. 农村污染、生态建设等方面的法律体系处于空白状态

目前整个环境立法体系中,没有形成系统性、综合性的专门法规,农村环境保护相关要求只是分散在各类法规中。我国目前的诸多环境法规,对农村环境管理和污染治理的具体困难考虑不够,针对性和可操作性不强,很难真正对农村环境保护工作起到指导

作用。例如，目前对污染物排放实行的总量控制制度只对点源污染的控制有效，对解决面源污染问题的意义不大。加之基层管理机构和监管制度缺失，以及国家对农村环境污染严重性认识不足，农村环境基础设施还没有进入地方官员政绩考核体系，导致我国农村的污染现象严重。由于受人力、资金条件限制，环保宣传教育还没有真正深入农村，农民环境法制观念和依法维权意识不强，对生产生活污染的环境危害认识不足，日常生产生活行为缺乏必要的环境知识作指导，难以适应新农村建设的需要。我国目前在环境治理方面无论是在重要的水源保护区，还是在水体污染已很严重的流域等，均无源头控制的监督体系和相应的奖惩措施。

5. 农村环保基础设施建设与整治工作长效管理体系仍然不健全

由于长期生活在文化氛围不够浓厚、教育资源相对稀缺的乡村，农民对环保法律法规不够了解，导致对农村环境保护工作的重要性认识不足，环保意识淡薄，认为环境保护只是政府行为，与自己无关，完全依赖政府，缺乏参与的主动性，使得已建成的环境基础设施和综合整治项目没能充分发挥其作用。我国许多农村地区是污染治理的盲区，对农民排放的生活污水、生活垃圾和农业面源污染控制等，没有固定的治理资金和扶持政策。生活污染物因基础设施和管制缺失等因素直接排入环境，造成严重的"脏、乱、差"现象。

第四章 乡村绿色环境发展指导思想、基本原则、总目标和战略重点

一、乡村绿色环境发展指导思想

全面贯彻党的十九大和十九届二中、三中、四中、五中全会精神，以习近平新时代中国特色社会主义思想为指导，深入贯彻习近平生态文明思想和系列重要讲话精神，加强党对"三农"工作的领导，统筹推进"五位一体"总体布局和协调推进"四个全面"战略布局，按照生态宜居的总体要求，立足新发展阶段、贯彻新发展理念、构建新发展格局，牢固树立"绿水青山就是金山银山"的理念，协同推进经济高质量发展和生态环境高水平保护，全面促进经济社会发展绿色转型，不断提升生态环境治理体系和治理能力现代化水平，不断满足人民日益增长的优美生态环境需要，开启全面建设社会主义现代化新征程，奋力建设美丽绿色新乡村，全面推进乡村振兴绿色环境发展。

二、乡村绿色环境发展基本原则

全面贯彻生态文明观和科学发展观，基本原则为"四个统筹"与"六个坚持"。统筹环境保护与社会经济建设，统筹环境质量提升与农业可持续发展，统筹环境污染治理与人体健康保障，统筹乡村环境保护的中央、地方政府和社会各方资源投入。坚持党对乡村生态环境保护工作的领导；坚持人与自然和谐共生；坚持保护预防为主、流域区域综合治理；坚持底线思维，实施风险管控；坚持因地制宜、循序渐进；坚持科技创新，强化乡村环境保护精细化管理，提高社会公众的环境保护意识，长期不懈地努力建设乡村环境保护体系。

三、乡村绿色环境发展总目标

按照党的十九大提出的决胜全面建成小康社会、分两个阶段实现第二个百年奋斗目标的战略安排，明确实施乡村振兴战略的目标任务。到 2035 年，乡村环境质量全面提升，乡村环境成为促进经济社会发展的重要生产力，以人为本、自然和谐、生态宜居的绿色环境基本实现；到 2050 年，乡村环境稳定提升，美丽"生态宜居"乡村全面实现。

全面保障乡村振兴的战略路径的实现，其最终目标就是要全面促进农村经济发展、社会进步、文化振兴和生态文明进步，建设繁荣富强、宜居美丽的现代化新乡村。而在乡村振兴绿色发展战略主题下，我们要重点关注生态环境振兴，实现农业农村绿色发展，打造山清水秀的田园风光，建设生态宜居的人居环境。然而，在新时代，关注我国乡村振兴绿色发展战略的实施，要促进乡村全面振兴，推动农村大发展、大繁荣，全面实现农业农

村现代化，带动农民绿色生产，将是一项长期的战略任务，需要着力分阶段扎实推进。

四、乡村绿色环境发展战略重点

习近平总书记强调"绿水青山就是金山银山"。推进乡村绿色发展，是贯彻新发展理念，实施乡村振兴战略，促进农业农村高质量发展的重要举措。推进乡村绿色发展，需要在价值导向、调控机制、动力依赖、发展路径、逻辑层次和策略选择上妥善处理好相应的辩证关系，必须以绿色发展为导向，坚持走中国特色社会主义乡村振兴道路。

（一）价值导向上处理好产业振兴与生态保护的关系

乡村绿色发展，发展是主线、硬道理，绿色是基调、硬约束，两者同生共长、辩证统一、不可偏废。脱离生态保护的产业振兴是"竭泽而渔"，离开产业振兴的生态保护是"缘木求鱼"。良好生态环境既是产业振兴的投入要素，也是产业振兴的溢出效应。农民收入增加、产品有效供给是发展，资源永续利用、生态环境安全也是发展。我们既不能以牺牲生态环境为代价去换取农业短期效益，也不能以保护生态环境为借口而放弃农业持续发展；既不能在时序上人为割裂保护与发展的孰先孰后，也不能在逻辑上主观区分发展与保护的孰轻孰重。耕地只种不养、草原超载放牧有违乡村绿色发展本意；土地闲置撂荒、养殖简单关停更非乡村绿色发展初衷。推动乡村绿色发展就是将发展的持续性和环境的永续性结合起来，在保护中发展，在发展中保护，实现产业振兴与生态环境和谐统一。

（二）机制上处理好市场作用与政府调控的关系

乡村绿色发展是乡村振兴的根本要义，必然涉及资源结构的调整和利益格局的重组。妥善处理好市场与政府的关系，厘清政府和市场的作用边界与调控方向是乡村绿色发展的基本遵循。市场能够解决的，政府要简政放权、松绑支持，不要干预；市场不能解决的，政府要创新管理、弥补失灵、主动补位。要把市场提供乡村绿色发展变迁动力与政府引领乡村绿色发展方向结合起来，把市场激励自由竞争与政府优化监管服务结合起来，把市场提高发展效率与政府保障发展公平结合起来。充分依赖价格、供求、竞争等市场机制，实现技术、资本、人力等农业绿色发展要素的有效配置，激发绿色生产、刺激绿色消费、分享绿色收益。政府应积极转变行政管理方式，变主动干预为主动服务，在公共服务供给与公平环境营造上投入更多精力，自觉遵循市场经济的运行规律，提高宏观调控的科学性和预见性，实施人与自然和谐、生态与农业协调的绿色管理，构建绿色管理新机制。

（三）动力依赖上处理好科技创新与制度创新的关系

乡村绿色发展涉及生产力的变革与生产关系的调整，既需要科技创新驱动也需要制度创新支撑。科技是生产力变革的根本动力，制度是生产关系调整的基本遵循。制度创新为科技创新注入活力，科技创新为制度创新提供空间。从系统论的观点出发，科技驱动与制度创新在乡村绿色发展中的作用都不可替代，只有坚持科技创新和机制创新两个轮子相互协调、持续发力，才能最大限度释放创新活力，推动乡村绿色转型。一方面要针对乡村绿色发展的基础科学、前沿技术、关键领域和重要装备等实施"绿色创新"战略，不断延长乡村绿色发展技术链条，构建与乡村绿色发展相适应的技术支撑体系。另一方面要以制度创新为软引擎为乡村绿色发展提供外部保障。重点构建农业资源环境生态动态监测预警机制、乡村绿色发展支撑机制以及农业生态环境管控机制。

（四）发展路径上处理好顶层设计与基层探索的关系

新中国农村发展改革进程就是一个顶层设计与基层探索不断呼应的渐进过程，从农村家庭联产承包责任制的确立，到农村基层治理方式的完善，从农业税收的废除，到农村土地确权颁证，无不彰显着顶层设计与基层探索的良性互动。推进乡村绿色发展作为新时代我国乡村经济社会的重大变革，必须坚持顶层设计与基层实践的辩证统一，用顶层设计指导基层探索，以基层探索丰富顶层设计。2021年中央一号文件已结合我国乡村绿色发展实际在宏观层面做了全局性、战略性、系统性制度安排，各地区、各领域、各部门、各主体在具体的实践中应以此为统领，紧密结合各自的区域特征、行业属性、部门特性、个体差异，创新思路、大胆实践。不同区域应因地制宜，大力开展试验示范、积极创建区域品牌、持续培育区域优势；地方政府应明确主体责任，推进污染分类治理、探索资源循环利用、优化区域产业布局；涉农产业应立足行业特色，推广农业绿色技术、培育新型经营主体、拓展农业多种功能。只有坚持基层差别化探索与顶层系统化布局的良性互动、有机结合的方法论，农业绿色发展才能精准发力。

（五）逻辑层次上处理好整体推进与重点突破的关系

乡村绿色发展涉及功能区划、生态养护、资源利用，涉及粮食安全、绿色供给、农民增收，涉及政府监管、市场主导、农民主体，领域广泛、环节诸多、主体多元，且各领域、各环节、各主体之间的关联性、互动性、耦合性日益增强，每一项发展任务都会对其他任务产生重要影响，每一项发展任务又都需要其他改革措施协同配合，没有整体推进，各个单项任务就无法完成。整体推进就是要统筹生产方式、加工方式、消费方式的绿色转变，兼顾源头防御、过程管理、末端治理的有机衔接，协同资源开发、环境治理、绿色供给的全面升级。同时，整体推进又不是平均用力、齐头并进，而是要注重抓主要矛盾和矛盾的主要方面，抓乡村绿色发展资源短缺、面源污染、生态退化、产品质量等关键环节和核心任务，以体制机制创新、区域功能优化为重点推进全局和局部相配套、治本和治标相结合、渐进和突破相衔接，实现整体推进和重点突破相统一，形成推进乡村绿色发展的强大合力。

（六）策略选择上处理好约束监管与激励引导的关系

生态文明理念的形成、绿色发展方式的转变需要从约束和激励两端发力。严格监管、刚性管控是乡村绿色发展的约束力，激励倡导、柔性教化是乡村绿色发展的驱动力。要以各类农业生产经营主体为重点对象，坚持约束监管与激励引导的同频共振。一方面要以硬性的法治体系、产业政策、评价指标提高环境准入门槛、严控资源用途、加强执法监管力度、明确经营主体责任，确保其严守生态功能保障基线、环境质量安全底线、自然资源利用上线，同时要建立源头严防、过程严管、违法严查的跨区域、跨行业、全过程、全链条严格的环境监测治理体系。另一方面要通过税收、价格、财政补贴、绿色信贷、排放交易等经济政策工具优化绿色发展利益共建共享机制，引导市场主体绿色生产和消费，调动全社会保护生态环境的积极性。同时要积极开展生态文明教育，增强全社会对农业绿色发展理念的认同度、践行力。

绿色是农业的本色，乡村要振兴必须以绿色发展为导向。因此，如何让绿色农耕文化回归并为乡村振兴提供动力，如何让青山绿水成为发展乡村产业的自然资源，如何让乡村成为生态宜居的家园，是"乡村振兴战略"破题的关键。为推动农业全面升级、农村全面进步、农民全面发展，谱写新时代乡村全面振兴新篇章，必须坚持走中国特色社会主义乡村振兴道路。

1）树立绿色发展理念。绿色发展是农业农村发展观的一场重要革新，它强调尊重自然、顺应自然和保护自然，牢固树立和践行"绿水青山就是金山银山"的理念。中共中央办公厅、国务院办公厅印发的《关于创新体制机制推进农业绿色发展的意见》提出，全面建立以绿色生态为导向的制度体系，基本形成与资源环境承载力相匹配、与生产生活生态相协调的农业发展格局，努力实现耕地数量不减少、耕地质量不降低、地下水不超采，化肥、农药使用量零增长，秸秆、畜禽粪污、农膜全利用，实现农业可持续发展、农民生活更加富裕、乡村更加美丽宜居。这与十九大报告中提出的"产业兴旺、生态宜居、乡风文明、治理有效、生活富裕"的总体要求是一致的。

2）推行绿色生产生活方式。要突破目前资源和环境的瓶颈制约，只有大幅度地提高生产的绿色化程度。推动绿色的生产方式，就是在农业农村生态系统运作过程中推动资源节约、环境友好、污染控制、废弃物循环、产品优质、生态协调的一系列相互配套、兼容的产业技术体系。在过去常规农业生产中，很少考虑生产过程中产生的废弃物的重新利用、污染物减排、能源消耗和环境安全等问题。以可持续的发展观看，农业生产应该在一个相互联系的生态体系中进行，为此，"乡村振兴"的一个重要任务就是更好地认识农业的整体性，倡导生态系统运作模式，重新设计、布局和整合农业生产体系，推行能够协调农业经济效益、社会效益和生态效益的绿色生产方式。

3）保护绿色产业环境。农业是与自然结合最为紧密的生态产业。"绿水青山就是金山银山"，从一定意义上讲，保护生态环境就是保护生产力，改善生态环境就是发展生产力。农业的本色是绿色，乡村要振兴必须坚持生态优先、保护好自然资源和生态环境。

4）构建绿色政策体系。首先，完善农村社会发展评价体系。改变以往社会经济评价中单纯对 GDP 的"崇拜"，真正把环境损害、资源消耗及生态效益等指标纳入农村经济发展考核体系中。其次，健全资源生态环境管理制度。切实发挥市场在资源配置中的决定性作用，健全自然资源产权制度及农业资源环境管控制度，完善体现农业资源环境生态价值和代际补偿的有偿使用制度，完善农业生态补偿制度，建立农业生态环境保护责任追究制度和环境损害赔偿制度，强化准入管理和底线约束，强化制度约束作用。最后，强化依法治理机制。农村生态环境要扭转，必须把绿色发展的理念转变为法律意志。建立政府部门与公众、企业有效沟通的协调机制，切实保障公众环境知情权、参与权和监督权，营造绿色发展的舆论氛围。

要加快推进乡村治理体系和治理能力现代化，加快推进农业农村现代化，全面实现乡村振兴绿色发展，就必须走中国特色绿色环境发展道路。

1）必须重塑城乡关系，走城乡融合发展之路。要坚持以工补农、以城带乡，把公共基础设施建设的重点放在农村，推动农村基础设施建设提档升级，优先发展农村教育事业，促进农村劳动力转移就业和农民增收，加强农村社会保障体系建设，推进健康乡村建设，持续改善农村人居环境，逐步建立健全全民覆盖、普惠共享、城乡一体的基本公共服务体系，让符合条件的农业转移人口在城市落户定居，推动新型工业化、信息化、城镇化、农业现代化同步发展，加快形成工农互促、城乡互补、全面融合、共同繁荣的新型工农城乡关系。

2）必须巩固和完善农村基本经营制度，走共同富裕之路。要坚持农村土地集体所有，坚持家庭经营基础性地位，坚持稳定土地承包关系，壮大集体经济，建立符合市场经济要求的集体经济运行机制，确保集体资产保值增值，确保农民受益。

3）必须深化农业供给侧结构性改革，走质量兴农之路。坚持质量兴农、绿色兴农，实施质量兴农战略，加快推进农业由增产导向转向提质导向，夯实农业生产能力基础，确保国家粮食安全，构建农村第一、第二、第三产业融合发展体系，积极培育新型农业经营主体，促进小农户和现代农业发展有机衔接，推进"互联网+现代农业"，加快构建现代农业产业体系、生产体系、经营体系，不断提高农业创新力、竞争力和全要素生产率，加快实现由农业大国向农业强国转变。

4）必须坚持人与自然和谐共生，走乡村绿色发展之路。以绿色发展引领生态振兴，统筹"山水林田湖草"系统治理，加强农村突出环境问题综合治理，建立市场化、多元化生态补偿机制，增加农业生态产品和服务供给，实现"百姓富、生态美"的统一。

5）必须传承、发展、提升农耕文明，走乡村文化兴盛之路。坚持物质文明和精神文明一齐抓，弘扬和践行社会主义核心价值观，加强农村思想道德建设，传承、发展、提升农村优秀传统文化，加强农村公共文化建设，开展移风易俗行动，提升农民精神风貌，培育文明乡风、良好家风、淳朴民风，不断提高乡村社会文明程度。

6）必须创新乡村治理体系，走乡村善治之路。建立健全党委领导、政府负责、社会协同、公众参与、法治保障的现代乡村社会治理体制，健全自治、法治、德治相结合的乡村治理体系，加强农村基层基础工作，加强农村基层党组织建设，深化村民自治实践，严肃查处侵犯农民利益的"微腐败"，建设平安乡村，确保乡村社会充满活力、和谐有序。

第五章 乡村绿色环境发展国际经验与启示

一、乡村绿色环境发展发达国家模式借鉴

（一）美国

美国是一个消除了城乡差别的国家，也是世界公认的乡村振兴典范。美国人口调查局公布的数据显示，截至 2016 年 12 月，美国人口接近 3.25 亿人。其中，农村人口不到20%，约有 6000 万人，农业从业人口只有 1%。但仅靠这 1%的农民不仅养活了美国 3亿多人，而且还使美国成为全球最大的农产品出口国。20 世纪二三十年代，美国曾出现长达 10 年的农业大萧条。20 世纪 30 年代，美国非农业人口可支配收入与农业人口可支配收入的比值达到最大值，为 2.49，20 世纪 40 年代期间大约下降到 1.66；20 世纪 70～90 年代，一直为 1.28～1.33。到了 21 世纪之初，其后者的可支配收入是前者的 1.17 倍，即农业人口的可支配收入已经完全超过了非农业人口的可支配收入。然而，20 世纪 80年代开始，伴随着美国大都市化迅猛发展及产业结构升级，乡村传统的资源型经济（特别是伐木和采矿等掠夺型经济）日益萎缩，新兴产业步履维艰，乡村社会失业率与日俱增。在此背景下，20 世纪八九十年代，美国政府把"振兴乡村经济"纳入了农村可持续发展的总体战略，并就农业地区的发展问题进行专题研究，出台各项优惠政策措施。从县、州一直到联邦的各级政府，对乡村发展都出台了一系列合理的规划和扶持政策，为乡村地区发展和乡村经济结构转型提供了契机。

美国是世界上城市化水平最高的国家，在乡村治理过程中，非常推崇通过小城镇建设来实现农村社会的发展。在小城镇的建设上，美国政府非常强调富有个性化功能的打造，结合区位优势和地区特色，注重生活环境和休闲旅游的多重目标。小城镇有着良好的管理体制和规章制度，能够对全镇的经济社会进行统筹监管，并保证小城镇发展的有序与稳定。由于美国城乡一体化已经基本完成，因此，美国小城镇建设能够很好地带动乡村的发展。

美国在进行乡村区域规划时，其乡村振兴实践主要遵从以下四个原则。

第一，满足当地民众生活的基本需求。美国政府对乡村整体布局要求严格，需要高速公路在其中贯穿，并要求整体建设过程中保证"七通一平"（给水通、排水通、电力通、电信通、热力通、道路通、煤气通和场地平整），乡村基础设施建设资金由政府和开发商共同承担。

具体而言，美国联邦政府投资建设连接乡村间的公路；地方政府筹建垃圾处理厂、污水处理厂、供水厂等；开发商负责乡镇社区内的交通、水电、通信等配套生活设施的建设。

第二，最大限度地绿化、美化乡村环境。20 世纪 60 年代，美国政府开始进行"生

态村"建设。保护生态环境政策的实施，使乡村自然环境大为改观，居住空间的舒适性、新鲜的空气、展现原始风貌的大山、充满活力的野生动物以及广袤的自然景观等都成为吸引资本投资和推动经济结构多样化的动力。

第三，充分尊重和发扬当地民众的生活传统。乡村的环境、文化、民俗风情和生活方式等都是乡村旅游的核心吸引物和核心竞争力，但同时这些内容又极易受到现代文明的冲击，因此要保持乡村旅游的可持续发展，必须注意保护好这些资源。20世纪70年代初，美国的乡村旅游开始迅速崛起，并成为带动乡村经济发展的有力武器。美国的乡村旅游类型丰富多样，主要包括农业旅游、森林旅游、民俗旅游、牧场旅游、渔村旅游和水乡旅游等。游客既可以观赏田园景色，也可以参与田园、牧场等的耕作，还可以分享丰收的果实，参与具有浓郁地方特色的娱乐项目，陶冶情操、强健身心。

每年，美国的一些地方政府或农民协会还会举办乡村旅游的相关活动，如农业博览会、赛马比赛、乡村游行等，通过活动展现农村的特色，吸引城市旅游者的到来。另外，法国社会学家托克维尔在其名著《论美国的民主》中盛赞的"美国乡镇精神"，即美国的民治，在美国乡村崛起中功不可没。

第四，恰当地突出乡村固有的鲜明特色。美国的乡村处处是树木、鲜花和草地，不缺田园风光。美国通过发展农业规模经营，鼓励农民发展农业以外的经济，加大对农民的直接经济补贴，为农村发展和缩小城乡差距提供了保障。同时，针对农民职业技能薄弱的状况，实施了旨在提高农民技能和素质的工读课程计划。同时，美国农业信息化程度很高，几乎所有的农场都安装了全球定位系统，而且拖拉机、播种机等都实现了自动化控制，还有许多农场用直升机进行田间管理。在农业的生产过程中，小麦、玉米、棉花、大豆等传统农作物，从播种到最终的入库完全由现代化的机器设备完成，这背后，国家和地方政府在农业科技研发支持、基础设施建设方面的投入不可忽视。

除了乡村区域规划，美国的乡村环境标准制定模式极具特点，都是我国所不具备的，值得我国借鉴。

1）美国环境标准不是简单的技术要求文件而是法规。首先，美国法律对如何制定环境标准，如制定技术依据、行业分类等都做了详尽的规定，而我国环保法律对制定标准做了规定，却十分缺少如何实施标准的法律规范；其次，美国标准比较复杂、详尽，不仅有技术数据，而且还规定如何执行这些技术条款的其他内容，如为达到排放限制的配套控制技术、污染源自我监测与报告要求，还规定污染源需制订达标计划与措施；再者，美国环境标准虽然名称上为标准，实际不是一般意义上的标准，而是法规。而我国将标准定为约束企业行为的环境标准。政府要实施这种强制性标准，必须在标准中规定实施的要求。而一般产品标准则没有这些规定。美国环境标准并不通过标准化渠道管理。其排放标准的形成发展，完全是政府行政行为与技术强制结合的结果。因此，美国国家环境保护局在制定、发布、实施环境标准时的重视程度和做法完全与其他法规相同。而这种技术含量高的环境标准占美国整个环境法规相当大的比例。美国环境标准的制定、颁布、实施，走的是法规管理的路线。

2）美国国家水、空气污染物排放标准分行业制定。美国环境标准体现了政府对排放源的技术强制，而这种技术强制又直接与污染源控制技术挂钩。因此，不分行业无法制定像法律规定的那样的排放标准。标准的作用在于控制污染。从理论上说，不问污染源特性，不研究控制技术的综合性，缺乏达标的可行性，标准是制定不出来的。美国不制定没有具体适用对象的排放标准，对尚无标准的非重点源由环保管理官员采取专业判断法确定其排放要求。仅从美国空气污染物排放标准数目达 75 项之多，就可以看出美国强调标准执行的可行性，即是否有对应技术。法学界认为，中国排放标准也应强制执行，超标属违法行为。从这个角度来说，更需要增强标准的技术可行性，行业性排放标准数量不可减少，通过完备的法律和法规体系推动相应标准的制定和实施，进而达到规范和约束污染源的目的。

（二）日本

日本建立了一套完整的农村污水治理、循环的管理体系，还通过发展乡村生态旅游的手段改善乡村环境。日本的农村污水处理主要由下水道、农业村落排水设施、净化槽三种形式构成，这三种形式的建设是农林水产省面向农业振兴地区提供的补贴项目，可极大地改善农村的环境，同时也保护公共水域的水质。日本农村多利用粪尿处理设施对污泥进行处理，最终大约 69%的污泥还田，实现了循环利用。除此之外，日本有着完善的污水处理经济补贴和安全管理、卫生管理、安全防护等的制度以及相应的技术标准。日本通过发展环境友好型农业、加强乡村基础设施建设、保护和开发乡村景观、发展乡村特色旅游业，有效改善了乡村生态环境和人居环境，为促进城乡一体化奠定了基础。

农业规模相对较小的欧洲和日本，比美国更早意识到农业现代化可能带来的危害，在 20 世纪 80 年代就逐渐形成农村可持续、农业综合发展与食品安全相结合的战略思想。为了提升农产品的附加值，政府采取对农、林、牧、副、渔业产品实行一次性深加工的策略。日本充分发挥农协的作用，在农产品的生产、加工、流通和销售环节建立产业链，促进产品的顺利交易。在循序渐进型的乡村治理模式下，政府通过宏观上的规划制定和综合管理，依靠制度文本和法律框架促进农村社会有序发展。此外，日本大力发展因地制宜型的造村运动。在乡村治理中，以挖掘本地资源、尊重地方特色为典型特点，通过因地制宜地利用乡村资源来发展和推动农村建设，最终实现乡村的可持续繁荣。第二次世界大战后，为了振兴农村，实现城乡一体化目标，大分县前知事平松守彦率先在全国发起了"立足乡土、自立自主、面向未来"的造村运动。在政府的大力倡导与扶持下，各地区根据自身的实际情况，因地制宜地培育富有地方特色的农村发展模式，形成了为世人称道和效仿的"一村一品"运动。

1）依托乡村自然风光的发展模式。日本由于其独特的地理位置和气候条件，形成了颇具特色的自然景观和植被资源丰富、风景优美的美丽乡村。依托自然风光，日本开发一系列的旅游发展模式；结合当地的自然环境与传统生活方式，利用有限的资源提升经济发展能力。

2）依托乡村传统文化的体验模式。日本通过不断发掘传统文化的独特魅力，依托传统文化的优势，进行积极尝试和探索。一方面，不断发展乡村教育中心，通过"乡村留学"（即学习乡土知识），开展野外活动的方式，引导青少年学习并热爱传统文化；另一方面，还积极开启游客体验模式，让各地游客亲身参与传统手工艺品的制作，使游客通过真实体验感受传统文化的魅力，充分体验各种传统生活用品和农具。

3）依托城乡迁移的探亲模式。随着城市化的不断发展，日本的农村人口逐渐向城市迁移，现今日本大多数年轻人的父母或祖父母都来自于农村，乡村发展紧抓这个契机，创新模式，形成了"寻根旅游"的美丽乡村建设模式。在每年的几次传统节日中，大批的城镇居民都会回故乡省亲和度假，这样就形成了很大规模的返乡潮，以此为契机来发展乡村。

4）依托观光农业的体验模式。日本观光农业主要以参观农场果园、采摘新鲜的蔬菜和水果、收获粮食、放牛放羊以及挤牛奶为主，是较早开展乡村建设的一种发展模式。在一些村庄，还建立有特色的日本农具展览馆，也是观光农业的一部分。租货农园是近几年兴起的一种新型体验模式，具体做法是城镇居民可以以租用乡村农民土地的方式来种粮食、蔬菜、水果以及做养殖，也可以利用周末在农园里进行休闲娱乐方面的活动。这种方式使人们在收获无污染的绿色农产品的同时还可以提升精神享受，受到广大城市居民的青睐，市场发展前景广阔。此外，日本的一些海边渔村利用发达的渔业，也兴起了观光体验模式。每逢捕捞季，这些海边渔村都会吸引来许多旅客，通过发展附加服务，如租船等，为当地的经济发展带来活力。

（三）韩国

20 世纪 70 年代，韩国政府为了改善城乡关系、推动农村发展、增加农民收入，决定在全国实行"勤勉、自助、协同"的"新村运动"。自主协同型的韩国"新村运动"模式具有科学的发展策略。第一，针对农村基础设施破旧的现状，政府在乡村积极兴建公共道路、地下水管道、乡村交通、河道桥梁，以此整顿农村生活环境，提升农民生活质量。第二，通过改变现在的农业生产方式，推广水稻新品种，增种经济类作物，建设专业化农产品生产基地，提升村民的经济收入。"农户副业企业"计划、"新村工厂"计划以及"农村工业园区"计划也都是政府为了优化农业产业结构，增加农民收入创建的重要举措。经济较发达地区通过发展生物质能源来解决村域内的能源需求，从农村可再生资源中生产生物柴油，不仅可以促进农民就业、提高农民收入，还能保护生态环境和节约资源、提升区域形象。第三，培育和发展互助合作型的农协，对各类农户提供专业服务和生产指导，以此促进城乡实现共赢。第四，在各个乡镇和农村建立村民会馆，用于开展各类文化活动，激发农民的参与性和积极性。第五，政府在农村开展精神教育活动，提高乡民的知识文化水平并创造性地让农民自己管理乡村和建设乡村。"新村运动"的实施改变了韩国落后的农业国面貌，重新焕发了乡村的活力，实现了农业现代化的目标。

（四）欧盟

欧洲国家将发展经济与保持生态相结合，通过政府投资、发展生态农业、利用绿色能源、加强山区水土保持等方式推进绿色乡村建设。

1. 德国

德国循序渐进型模式将乡村治理看作一项长期的社会实践工作，在此过程中，政府通过制度层面的法律法规调整，对农村改革进行规范和引导，逐渐将乡村推向发展与繁荣，以德国的村庄更新为典型，德国村庄更新发展经历了不同阶段。

德国政府高度重视农业生态环境保护，很早就提出发展生态农业，为农民提供生态农业专业知识和生产技术培训，通过土地整理推动生态农场建设。德国还形成了以保护乡村自然景观为目标的"自然纪念物"、"自然保护区"和"国家公园"三级体制，要求通过价格保护、直接津贴、田地整治、迁移安置和保障性社会政策等一揽子"绿色计划"，促进农业发展，保持乡村环境，增加农民收入，改善农民生活品质。

第二次世界大战结束至 20 世纪中期，德国乡村发展滞后，基础设施破败不堪，就业机会短缺，公共服务供给不足，大量农村人口迫于生计而涌入城市。德国村庄更新的成功经验，主要在于"城乡等值化"发展道路。"城乡等值化"理念，即通过土地整理、村庄更新的方式实现"城市与农村生活不同类但等值"的目的。作为德国最大的农业州之一，巴伐利亚州的城乡等值化试验推进了土地整理与乡村更新相结合，具有一定代表性。巴伐利亚州的土地整理主要集中在乡村地区以及保留有乡村结构的地区，包括通过细碎土地的合并与整治来提高或实现农业及林业生产条件、乡村更新、为村镇建设释放土地空间、乡村景观格局规划、公共设施用地整理、特殊农作物田块整理以及高山草地与林地整理。德国通过土地整理来推进乡村更新的行动始于 20 世纪 60 年代末期。1982 年，巴伐利亚州政府制定了《巴伐利亚州乡村更新纲要》，强调乡村土地整理中的产权调整、田块合并及规划编制的重要性。村庄更新规划包括农业结构改善措施、村庄建筑措施等，使乡村生活和生产条件适应城市化的发展。规划由乡镇政府和参加者协会通过多部门的合作以及居民参与共同制定。村庄更新规划与土地整理紧密结合，并通过土地整理来推进实施，以解决如基础设施用地储备、农业结构调整、自然景观保护等各种问题。权属管理贯穿于乡村土地整理的整个过程。在立项阶段，要明确土地整理区内的权属现状并制定详细的权属调整方案。在项目执行期，要对地产交易、地产评估、土地重新分配等内容进行明确规定。随着权属变更登记生效，新的所有者将继承土地的全部义务和权利，并完成土地变更登记、地籍登记、自然保护登记等内容。此外，巴伐利亚州的土地整理与乡村更新强调对生态环境的保护与建设，在立法、规划及措施等各方面都有明确的规定和要求，还强调公众参与的重要性，让村民参与决策与规划制定，使土地整理建立在民众参与和民主监督的基础上。德国的巴伐利亚试验促进了农村从传统农业向多功能、综合性发展的转变，体现了土地整理在改善农林生产条件、土地资源合理发展利用、乡村自然环境和景观保护、乡村基础设施建设等方面的重要作用，使得农村地区具有与城市同等的吸引力，促进了城乡融合发展，成为德国农村发展的普遍模式。到了 20 世纪 90 年代，村庄更新融入了更多的科学生态发展元素，乡村的文化价值、休闲价值和生态价值被提升到和经济价值同等的重要地位，实现了村庄的可持续发展。

德国村庄更新的周期虽然漫长，但是所发挥的价值是巨大的，起到的影响都是深远的，对于乡村治理来说，这种循序渐进的发展更能使农村保持活力和特色。

总体上，德国乡村环境发展首先得益于健全的法律法规。法律明确规定："任何项目的建设都要保证绿地总量的平衡，决不允许未经处理的污水排放。50 人以上的村庄必须进行污水处理。"在德国，分散式污水处理技术应用广泛，生活垃圾分类精细化到源头，从厨房废物产生即开始分类。另外，政府还多措并举，保证绿化面积，并严格控制城市污染下移。面对工业化和城市化对乡村景观的破坏，德国发起以保护乡村自然景观为中心的"家乡保护"运动。各邦政府成立"自然纪念物保护"委员会，限制乡村地区工业污染。此外，政府还调整人口要素流向，保证乡村人口数量。针对大量农村人口流入城市的情况，德国政府建立移民委员会，用租赁地产的方式增加中小农户数量，推进农村居民点建设，强化乡村吸引力。

2. 法国

法国强调通过适当发展来保护环境。在乡村地区的文化景观保护工作当中，乡村居民可通过对土地保护式开发的利用方式获得必需的收入，同时政府也采取了适当的税收、财政和投资等优惠政策，保障乡村地区的经济发展。此外，法国在 1967 年就提出发展山区基础设施战略，实现农牧业生产现代化，植树造林，加强水土保持，限制非生产性建筑占地。2005 年，法国推行了生物能源战略，在大量闲置耕地上进行生物能源作物种植，既解决了耕地浪费的问题，也提高了法国生物柴油的产量。生物能源作物单位面积产值远高于传统农作物，极大提高了农民收入。

3. 荷兰

精简集约型模式是指在国土面积不大、乡村资源相对匮乏的国家，通过整合现有农村资源，充分发挥地区优势，促进农村社会的和谐发展的模式，以荷兰的农地整理为代表。荷兰农地整理推进可持续发展农业，提高自然环境景观质量；合法规划农地利用，推进乡村旅游和服务业发展；改变乡村生活质量，满足地方需求。通过农地整理，荷兰的乡村不仅环境良好、景观美丽，而且农业经济发达，农民的生活条件也日益优越。

4. 瑞士

瑞士政府通过财政拨款和民间自筹资金的方式，为乡村建设学校、医院、活动场所，以及修建天然气管道、增设乡村交通等基础设施，以此完善农村公共服务体系，缩小城乡之间的差距。政府对乡村的持续性改造，使得村庄风景优美、生机盎然；乡村静谧，环境舒适宜人；乡村基础设施完善，并且交通便利。

乡村发展较成功的欧盟国家，在乡村发展过程中都重视充分发挥政府、社区和农民各自的优势和作用，正确处理城镇和农村、农业与非农业、政府与居民等方面的关系。政府主要通过立法和制定相关激励政策为乡村发展提供强有力的制度保障和政策支持。在许多早期就实现工业化的发达国家，虽然城乡有自然条件和地理位置等差异，但城乡居民在政治、经济和生活等方面的权利没有明显差异。在乡村发展过程中，政府是教育、卫生、交通和社会保障等公共物品和服务的主要供给者。

欧盟国家乡村建设的成功案例表明：通过村庄合并，规划科学、功能齐全、环境优美、管理完善的村落社区，使农村居民与城市居民享有同等的基本生活条件和公共服务，不仅有利于社区自身的空间结构和要素资源利用，还有利于农业的集约化经营和现代化发展。

二、乡村绿色环境发展发达国家经验启示

（一）乡村政策法律法规完善，城乡一体化程度高

乡村振兴是一项浩大的工程，需要政府在规划上发挥主导作用，在政策上给予积极引导。乡村建设成功的国家和地区，均是在政府的有力引导下进行的。乡村发展和村镇建设需要政府的大力支持和居民积极参与，两者缺一不可。政府在宏观上确定乡村发展方向，在政策上给予保障，在资金和技术上给予扶持。居民在村镇建设过程中要给予理解和支持，对规划编制和实施要积极参与并提供建议。发达国家大多具备严格、完善的乡村环境保护法律、制度与监管体系。政府通过立法和制定相关激励政策为乡村发展提供强有力的制度保障和政策支持。

主要发达国家的乡村污水治理组织和管理模式大致可以分为两类。一类以欧美发达国家为代表，由于其城市化的历史都有 100 年以上，早在 20 世纪环境问题成为全球焦点之前，这些国家已经基本完成城乡一体化，目前超过 95% 的人口居住在 5 万～10 万或以上人口规模的乡村。这些国家乡村与城市通常适用同一套污水治理的法律体系，只是在七八十年代后，出于对面源污染的重视，针对乡村地区或者分散型的污水提出一些修正的法案，开展分散污水治理的目的主要是为了保护环境，在实施过程中强调家庭或个人自主，国家通过一些项目和计划进行组织、管理和支持。另一类是日本模式，由于其经济起飞是在五六十年代以后，在乡村污水治理过程中，卫生健康问题、建设问题、环境问题同时存在。为了加速城乡一体化，规范和管理乡村地区的卫生、建设与环境保护，日本建立了一套不同于城市的乡村污水治理的法律体系，并建立了一套政府主导、居民参与的实施体系。

欧盟在制定环境标准内容上，主要以保障人体健康、保护和改善环境质量作为出发点，对空气、水、土壤等方面均制定严格的环境质量标准和污染物排放标准，进而得以确保自然资源的充分合理利用；而制定的基础标准更多的是为欧盟环境政策内容提供指导，对提高环境保护工作的效率、完善环境保护实施的技术手段起至关重要的作用。与此同时，欧盟的每个公民都享有获得环境信息（包括财务信息）的权力。1993 年，由欧盟环境部长理事会成立了欧洲环境署（EEA），为会员国提供客观的、可靠的和具有可比性的环境信息。

而在欧盟环境标准的制定过程中，各成员国虽然不需完全将欧盟环境标准（指令）规定的内容转化为适用各国的国内环境法律，但其前提必须是全面且充分地实施欧盟环境指令所做出的具体规定，换言之，各成员国通过转化的国内法应完全履行环境指令规定的标准或者其内容可以比欧盟环境指令更加严格。而在具体环境标准的制定中，欧盟的国家环境标准主要侧重于对环境影响较为严重的污染物，各成员国则可对危害较轻的污染物制定各地方标准。除此之外，欧盟对各成员国在制定环境标准的技术层面也有所要求。由于改善环境质量状况是制定环境标准的终极目标，因而欧盟规定只要在经济水平允许范围内就应当提供当前最好的技术条件，以确保环境状况评估的准确性以及环境保护工作中相关数值的科学性，与此同时，还要求对环境计划和方针及环境管理体系等

方面做出声明，这是欧盟对企业及其他组织做出的具体规定。对我国环境标准制定的启示如下。

1）欧盟的环境标准作为环境指令有其明确的制定主体，并且具有法规的性质。明确的法律地位就决定了其具体的法律效力，这正是我国尚且存在的不足之处。

2）虽然欧盟制定的环境标准数目不多，但其内容具体且覆盖范围较为广泛。其中数目不多的主要原因在于，欧盟在制定相应的环境标准时受欧盟条约中的"从属原则"限制，而为了更好地实现环境保护目标，欧盟实施的环境保护工作和制定的环境标准要优于各成员国，因此欧盟的环境标准才具有强制力，在环境保护工作中发挥重要作用。

3）欧盟的环境标准以保护人类健康为基础，其内容充分体现了"以人为本"的特点。例如，在制定水污染排放标准时，对具有毒性、持久性和生物蓄积性的危险物质也做了明确规定。

4）欧盟环境标准的作用分工明确。欧盟国家环境标准的制定侧重于控制国家规定的危害性较大的污染物，而危害较轻的污染物则由地方标准加以规定。

5）欧盟环境标准的制定周期较长，并且制定过程存有一个较长的过渡期。这一方面可促使各成员国在规定时间内根据其具体情况对欧盟的环境指令作出相应的信息回馈，另一方面还可使企业在合理的时间范围内去适应并达到欧盟环境标准规定的目标。

6）欧盟制定环境标准注重结合先进的科学技术手段。欧盟在治理环境污染方面，从过去对单一环境介质污染控制转变为对多项环境介质综合污染控制，这就要求在控制污染上应用最佳经济可行技术（BAT）。提供先进的科学技术手段，有利于强化科学研究，为欧盟制定环境标准提供相应的科学依据。

7）欧盟实施环境标准注重将法律手段和经济手段相结合。通过详细、严格的法律制度，对破坏环境的行为做到违法必究，使环保执法者有法可依；通过与经济手段相结合，提高可能污染环境物质的价格，降低其使用率，从源头减少污染物质产生的可能性。欧盟提高了环境标准的应用价值和实施效果，使环境标准的推广与应用深入人心。

与之相似，美国在乡村环境标准制定方面对我国也有较好的启示。

1）美国在制定标准前要对达到标准的健康风险大小、所需费用及效益进行定量分析，增加对标准预期效果估计的准确性，使标准的针对性更强，同时也为标准的实施和监督提供数据支持。

2）在制定标准过程中设立了由多学科专家学者组成的科学顾问委员会，该机构不仅为环境标准的制定提供技术指导，还对制定步骤进行审查，确保环境标准的科学性。

3）美国的环境标准不仅仅由单纯的标准限值组成，还包含实施环境标准所需的技术条件和措施以及相关技术的替代方案等。

4）美国环境标准的制定是多学科相结合的科学研究成果，制定者认为单靠某一个领域科研人员的努力不能制定出合理有效的环境标准。

5）美国环境标准的制定过程中公众和非政府组织具有举足轻重的作用。公众参与标准制定过程中每一轮的讨论和审查，并有权获取标准最后制定通过和实施的有关信息。

在日本，政府运用行政指导这一方式控制环境污染，国内各级部门均以此作为环保工作的具体措施。日本环境标准不同于美国及欧盟的环境标准，并不是通过经济政策来干预环境污染的控制，而这种行政指导的目的把防治和消除环境污染作为日本国民的道德评判标准，有效地提高了公民的环保意识，也获得了良好的环境保护成效。

1）日本的环境标准等级分明。日本制定的国家环境标准适用于全国，并且是作为最基本的标准存在的，各地方政府可根据具体环境因素制定比国家环境标准更为严格的、适应地方环境需要的地方环境标准（尤其是污染排放标准）。

2）日本的环境标准内容具体、规范且重点突出。日本制定的环境标准内容有明确的目标，如水环境、大气环境、噪声及土壤，而针对不同主体的性质又具体划分为不同的标准。由于日本环境标准的内容主要以保护人体健康为宗旨，在对污染物的控制方面有明确的侧重点。例如，在大气污染物排放中规定了 10 类需要控制的主要污染物、水污染物排放中则具体划分了 16 种生活环境项目和 24 种有害物质。

3）日本制定的环境标准重在规定污染源、控制总量。日本对一般的污染物在排放标准中多以控制浓度为主，而对特殊的污染物常以控制总量的方式加以规定；同时，对于产业相对集中、污染较为严重的地区也实施控制污染物总量的方式，并明确规定污染总量控制区。

4）日本制定的环境标准对违反标准的行为应承担的法律责任作出了明确规定。例如，在大气污染排放标准中对机动车尾气的排放作出了明确规定，对违反污染排放标准的行为需处以罚金或惩役。

5）日本在制定环境标准的过程中，各部门的职能分工明确。以政府制定环境标准为基础，都、道、府、县全力贯彻执行环境标准内容并可根据具体情况对地方的环境标准作出严格要求，调动各部门的积极性，有利于环境标准的具体实施、环境保护工作的顺利进行。

6）公众参与确保了日本环境标准的有效实施。日本环境标准的制定目的是以保护人类健康为主，公民在制定环境标准过程中有权获得环境信息、提出具体意见，这不仅充分体现了立法民主的原则，更有效地提高了公民的环保意识，促进了环境法律的有效实施，使环境标准得以全面贯彻。

7）不断提高各个法律标准之间的配套程度。法律具有规范作用与社会作用，可以对人们的行为进行引导、评价、教育与预测。日本政府在现代农业环境政策的实施过程中，通过加强法律以及各法律配套的制度、标准与规则之间的衔接，使环境标准得以有效推行。

在应对环境问题上，巴西政府虽然建立了相对完整的法律体系，但在实施过程中因存在各种障碍，导致法律实施机制的运转处于非正常状态，主要表现在环境行政管理机制和环境纠纷解决机制两个方面。巴西一些州急于脱贫致富而将发展经济置于优先考虑的地位，如为了吸引外资而修建机场，当机场征地涉及环境问题时，州政府官员设法修改地方环境法规，为经济发展违规开"绿灯"。由于环保政策的松动，亚马孙地区作为地球最大的雨林区正遭受日益扩大的农业、采矿、基础设施建设等项目的破坏。

巴西作为标准制定及实施上的反面案例，给我们带来如下启发。加大资金投入力度，完善监管体系，重视农村环境标准的执行效果。通过多种渠道，继续大力推行"以奖代补"等手段，推动一系列农村环境标准的顺利开展。农业环境标准的有效实施，必须建立"自上而下"的垂直监管体系。地方政府及其环保部门应在发展规划中明确相关部门的职能范围，对各级环保机构的设立、职能分配、隶属关系作出明确规定，统一监管、分工负责，避免权力交叉或者权力真空。加强农业环境标准执法，不断提高基层执法队伍的执法水平。

（二）注重乡村环境保护，着力推行资源化循环利用

发达国家城乡居民享有同等的环境公共服务，法律体系在乡村与城市通用，个别时期提出修正法案。政府给予乡村环保大量补贴和投入，通过项目和计划进行组织、管理和支持，如加强对养殖业污染防治、保护水源及对污水和垃圾环保处理等项目的投入，并通过税收减免、直接投入、优惠贷款、补贴等设立乡村环保定向资金支持。例如，德国"农场土地合同"计划（2001年），如果农民自愿签订合同，且农村达到环境目标，国家即提供相应的补贴。法国制定了化肥税约束性政策等税收专项用于环境保护，向为农业环境改善作出贡献的农场主提供经济补偿。

以生活垃圾处理为例，日本和欧美发达国家经济发达，城乡一体化程度高，在生活垃圾处理方面起步早，乡村垃圾与城市垃圾一并由政府统一管理或委托专门企业管理，统一立法、收集、转运、处理，并且建立了相对完善的管理体制。因此，乡村地区的生活垃圾处理与城市地区没有明显差别。发达国家对乡村垃圾治理的实施始于20世纪六七十年代，此时各国逐渐开始控制乡村生活垃圾的污染，由专门机构对生活垃圾进行收运与处理。八九十年代，一些国家开始逐步引入"避免和减少垃圾产生"的减量化观念，从垃圾末端治理向产生源头的减量分类转变，由专门机构的管理延伸到民众的参与。从90年代开始，一些国家开始重视有利用价值物质的循环再利用，垃圾分类和资源回收得到了较大的发展，垃圾回收利用率有了很大提升。卫生填埋、焚烧、堆肥是当今各国生活垃圾处理的主要方式。近年来，焚烧和堆肥的应用越来越多，垃圾填埋量逐年下降，呈减弱趋势，填埋有可能从生活垃圾的最终处理手段发展成为其他处理工艺的辅助方法。卫生填埋仍是各国最主要的垃圾处理方式。据统计，英国的垃圾填埋比例占90%，美国占67%，加拿大占80%，法国占45%。与填埋处理相比，焚烧处理具有占地少、处理周期短、减量化显著、无害化较彻底以及可回收热量等优点，近年来得到了广泛的应用。荷兰、德国、瑞士、日本等国家，焚烧处理所占的比例均超过了填埋。堆肥和回收利用在部分国家的垃圾处理中也占有一定的比例。

（三）政府主导、全民参与乡村环境建设

在乡村建设和规划方面，要转变政府职能，改变过去计划经济时期形成的政府包办一切的工作作风，不靠行政命令和下指标来推动工作。如何调动社会各方面力量参与和支持乡村建设与规划，如何协调好工业与农业、城市与乡村以及各个区域等利益主体的关系，这才是政府工作的着眼点和主要任务，并要围绕这个着眼点和主要任务，进行制度创新和政策制定。乡村振兴战略实施过程中要借鉴其他地区成功经验，要注意协调好各方面的关系。尽管各个地区城市化的特点不同，乡村建设中面临的问题也不一样，但国外一些国家和地区在处理城市与农村、工业与农业的关系，以及如何促进乡村发展等

方面的经验与措施，对我国城市化加速时期如何改造农村、如何进行乡村建设规划都具有一定的借鉴意义。

1）处理好中心城镇与一般城镇的关系。进一步强化中心城镇的集聚功能，使之成为整个市域城乡聚落的强大集聚中心，一般城镇和集镇主要是完善生活和农业服务，要适当发展农产品加工为主的非农产业，逐步建成农村新型社区，使之成为农民集中居住的主要中心。

2）处理好城镇聚落与农村聚落的关系。构建合理的城乡聚落体系，即"中心城市—中心镇—农村"新型社区，通过功能分工和行政区划调整，使城乡聚落逐步成为一个有机整体；中心城市和中心镇是区域非农产业和非农人口的主要集聚地，一般城镇和集镇既是非农产业和非农人口的集聚地，也是部分农业和非农业人口的集中居住地。要规划建设一批具有生产生活功能配套的布局合理、规模适宜的农村新型社区，作为未来农业人口集中居住的主要载体。

3）处理好农民集中居住、乡村工业集中开发和农业规模经营的关系。以非农产业促进农村城镇发展和人口集中居住。依托城镇规划建设工业园区，引导乡村工业向各级工业园区集中；进行现代农业规划，引导农业规模化经营；结合农业规模化经营趋向，合理规划布局农村居民点。

4）处理好实施过程和村民意愿的关系。农村居民是农村建设和发展的主体，村民自治是农村管理的有效途径。农村管理者要注重培养村民的规划意识，传播规划知识。与此同时，村民可以表达对农村建设的需求和意见，并参与村庄规划的制定。通过上述措施，村庄建设中将有更多的公众参与，从而建设一个多姿多彩的美丽乡村风貌。此外，村级管理部门需要通过物质补偿或奖励来调动农民的积极性，鼓励村民自治组织的发展。在乡村区域规划中，英国、美国等发达国家会主动引导农村居民参与规划，在规划制定之前组织大量农村居民进行讨论，而且在规划实施的具体过程中同样与居民共同商讨问题。通过这种方式不仅让农村居民的建议在规划中得以实施，也充分调动了居民的积极性，让农民当家做主。这在很大程度上可以减少规划实施过程中遇到的阻力，保障农村区域规划的顺利开展，以达到预期的效果，同时这也符合乡村振兴战略的以人为本的原则。

（四）突出农业基础地位，推广现代农业科技

乡村本身就是一个充满各种自然资源的宝库，乡村的发展需要挖掘这些资源，保证物质平衡发展，让乡村的内生动力得以展现。以德国巴伐利亚州为代表的土地整理与乡村更新实践表明，乡村土地综合整治适应了快速城镇化、工业化进程中乡村地区人地关系变化的现实背景及客观需求。通过开展土地整治工程实践，农业生产的水土条件得以改善，耕地质量得以提升，百姓生活品质得以提高，生态环境得以保育，不仅优化了乡村土地利用结构，促进了土地资源节约集约利用，还重构了农村生产、生活、生态"三生"空间格局，协调了乡村地域人地关系，具有重要的现实意义。这也体现了乡村土地综合整治、特色产业发展、社会资本培育在协调乡村人地关系，培育提升乡村内生动力，构建打造乡村新型主体，实现乡村地域"人–地–业"耦合发展中的重要作用。

　　在现代农业、农村发展中，美国既有其地广人稀的天然优势，也有在农业各链条、各环节均渗透现代化科学技术、倡导农业专业化的努力。美国根据不同区域气候、土壤、地势等客观自然条件，结合农业作物自身生长规律，在全国范围内划分了 10 个主要的农业区，实现传统条件下"多种复合式"经营方式向现代化的"专一专业化"方式转变。美国的集约化农田，最大的直径有 1.6km，面积有 3000 多亩，体现了美国农业最高效的育种、栽培和管理模式。

　　发达国家在推进工业化和城市化过程中，注重为农业发展提供所需的耕作、收获等机械，设法提高农业生产率。美国在工业与城市化发展中，一直把发展农业放在重要地位，重视农业与工业和第三产业的协调发展。美国农业发展一直比较顺利，为城市化提供了条件，同时也促进了乡村地区社会经济的繁荣发展。美国是一个以农业、农村开始其历史的国家，其农业发展也是在所有发达国家中发展最快的，城市化起步比欧洲国家晚，但城市化建设却不比任何国家逊色，1920 年城市人口就超过了农村，1998 年城市化率为 76%。美国的工业化是从棉纺织业开始的，这种工业化特点使农业等基础产业发展较快，反过来又刺激了工业发展，农工协调促进了城市化的较快发展。美国的农业发展不仅为城镇化解决了粮食问题，提供了原料和广大的国内市场，而且是美国城镇化初期资本积累的主要来源之一。而欧盟国家以及日本在工业化、城市化发展过程中，由于对农业发展重视不够，而导致农业人口向城市注入过快，一方面造成城市人口过于饱和出现"城市病"，另一方面造成农村地区人口稀少、农业衰退、文化落后，城乡差距迅速扩大的现象。20 世纪 50 年代后，日本、英国等发达国家开始重视推进城市化的同时促进农业现代化。其主要做法为：①增加对农业发展的投入，提高农业现代化水平；②加大对农村基础设施的投入，改善农业生产条件，促使农民增收，缩小城乡差距。

　　科技是农业发展的原动力。韩国为了使新科技在农村尽快转化为生产力，政府组织技术人员深入农村开办培训班，举办农业科技知识讲座，指导农民发展高附加值的农业。从 20 世纪 50 年代中期开始，法国大约用了 15 年的时间实现了农业的高度机械化，进入 70 年代以后，法国开始实现农业电气化的目标，农田灌溉、农作物防病虫害、农产品加工都基本上实现了电气化。在实现农业机械化、自动化的同时，法国大力发展化肥工业和农业生物技术研究，把生物学、遗传学的新技术运用到农业领域。新技术的广泛应用，极大地提高了生产率，70 年代中期法国成为仅次于美国的农产品出口大国。

第六章 乡村绿色环境发展国内优秀模式经验与启示

《农村人居环境整治三年行动方案》提出，要因地制宜、分类指导，集中力量解决突出问题，根据当地实际条件进行绿色乡村建设，注重学习借鉴浙江等先行地区经验，注重为村民渗透绿色生活理念，强化监督监管，落实责任，形成合力。近年来，国内在绿色乡村建设上取得了显著的成效，在不同地理条件的地区、不同经济水平的地区和不同生态环境类型的地区，都有着独特的发展模式和经验。

一、浙江"千村示范、万村整治"工程

2018年，浙江省"千万工程"荣获联合国"地球卫士奖"。浙江省是我国乡村绿色环境发展理念的践行者和代言者，具有综合典型示范作用。2003年，时任浙江省委书记习近平同志深入基层调查，研究政策举措，亲自部署启动了"千村示范、万村整治"工程建设。以浦江县为例，其县委县政府十九年如一日，一张蓝图绘到底，一任接着一任干，深入推进"千村示范、万村整治"工程，2008年完成了第一轮整治，2013年完成了第二轮整治，对规划保留村全部整治一遍，完成整治348个村，占全县409个行政村的85%，受益人口达261 494人，占全县32万农村人口的82%。同时，不断丰富"千万工程"内涵，自2013年以来，相继开展了"五水共治""三改一拆""四边三化""两路两侧""美丽乡村建设""现代化和美乡村建设"等一系列行动，实现了城乡面貌由"脏、乱、差"到"洁、净、美"的转变，基层环境由乱到治的回归，产业发展由分散污染向集聚生态的升级，完成了由后进到先进的美丽嬗变，走出了一条"绿水青山就是金山银山"的发展之路，成功创建了"全国首批生态文明建设示范县""全国休闲农业和乡村旅游示范县""全国首批农村生活垃圾分类及资源化利用示范县""全国十佳生态休闲旅游城市""全国'四好农村路'示范县""全省首批'美丽乡村示范县'"。

（一）经验与做法

1. 全域编制村庄规划

坚持规划全覆盖、要素全统筹、建设一盘棋，充分发挥规划的引领发展、指导建设、控制布局、配置资源等基础作用。①城乡一体编制村庄布局规划。制定《浙江县市域总体规划编制导则》，构建以"中心城市—县城—中心镇—中心村"为骨架的城乡空间布局体系，科学编制村庄布局规划，确定200个省级中心镇、4000个中心村、1.6万个保留村。②因村制宜编制村庄建设规划。按照区位条件、经济状况、人文底蕴、自然禀赋等，分类确定村庄人口规模、功能定位和发展方向。制定《村庄规划编制导则》和《村庄设计导则》，构建"村庄布点规划—村庄规划—村庄设计—农房设计"的层级体系。

全省完成村庄规划修编 2 万多个,实现保留村村庄规划、中心村村庄设计和农房设计"三个全覆盖"。③多规融合编制乡村发展规划。坚持能落地、可实施和条上规划配套、块上规划衔接,形成以县域美丽乡村建设规划为龙头,以村庄布局、中心村建设、历史文化村落保护利用等规划为基础,与土地利用、产业发展、基础设施、公共服务等规划相互衔接配套的规划体系。

2. 实施村庄环境综合整治

以垃圾处理、污水治理、卫生改厕、村庄绿化、村道硬化等为重点,大力实施"四边三化",在公路边、铁路边、河边、山边等区域开展洁化、绿化、美化行动,在公路、铁路两边开展"两路两侧"环境综合治理,切实改善村庄大环境,全省累计硬化村内主干道 4.3 万 km,添置垃圾箱 130 万个,种植绿化苗木 3500 万株。到 2013 年底建制村基本完成整治,一大批"脏、乱、差"的村庄变成了"水清、路平、灯明、村美"的洁净村庄。在村庄整治基础上,着眼于农村区域整体面貌的提升,改变单点式的整治方法,深入开展全域性整乡整镇环境整治,每县每年启动 2～3 个连线成片创建区块,把一个个"盆景"连成一道道"风景",全域推进美丽乡村建设。

3. 抓好农村"垃圾革命",推行垃圾资源化

要抓好农村"垃圾革命",推行垃圾资源化主要要做好两个方面的工作。①把农村生活垃圾集中收集处理作为"垃圾革命"的首要任务来抓。按照覆盖城乡、运作规范、利用高效、处理彻底、保障有力的要求,形成"户集、村收、镇运、县处理"的运行体系,做到保洁队伍、环卫设施、经费保障、工作制度"四到位",生活垃圾集中收集有效处理建制村覆盖率 100%。因地制宜、因村施策,将交通便利的村纳入城市卫生保洁体系,实行城乡"一把扫帚扫到底";对边远山村生活垃圾实行就地处理。完善村庄常态保洁制度和财政补助制度,全省现有农村保洁员 6 万多名,配置清运车 6 万多辆,各级政府给予农村人均 60～160 元的垃圾集中处理补助,2017 年各级政府投入农村垃圾治理资金 25 亿元。②把农村生活垃圾减量化、资源化、无害化和分类处理作为当前"垃圾革命"的主攻方向。省委省政府召开专题现场会,在全国率先发布《农村生活垃圾分类管理规范》,全面推行农村生活垃圾"四分四定",即分类投放、分类收集、分类运输、分类处理和定时上门、定人收集、定车清运、定位处置,推动形成以法治为基础,政府推动、全民参与、城乡统筹、因地制宜的垃圾分类制度,推进农村生产方式和生活方式绿色化。目前,农村生活垃圾分类处理建制村覆盖率 59%。

4. 推进农村"污水革命"

按照"五水共治"的部署,2014 年起全面实施农村生活污水治理三年攻坚行动。2014～2016 年,全省投入资金 350 多亿元,建设厌氧处理终端站点 10.38 万个、好氧处理终端站点 1.82 万个,铺设村内主管线路 3.45 万 km,2.3 万个村完成生活污水治理,510 万户农户生活污水实现截污纳管,规划保留村覆盖率、农户受益率分别为 100%、74%,农村生活污水基本实现应纳尽纳、应集尽集、应治尽治、达标排放。全面推行

县级政府为责任主体、乡镇政府为管理主体、村级组织为落实主体、农户为受益主体、第三方专业服务机构为服务主体的"五位一体"长效管护制度，确保一次建设、长久使用、持续发挥效用。全面推进农村劣Ⅴ类水剿灭战，梳理劣Ⅴ类水体清单、主要成因清单、治理项目清单、销号报结清单和提标深化清单"五张清单"，实施挂图作战、项目管理、对表销号。目前全省劣Ⅴ类水质断面全部消除，劣Ⅴ类小微水体基本消除。全面推行"河长制""湖长制""滩长制"，启动治污泥歼灭战，统筹实施清水河道治理等工程，全力清除农村河湖库塘污泥，努力根除水底污染源，2016 年以来完成河湖库塘清淤 2.5 亿 m³、整治排污（水）口 33 万个，真正让水活起来、清起来、净起来、美起来。

5. 深化农村"厕所革命"

从 2007 年开始，浙江省将农村改厕项目作为"千万工程"五个重点项目之一，每年在 3000 个建制村建造 40 万户厕所，让成千上万的普通农户家庭用上了冲水马桶。在 2014 年启动实施的农村生活污水治理三年攻坚中，统筹开展农村改厕工作，新增改造化粪池 301 万户，全面消除露天粪坑。至 2017 年底，浙江省农村卫生厕所覆盖率 98.6%。按照"卫生实用、环保美观、管理规范"要求，浙江省大力推进农村公共厕所建设，提升规范化服务管理能力，积极实施公厕生态化改造，常山等地率先推行农村公厕所长制。目前浙江省每个建制村都有 1 座以上公厕，共新建公厕 3.5 万座。

6. 严格农村生态保护，提升农村生态基底

完善生态保护补偿机制，率先实施与污染物排放总量挂钩的财政收费制度、与出境水质和森林覆盖率挂钩的财政奖惩制度。全面推进"五年绿化平原水乡、十年建成森林浙江"，推进自然保护区、森林公园和湿地公园建设，着力提高森林质量。落实最严格的水资源管理制度，加强农田水利基本建设、山区小流域治理和水土保持生态建设。全省生态环境发生了优质水提升、劣质水下降，蓝天提升、PM2.5 下降，绿化提升、森林火灾下降的"三升三降"的明显变化，2017 年森林覆盖率 61.17%，平原林木覆盖率 20.01%。

7. 发展生态循环农业，建设现代美丽田园

实施"打造整洁田园、建设美丽农业"行动，扎实推进现代生态循环农业发展试点省建设，完善绿色农业发展制度体系，农村清洁能源综合利用率 81.9%。实施化肥农药减量增效行动，农药化肥使用量比全国提前 7 年实现"零增长"并持续减量。坚决打好畜牧业转型升级攻坚战，浙江省畜禽粪便综合利用、无害化处理率达到 97% 以上，高出全国平均 30 多个百分点。实施新植 1 亿株珍贵树五年行动，积极推进平原绿化、村庄绿化，大力推广"一村万树"，累计新植珍贵树木 4544.7 万株。实施"611"耕地保护工程和千万亩标准农田质量提升工程，建立健全耕地保护补偿机制，深入推进农业"两区"（粮食生产功能区、现代农业园区）土壤污染防治。坚定实施海上"一打三整治"暨浙江渔场修复振兴行动，打好幼鱼资源保护战、伏休成果保卫战、禁用渔具剿灭战，切实加强渔业资源环境保护。

8. 完善基础设施，推动城乡公共服务均等化

按照"让村里人像城里人一样全面享受公共服务和生活便利"的要求，大力实施城乡基本公共服务均等化行动计划，推进"最多跑一次"改革向乡村级延伸，全面形成了以县城为龙头、中心镇为节点、中心村为基础的公共服务体系。运用信息化技术手段，打破信息孤岛，推动教育培训、劳动就业、医疗卫生、社会保障、文化娱乐、商贸金融等服务在服务中心延伸集成，基本形成农村 30min 公共服务圈、20min 医疗卫生服务圈。推进城市基础设施向农村延伸，把"四好"农村路、万里清水河道、农民饮用水、农村土地综合整治、农村危旧房改造、农村电气化、现代商贸服务、小康体育村等与人居环境建设有机结合起来，统筹推进水、电、路、气、网等基础设施建设，形成城乡全面覆盖、全线贯通的基础设施网络。目前，浙江省实现等级公路、客运班车、邮站、电话、宽带等"村村通"，广播电视"村村响"和农村用电"户户通"。

9. 针对"散、乱、污"，开展小城镇环境综合整治

加快补齐小城镇环境治理短板，完善小城镇边界区域治理。2017 年，浙江省启动小城镇环境综合整治三年行动计划，实施规划设计引领、卫生乡镇创建、"道乱占"治理、"车乱开"治理、"线乱拉"治理、治理"低、小、散"块状行业六大专项行动，推动小城镇环境质量全面改善、服务功能持续增强、管理水平显著提高。2017 年，浙江省 1191个小城镇整治项目开工 2.33 万个，完成投资 1336.16 亿元，到 2017 年底 465 个小城镇完成整治任务并通过考核验收。

10. 保障农村人口数量，大力培育建设中心村

2011 年以来，浙江省启动省级重点培育建设中心村项目，先后共培育省级重点中心村 1200 个。在项目实施中，结合农村土地综合整治、农民异地搬迁，采用村庄搬迁、宅基地互换置换、经济补偿等办法，引导撤并村、小型村农民向中心镇中心村集聚，加快村庄整治建设由治脏治乱向治理布局分散转变，推动资源要素向农村特别是中心村配置，促进产业布局合理化、人口居住集中化和公共服务均等化，建成了一批环境整洁、服务完善、管理有序、文明和谐的农村新社区。浙江省建制村数量从 21 世纪初的 3.5 万个减少到近期的 2.7 万个，占建制镇总数 30% 的中心镇集聚了 50% 以上的城镇人口，占建制村总数 12% 的中心村居住了 28% 的农村人口。

11. 多元化产业全面转化美丽建设成果

多渠道打开"绿水青山"向"金山银山"转化通道，丰富乡村旅游、养生养老、运动健康、电子商务、文化创意等美丽业态，变"种种砍砍"为"走走看看"，变"卖山林"为"卖生态"，推动田园变公园、农房变客房、资源变资产，走出了一条"美丽生财"的好路子。2017 年，浙江省农村居民人均可支配收入 24 956 元，城乡居民收入比缩小到 2.05：1；农家乐接待游客 3.4 亿人次，营业总收入 353.8 亿元；农产品网络零售额 506.2 亿元，建成农村电商服务点 1.64 万个、建制村覆盖率 60%。转变村庄经营方式，把美丽经济发展与村集体经济壮大有机结合起来，以土地、资产入股等形式发展美丽经

济或配套产业，年收入 10 万元以下集体经济薄弱村从 2016 年的 6920 个下降到 2017 年底的 1867 个。用农村创业创新的机会吸引各路人才要素"上山下乡"投身乡村振兴，创新共创共富机制，让农村经济活力如泉水涌流。

15 年不懈坚持"千万工程"，让农民群众得到了实实在在的巨大实惠。①村容村貌深刻变化。2.7 万个村完成环境整治，村庄整治率达到 98%，一大批杂乱无章的旧村庄变成了环境优美、错落有致、各具特色的新家园。②生活质量显著提升。农村生产生活条件极大改善，公共服务全面覆盖，农民群众走上了沥青路、喝上了清洁水、乘上了公交车、看上了数字电视、用上了宽带网络。③农民素质普遍提高。形成了人改造环境、环境影响人的良性互动机制，农民的卫生习惯、环保理念、民主意识、公德观念普遍养成。④干群关系明显改善。普遍提升了村级组织和干部队伍为民办实事的能力，村庄整治建设开展与否、成效好坏成为群众评价干部工作好坏的重要标尺，成为基层民主选举的重要依据。凡是村庄整治成效好的村，干群关系普遍融洽。⑤工作作风明显改进。实现了政府部门工作与服务的城乡通盘筹划，形成了统筹城乡兴"三农"的整体合力和良好氛围。村庄整治被农民群众誉为"继实行家庭联产承包责任制后，党和政府为农民办的最受欢迎、最为受益的一件实事"。

（二）启示与借鉴

浙江省实施"千万工程"取得的历史性成就，是习近平生态文明思想的重要实践成果，是以习近平同志为核心的党中央坚强领导的结果，是国家有关部委大力支持的结果，也是浙江省上下同心协力、共同努力的结果。总结 15 年来的坚守与实践，浙江省积累了宝贵的经验。

1. 始终坚持理念引领、方向指引

在推进"千万工程"中，坚持以习近平总书记"绿水青山就是金山银山"理念为指导，深刻把握乡村建设发展规律，按照推进城乡融合的方向，把农村人居环境建设与发展绿色经济、增加民生福祉、提高农民收入、改善生活品质有机结合起来，构建了人与自然和谐共生的乡村发展格局。

2. 始终坚持高位推动、上下联动

建立农村人居环境整治"一把手"责任制，成立由各级党委政府主要负责同志挂帅的领导小组，浙江省上下形成党政"一把手"亲自抓、分管领导直接抓、一级抓一级、层层抓落实的工作推进机制。每五年出台一个实施意见或行动计划，省委每年召开"千万工程"现场推进会，省委书记、省长出席会议并讲话，对村庄整治作出系统部署。省政府每年把农村人居环境整治纳入为群众办实事内容，纳入党政干部绩效考核，强化监督与激励。

3. 始终坚持系统治理、标本兼治

加强规划引领，坚持问题导向，从解决群众反映最强烈的环境"脏、乱、差"问题抓起，统筹推进治水、治气、治土、治山、治城、治乡。重点实施 4 轮"811"生态文

明建设推进行动和"1818"平原绿化、生态公益林建设、废矿复绿、湿地保护等工程，深入实施净土行动、碧水行动，坚决打好蓝天保卫战，系统推进生态环境和人居环境建设。

4. 始终坚持政府有为、市场有效

处理好政府"看得见的手"与市场"看不见的手"的关系，共同发挥两者作用。强化政府主导作用，做好规划编制、政策支持、制度供给、试点示范、推动落实等工作。调动市场力量，鼓励市场主体参与，发挥共青团、妇联、工会等群团组织和环保协会、老年协会等社会组织贴近农村、贴近农民的优势，引导和撬动更多的浙商资本、乡贤资源、社会力量投入村庄整治。

5. 始终坚持因地制宜、精准施策

坚持从实际出发，分不同经济条件、不同区域、不同类型、不同重点推进，不搞形象工程、不搞千村一面和"一刀切"、不照搬城市建设。注重把握整治力度、建设程度、推进速度与财力承受度、农民接受度的关系，实现改善农村人居环境与地方经济发展水平相适应、同步推进，不吊高群众胃口，不提超越发展阶段的目标。

6. 始终坚持群众主体、共建共享

坚持以人民为中心的发展思想，注重发动群众、依靠群众，完善农民参与引导机制，把改善农村人居环境作为农民自己的事，激发农民群众的积极性、主动性和创造性。把村庄整治建设的话语权交给农民自己，尊重民意、维护民利、依靠民智、强化民管，共建美好家园。

二、湖北郧阳循环有机农业模式

湖北省十堰市郧阳区是上接长江经济带、下接汉江经济带和向北京供水的特殊区域，是南水北调中线工程丹江口水库的核心水源区，肩负"一库净水永续北送"的政治责任。面对保护水源、控制农业面源污染、提升耕地质量和提高农民收入等多重任务，郧阳区积极响应国家号召，借鉴国内外先进经验，在"共抓大保护、不搞大开发"的背景下，积极探索有效途径，形成"有机废物腐殖化–精准测土三级配肥–面源污染大数据监控–耕地质量监控与有机农产品溯源–品牌农产品订单销售"的"水土共治、环农一体循环发展"模式，将"绿水青山"转化为"金山银山"。具体经验做法如下。

郧阳循环农业实践模式的简要流程如图6-1所示。

（一）经验与做法

1. 政府顶层设计引导，激励保障推进，部门联动共抓落实

郧阳区牢记"确保一库净水永续北送"的政治使命，坚持"绿水青山就是金山银山"的发展理念，秉持"外修生态，建设汉江绿谷，内修人文，践行四个郧阳"理念，在湖

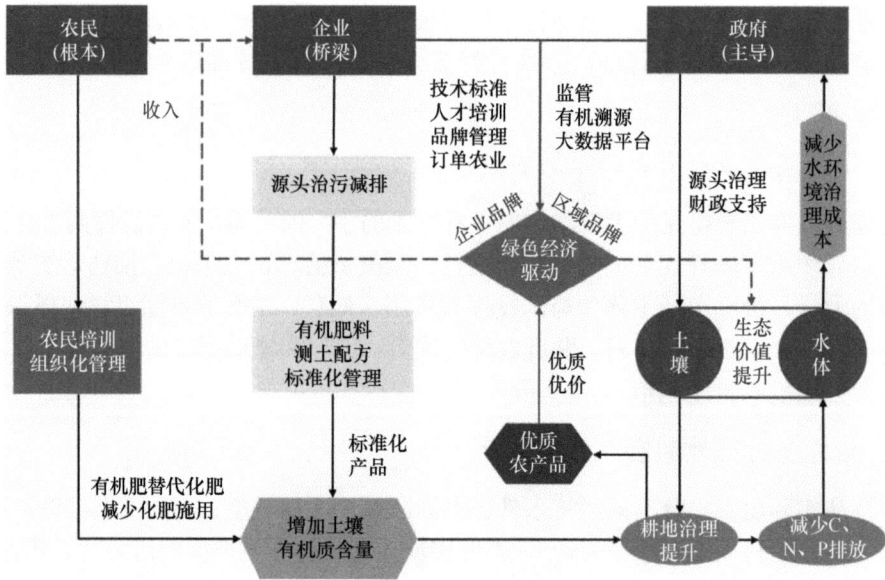

图 6-1　郧阳循环农业实践模式

北省第一个提出了"打造环水有机农业示范区"的现代农业发展思路，并先行先试、勇于实践，以奋力推进促进农业供给侧改革，加大精准脱贫力度，保证全区绿色发展、创新发展、率先发展、可持续发展。

　　为实现南水北调中线工程水源地"在保护中发展、在发展中保护"的可持续发展目标，郧阳区政府加强顶层设计引导，坚持生态优先、绿色发展战略要求，出台《郧阳区人民政府关于推进落实湖北长江经济带生态保护和绿色发展总体规划的实施意见》和《郧阳区环丹江口库区绿色发展行动计划（2018—2020 年）》等文件，坚持"共抓大保护、不搞大开发"，准确定位发展方向，建设环水有机农业示范区。

　　围绕环水有机农业示范区建设要求，政府推动、部门联动，建立了高位领导、督办、服务、协调、宣传、多位一体的工作模式，制定了《郧阳区委关于大力创建环水有机农业示范区打造汉江绿谷的意见》、《环水有机农业示范区 3 年行动计划》和《郧阳区2017 年环水有机农业示范区建设实施方案》等文件，成立了环水有机农业示范区建设工作指挥部，强力推进环水有机农业示范区建设。多次组织召开环水有机农业现场推进会，总结建设工作，分析问题，部署重点工作，合力抓好落实，有序推进完成既定目标任务。

　　实施绿色产业促进行动，加强农业面源污染治理，郧阳区制定了《郧阳区推进农业供给侧结构性改革实施方案》《郧阳区畜禽养殖废弃物资源化利用整县推进项目实施方案》等实施方案，招商引资引进致力于有机废弃物高效资源化利用和有机农业升级服务的高新技术企业。在 2016 年 7 月围绕环水有机农业示范区建设要求，与北京嘉博文生物科技有限公司（以下简称嘉博文）签署《郧阳区环水有机农业示范区建设项目》《郧阳区整县制畜禽养殖粪污资源化项目》《郧阳区水土共治环水有机农业 5+1 服务项目》三个项目合作协议。由嘉博文作为技术服务支撑单位，由嘉博文与十堰市隆裕农业发展有限公司等成立的合资公司（十堰市绿道农业发展有限公司）作为项目实施单位。

利用地理信息系统技术确定郧阳区农业面源风险空间分异特征，根据郧阳区各乡镇面源污染氮输入量、径流产生量以及距离水体距离，综合评估郧阳区面源污染并进行分区。其中一级关键源区为面源污染风险最高区域，主要为沿江农用地以及城镇建设用地，位于茶店镇、柳陂镇、城关镇、杨溪铺镇、刘洞镇、青曲镇和谭家湾镇的沿江区域，人口集中，种植和养殖活动集中，其中茶店镇、柳陂镇、刘洞镇以农业种植为主导，城关镇、杨溪铺镇、青曲镇和谭家湾镇以畜禽养殖业为主导。二级关键源区为面源污染风险较高的区域，主要集中在南化塘镇、谭山镇、梅铺镇、安阳镇和茶店镇。针对面源污染风险高的区域，严格畜禽养殖禁养区划定和管理，优先控制农业面源污染，推进有机肥替代化肥，发展环水有机农业。

围绕有机农业示范区建设要求，按照有机肥替代化肥项目及农业部化肥农药零增长计划的基本思路，采取政府补贴与农户（或市场主体）自筹的办法，在全区蔬菜、水果、茶叶、优质粮食等种植业中，通过增施有机肥（每亩用肥政府补贴 600 元，自筹 200 元），改善土壤团粒结构，提升有机质含量，增加土壤养分，着力提高土壤地力，提高农产品品质，实现农产品优质优价，从而实现农民增收、农业增效、贫困户脱贫。2017 年全额完成了 3 万亩耕地质量提升目标。

2. 科技创新驱动，构建三级标准化制肥配肥体系，实现全县域有机废物资源化还田

利用嘉博文先进的核心技术和成套工艺，建立有机废弃物资源化利用中心，设计生产有机肥能力 2 万 t/a，并配套建设 10 万 t/a 配肥厂。整合资源，构建有机废物三级标准化制肥配肥体系，实现全县域有机废物资源化还田，推广使用生物有机肥，源头控制农业面源污染。

科技创新驱动，利用先进技术、标准化工程、装备化工艺、精准化配肥，制备高品质有机肥。嘉博文核心技术荣获国家技术发明奖二等级、中国专利金奖，荣登 2012 年度全球清洁技术创新 100 强之列。其产品是唯一一个通过国际有机认证的有机类肥料，14 项指标中 9 项重金属指标全部达标，符合欧盟有机标准、美国有机标准、日本有机标准，获得了以餐厨废弃物为原料进入农田用肥体系的国家级有机土壤调理剂登记证。

三级标准化制肥配肥体系，包括一级生物腐殖酸制肥体系、二级基肥生产中心和三级精准配肥体系。①一级生物腐殖酸制肥体系提供高品质促发酵产品和腐殖酸产品，分别为二级制肥体系和三级配肥体系提供微生物功能菌剂和配肥原料，高品质标准化腐殖酸产品保障了后续制肥、配肥体系标准化和高值化生产。②二级基肥生产中心利用嘉博文先进的有机肥生产工艺，将农作物秸秆（尾菜类）处理与畜禽粪便处理相结合生产成高品质基础有机肥，实现全县域有机废弃物就地资源化。通过建设有机废弃物资源化利用中心，整合资源成立有机肥料联盟，进行工艺升级、标准化生产，生产高品质有机肥。③郧阳区在一级、二级制肥体系的基础上，基于土壤大数据平台的建立和区有机废弃物资源化利用联盟平台的完善，建设 10 万 t/a 配肥中心，精准测土配肥。依托大数据平台和研究中心确定配肥核心配方，根据精准测土结果确定土壤养分需求，将一级、二级制肥体系生产的高品质生物腐殖酸、基础有机肥与矿物养分、功能菌合理搭配，达到精准测土配肥的目的，用于郧阳耕地质量提升，以保证郧阳环水有机农业顺利的实施。

3. 创新平台建设，多元协同集聚人才，保障环水有机农业技术服务

（1）区环水有机农业综合服务中心

建设环水有机农业综合服务中心，建立"水土共治"协同创新工程研究中心和检测中心、环水有机农业展示中心，以及大数据中心等科技创新平台，搭建智慧农业平台，打造创新示范高地，强化创新基础平台，集聚人才优势，强化企业技术创新能力。重点建设以环水有机农业技术服务为核心，以生产管理、品牌运营、渠道拓展、智慧农业等为主，为农产品质量提供全程可追溯的智能化服务。综合服务中心通过集成国内外先进的有机农业高新技术成果，应用先进的物联网技术和现代互联网，对全区耕地的水、土、气实行实时监控及动态化、可视化管理，为优质农产品做信用背书。

"水土共治"协同创新工程研究中心由保尔森基金会北京代表处、嘉博文发起，中国环境科学研究院牵头，联合引入中国社会科学院、中国农业大学、首都师范大学、南京农业大学等专家人才智库组建而成，推动技术研发、科技成果转化和推广应用，打造"产、学、研"合作平台，为郧阳生态环境治理提供系统性技术解决方案，开展汉江流域"水土共治"科技示范。

环水有机农业展示中心作为对外展示郧阳区打造"汉江绿谷"、推进"精准扶贫"、创建"环水有机农业示范工程"的主要功能区，是展示郧阳区"一区两带"建设的窗口，对外展示耕地质量提升工程成果、农业高新技术、智慧农业平台等内容。

（2）建设农民培训学校

加强服务团队建设，开展环水有机农业实用技术教育培训。投资建设环水有机农业专科学校，重点培养有机农业种植、农业电商、现代农业、农产品销售等实用技术人才，提升农民实用技能，促进实用技术及时推广应用。依托嘉博文与北京农学院、优客工场的战略合作在郧阳区建设有机农场主学院、中关村优客星农场，积极引进瑞士先正达集团、瑞尔保护协会等培训单位在中国的先进培训体系，培训和开发本地农业技术人才，为本地农业技术整体水平提升、农业产业优化升级实现质的飞跃提供人力资源支持。科普培训，科技扶贫，培养农民乡土专家、科技示范户、技术带头人，提高农户无公害生产、有机生产意识和合作意识。

（3）区水土共治数字可视化信息管理系统建设

建立区水土共治数字可视化信息管理系统，对全区环水有机农业示范区重点种植区域的耕地土壤进行数据采集，结合云计算、深度模型算法等最新科学技术手段为郧阳区水环境的保护提供大数据决策，支撑精准测土配肥；通过地理信息系统技术和模型参数，整合不同地块信息，实时更新农产品投入、农业种植情况资料，建立农业资料大数据库，实现农业种植地块数据参数可视化，便于区域地块土壤及种植管理；通过农产品投入、过程管理、土壤数据、农产品质检形成农产品溯源和质控的技术平台；同时通过数字可视化系统进行展示，向外界展示郧阳人民为汉江水环境保护所作出的巨大贡献。例如，餐厨、禽畜粪便有机废弃物的资源化利用，既减少对环境的污染，又可通过施用有机肥，减少化肥、农药的使用量，提升土壤有机质，减少土壤 N、P、K 向水域的排放。

4. 发展绿色经济，培育有机品牌，建设订单蔬菜扶贫产业，实现产业扶贫、精准扶贫

1）发展绿色经济，培育有机品牌。围绕发展环水有机农业，适应消费市场由营养型向健康型转变的潮流，实现有机绿色品牌战略。实施耕地质量提升行动，禁止高毒高残留农药在农作物种植中的使用，推广使用生物农药、高效低毒低残留农药和有机肥，推进绿色防控技术和测土配方施肥技术。建设生态产业基地、发展生态食品业，全力打造郧阳生态品牌，强化农产品品牌创建，争取郧阳果蔬获得有机认证，申报国家地理标志性农产品，培育一批名优品牌，形成品牌效应，提高郧阳特色农产品知名度。

2）建设订单蔬菜扶贫产业基地。为带动全区产业扶贫，扩大环水有机农业示范区建设成果，十堰市绿道农业发展有限公司在对接全国资源后，引进北京新发地农产品股份有限公司和永辉超市，把郧阳区的优质产品引入北京市等高端市场。2018 年，利用"村开发平台+销售主体+生产基地+产销服务"的创新合作模式，建设订单农业示范基地，对白桑关镇原有 120 亩老茶园进行标准化改造，对青曲镇伟超有机农场进行智慧农场信息化建设，培育订单农业基地，建立智慧农业大数据管理系统，形成有机农产品溯源和质量监管体系，建立订单农业——青曲镇伟超有机智慧农场示范基地。发展订单蔬菜扶贫产业，通过示范推广，发展建设"万亩万元万户"订单蔬菜产业基地，增加农民收入。

3）建设高端农产品物流园。为了解决在环水有机农业示范区创建订单农业项目实施过程中在农产品产出后分拣包装、冷藏保鲜、仓储物流等的初加工问题，十堰市湖北绿道农业发展有限公司在区经济技术开发区农产品加工园二期地块建设郧阳区订单农业示范——农产品仓储冷链物流中心项目，2018 年、2019 年和 2020 年分别实现周转、仓储、销售农产品 1 万 t、3 万 t 和 5 万 t。承载区各乡镇村订单农业基地所生产农产品的集散、预冷保鲜、仓储、配送功能，一期建成后年周转农产品 1 万 t，有效解决农产品流通环节控制，实现错峰销售、价优销售，从而提升农产品价格、价值，预计每斤增收 0.1 元，1 万 t 可实现增值收入 200 万元。

（二）成效分析

1. 土壤耕地质量提升

通过增施嘉博文的生物有机专用配方肥，利用深松整地等方法迅速全面提升土壤质量，减化肥、减农药、增品质、防污染。经过各方努力，郧阳 2017 年全额完成了 3 万亩耕地质量提升目标，辐射带动周边 2 万亩耕地质量提升，项目区内化肥农药的使用量减少了 30%～50%，农作物的品质提升了 60%。

根据 2017 年有机肥施用示范区分布，开展示范区耕地质量提升监测工作，共布设耕地土壤监测点 127 个，采集土壤样品 254 件，覆盖全区 16 个乡镇、64 个村落。依据耕地质量提升目标，对耕地土壤 pH、全氮、有效磷、速效钾、缓效钾等指标进行检测。127 个监测点耕地土壤有机质含量平均值为 18.00g/kg，较施用有机肥前增加 22.61%。通过第一年度耕地质量提升计划的实施，土壤中氮、磷、钾等含量均有不同程度的提升。

2. 经济效益

水土共治模式的主要驱动力是农民亩产年纯收入的增加，而影响农民亩产年纯收入增加的主要因素是土壤质量和政府对提升土壤质量的成本支付。通过模拟，对比了"政府主导农民参与模式""政府完全主导模式""以农业信息化建设为目标的政府主导农民参与模式"3 种水土共治模式下的关键变量值的变化，得到了郧阳区水土共治的最优模式，即"以农业信息化建设为目标的政府主导农民参与模式"，模拟显示，农民亩产年纯收入、土壤质量均增加，相对于"政府主导农民参与模式"而言，农民亩产年纯收入增加了近 4 倍，土壤质量提升了 1 倍多，而且政府成本增加到 2023 年后开始下降，这是因为农业信息化建设使得农民纯收入增加，农民参与农业生产积极性提高，提升土壤质量的意愿增加。

3. 生态资产价值

生态资产价值的体现对郧阳区经济发展至关重要，而当前郧阳区保护生态环境的价值没能在经济核算中得到体现。为解决这一问题，郧阳区采取水土共治模式，期望通过改善郧阳的水土环境带动农业经济发展，帮助农民实现脱贫致富，助力长江保护行动的顺利实施。

经过土壤改良的农田的单位生态服务价值增加 2273 元/hm^2，达到 11 004.87 元/hm^2，较十堰市的单位农田生态服务价值（9291.51 元/hm^2）高出 1713.36 元/hm^2。按照郧阳区三年耕地质量提升计划，项目完成后，经过改土的农田的单位生态服务价值达到 15 550.87 元/hm^2，高出湖北省单位农田生态服务价值（14 083.49 元/hm^2）1467.38 元/hm^2。

三、宁夏、山东乡村环境综合治理模式

山东以平原为主，为农业大省，农村经济欠发达，农村人口多、人口分散、缺水、干旱、人均水资源短缺。结合自身条件，山东农村污水治理率先使用农村改厕+三格化粪池等就地处理模式，首先解决厕所问题，同时在有条件的地区逐步推进、采用厌氧–好氧脱氮除磷工艺、人工湿地氧化塘、生物膜污水处理工艺等集中处理技术，并重视废水合理利用。

强化技术标准体系建设，涵盖了垃圾环卫一体化收运处理、污水处理、农村改厕等各方面。例如，山东率先出台《城乡环卫一体化服务规范》等 4 项地方标准（表 6-1），填补城乡环卫一体化服务标准的国内空白，并出台改厕相关地方标准 4 项，科学推进地方治污工作；强化管理技术标准体系建设，规范农村污染治理工程建设、验收、运行、考核链条，落实责任、强化监管。

表 6-1　山东农村环境污染标准体系建设情况

类别	标准
生活污水	《农村生活污水处理技术规范》（DB 37/T 3090—2017） 《砂滤–植物耦合处理农村生活污水技术规程》（DB 37/T 3077—2017）
改厕	《农村一体式无害化卫生厕所施工及验收规范》（DB 37/T 5062—2016） 《农村无害化卫生厕所使用与维护规范》（DB 37/T 2867—2016） 《生态一体式厕所净化处理技术标准》（DB 37/T 5075—2016） 《农村中小学标准化校舍改造建设规范：学校厕所》（DB 37/T 2732—2015）

续表

类别	标准
生活垃圾	《村镇生活垃圾收集、运输和处置服务规范》（DB 37/T 2837—2016） 《城乡环卫一体化服务规范》（DB 37/T 2834—2016） 《村镇环卫保洁服务规范》（DB 37/T 2835—2016）

在管理机制与责任主体方面，山东统筹协调 14 个相关部门，在环卫一体化、改厕方面建立专项联席会议制度，发挥部门和行业优势、主动沟通、密切协作、形成合力。在社会资本引入与推进第三方运维方面，山东全省 80 多个县（市、区）采用市场化运作模式，如蓬莱采用政府和社会资本合作模式（PPP）、第三方运营等多元化机制运营农村垃圾污水处理设施。

从 2010 年开始，宁夏被环境保护部、财政部列为全国 3 个农村环境综合整治目标责任制考核试点省（自治区）和全国 8 个农村环境连片整治试点省（自治区）以来，各市、县以新农村建设项目和农村连片整治示范项目为带动，在重点区域和人口集中区域开展以农村生活污水、垃圾处理和畜禽养殖污染治理为重点的集中连片整治试点工作。截至 2015 年 6 月，宁夏农村环境综合整治累计投入专项资金 17 亿元，对全区 2421 个行政村进行了环境综合整治，建设污水收集管网 1612km，建设农村集中式生活污水处理设施 107 座，分散式污水处理设施 188 座，建设生活垃圾填埋场 97 座，构建垃圾箱、池 27.3 万个，购置各类垃圾收转运车 14 201 辆，创建国家级和自治区级生态乡镇和生态村 221 个。

（一）建立"三低一易"型技术产业化推广平台

宁夏农村生活污水处理率较低；农村生活垃圾构成日趋复杂；畜禽养殖粪便加剧水环境污染；村镇环境综合治理技术推广市场体系不完善。从技术支持、监管运行、维护管理 3 个方面，宁夏提出了"三低一易"型技术产业化推广平台，即技术产业化推广逐步形成的"低成本、低投资、低能耗、易维护"的模式。

1）在农村环境综合治理技术工艺的选择方面，根据宁夏农村自然环境、经济环境和人口规模等条件，筛选并确定的适合农村生活污水处理的技术类型有：化粪池、稳定塘、人工湿地和土地渗滤等；农村生活垃圾处理技术类型有：垃圾收运处理、填埋、堆肥、厌氧发酵产沼气等；农村畜禽养殖污染处理技术类型有：发酵床、厌氧发酵池、堆肥等；在技术产业化推广扩散途径方面，结合宁夏实际情况，依托环保企业相关技术、信誉、地理位置的优势，整合科学技术部与宁夏地方技术推广机构，分别从政府引导、市场机制、技术验证评价制度、筹融资机制等方面，加快推进宁夏农村生活污水、垃圾、畜禽养殖污染治理技术成果的转化、转移进程，促进宁夏农村环保科技成果转化、转移、推广的途径和措施。

2）针对宁夏农村环境整治实施情况和区域特点，适宜采用政府市场共推的环保技术产业化推广组织模式；环保技术产业推广运营模式主要有托管运营模式、建设-经营-移交（BOT）运营模式、移交-经营-移交（TOT）运营模式、政府和社会资本合作模式（PPP）等方式，这些运营模式各有利弊，结合宁夏农村环保技术市场化运作基础，加快技术产业化融资渠道，把 PPP 应用到宁夏农村环境综合治理技术产业化推广工作中，从而完善技术产业融资渠道、改善农村生活生态环境。

3）完善技术产业化推广的长效保障。环保技术产业化推广长效保障机制主要有：强化组织领导责任、加强环保技术支撑、落实资金监管保障、严格环保责任考核、建立技术设施运行维护长效机制等方面。同时，依据宁夏《农村生活污水处理工程技术规程》《农村生活垃圾处理技术规范》《农村畜禽养殖污染防治技术规范》等技术规范文件，实施农村环境综合整治技术产业推广，为宁夏农村示范项目建设提供技术服务、专家咨询和业务培训等。

（二）积极开展宁夏村镇环境技术产业化推广示范

为深入推进"美丽宁夏"建设，按照国家和自治区环境保护目标任务要求，进一步深化农村环境综合整治力度，改善农村生活环境。依据《宁夏回族自治区环境保护行动计划（2014—2017年）》要求，实现自治区农村环境综合整治工作全覆盖，推进农村环境综合整治，统筹实施农村生活垃圾和污水处理、种（养）殖业面源污染防治等建设工程，建立农村环保长效机制，改善农村生态环境，建设美丽农村。

（1）农村生活污水处理技术产业化推广

在宁夏地区布局分散、人口规模较小、地形条件复杂、污水不易集中收集的村庄，宜采用无动力的家庭式小型湿地、污水净化池和合并式净化槽等分散处理技术；布局相对集中、人口规模较大、经济条件较好、村镇企业或旅游业发达的连片村庄，宜采用地埋式生活污水处理法和人工湿地等集中处理技术；位于饮用水水源地保护区、自然保护区、风景名胜区等环境敏感区的村庄，要按照功能区水体相关要求及排放标准处理达标后排放；距离市政污水管网较近、符合高程等接入要求的村庄污水可采用城乡一体化处理技术模式（图6-2）。

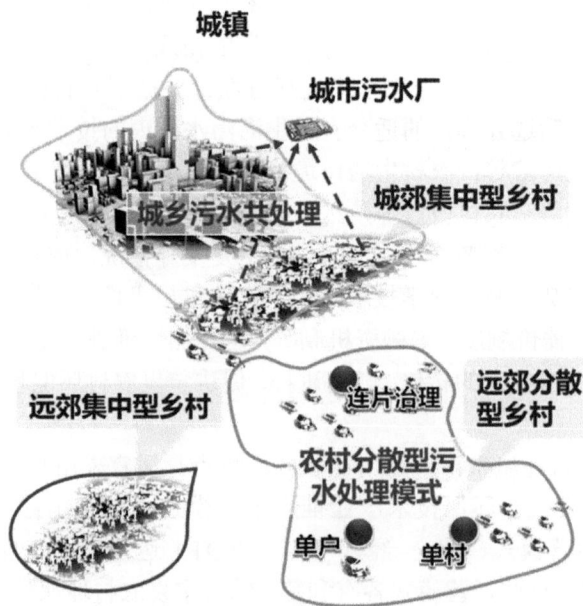

图6-2 宁夏乡村污水分类治理技术模式

宁夏农村生活污水处理技术及特点示范见表6-2。

表6-2　宁夏农村生活污水处理技术及特点示范

示范区	工艺名称	问题分析	改进方案
南方村	预处理+人工湿地微曝气冰层保温	1）污水排放量达不到设计值 2）污水中污染物指标大于设计值 3）运行费用无保障，间断运行且运行方式不正确 4）人工湿地表面25～30cm覆土影响处理效果	2014年夏季运行开始前，去除表土层，重新种植去污植物，实行严格控水程序，继续监测并加大监测密度
原隆村（二期）	改良式化粪池	1）污水产生量远低于设计值 2）夏季高温时，因污水量小，导致收集管内污水停滞、产生臭气，影响居民生活 3）虽具备污水处理后的回用条件，但污水量不能达到设计值，不能满足绿化灌溉的水量需求 4）污水量小、运行未能达到设计值，水质监测结果不能说明设施运行效果	针对原隆村研究结果，在2014年规划时，在同类地区、相同情况下，取消此类处理设施，探索分散式净化槽处理方法
曹闸村	合并式净化槽	1）一次性投资较高 2）需动力 3）使用及维护要求较高	2014年上半年在吴忠市利通区示范净化槽1处，在中卫市东园镇曹闸村示范脉冲厌氧反应器1处，探索分散式处理设施效果
闽宁镇	预处理+无动力充氧滤池+人工湿地	采用2.5L玻璃瓶作为发酵瓶，以5L气袋收集沼气。发酵瓶置于恒温培养箱内，发酵温度35℃。每个发酵瓶装料1kg	处理过程分别于装料时加入可分泌碱性物质的蜡样芽孢杆菌等物质

宁夏推荐应用的生活污水处理技术主要有预处理+人工湿地微曝气冰层保温技术、地埋式一体化技术、合并式净化槽技术3种类型。宁夏137处农村生活污水处理设施中，预处理+人工湿地微曝气冰层保温技术模式61处，占44.5%；地埋式一体化技术模式30处，占21.9%；三格厌氧化粪池技术模式37处，占27%，其他技术模式9处（土地渗滤3处、氧化塘4处、充氧滤池1处、合并式净化槽1处），占6.6%。

（2）农村生活垃圾处理技术产业化推广

宁夏农村地区城镇化水平较高、经济较发达、交通便利的连片村庄，要求采用城乡生活垃圾一体化处置技术模式，村庄宜配置完善垃圾收集和运输系统，乡镇建设可覆盖周边村庄的区域性垃圾转运设施，纳入县级以上垃圾处理设施统一处理；布局分散、经济欠发达、交通不便利的村庄，要求在优先推行垃圾分类的基础上，选取有机垃圾和秸秆、稻草等农业废弃物混合堆肥等资源化利用技术，无法资源化利用的垃圾定期运到附近乡镇垃圾处理设施进行卫生填埋。

宁夏农村生活垃圾处理技术及特点示范见表6-3；宁夏生活垃圾资源化分质利用模式见图6-3。

表6-3　宁夏农村生活垃圾处理技术及特点示范

示范区	工艺名称	人口总数/人	全年人均日产生量/（kg/d）	问题分析	改进方案
政权村	填埋	2016	0.70		
南方村	填埋	1467	0.72	环节缺失；填埋不规范；原位处理待研究	2014年研究编制小型填埋场规划、设计、建设、运行规范
闽宁镇	填埋	2237	0.70		
原隆村	填埋	2898	0.42		

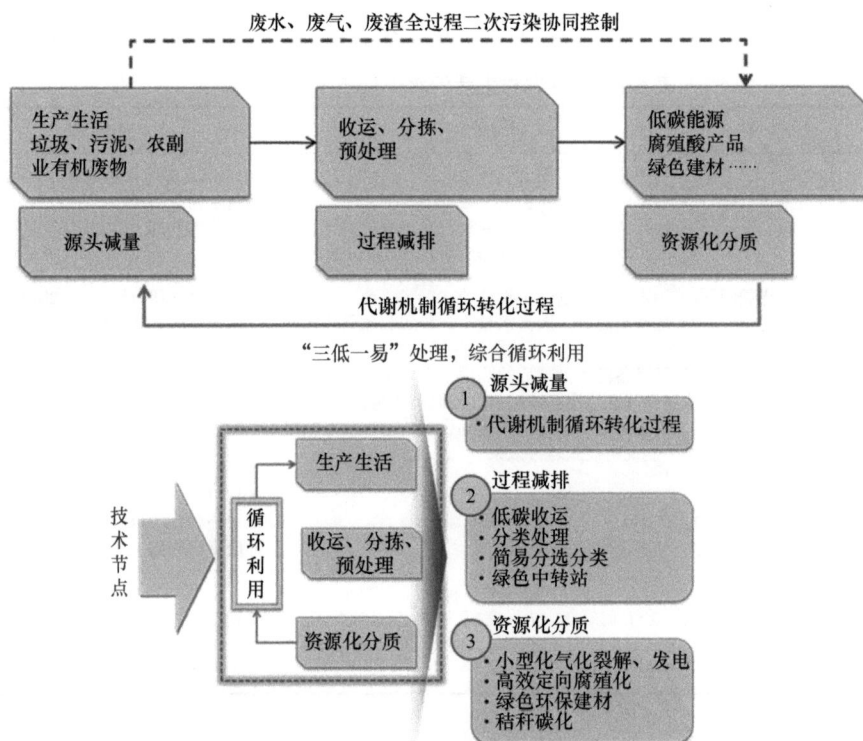

图 6-3 宁夏生活垃圾资源化分质利用模式

宁夏农村生活垃圾定点存放和无害化处理设施已经实现以行政村为单位的全覆盖。全区普遍采用的生活垃圾收集、转运和处理技术模式主要有 5 种："铁质垃圾箱+叉车+自卸车+填埋场""提升式垃圾桶+封闭式垃圾提升车+填埋场""钢制垃圾箱+摆臂垃圾箱+摆臂车+填埋场""钩臂式垃圾箱+钩臂车+填埋场""垃圾箱+三轮车+中转站+摆臂车+填埋场"（表 6-4）。上述几种生活垃圾处理模式具有机械化程度高、垃圾处理流程短、运行费用低、管理简单、可持续使用的特点。

表 6-4 宁夏农村生活垃圾处理模式

序号	技术模式	优点	缺点	应用范围
1	铁质垃圾箱+叉车+自卸车+填埋场	机械化程度高、转运处置效率高	设施购置费用高、管理运行费用高	吴忠市利通区、同心县、红寺堡区各乡镇
2	提升式垃圾桶+封闭式垃圾提升车+填埋场	机械化程度高、运作流程简单、转运处置效率高、管理运行费用低	提升式垃圾桶容易损毁	银川市兴庆区大新镇、吴忠市利通区、中卫市沙坡头区、固原市彭阳县等
3	钢制垃圾箱+摆臂垃圾箱+摆臂车+填埋场	机械化程度高、转运处置效率高	设施购置费用高、管理运行费用高	全区从中卫市至石嘴山市沿黄河地区村庄均有分布
4	钩臂式垃圾箱+钩臂车+填埋场	机械化程度高、转运处置效率高	村民投送垃圾的距离较远、钩臂车运送至垃圾填埋场的运送次数较多	银川市西夏区镇北堡镇、固原市泾源县香水镇和六盘山镇等
5	垃圾箱+三轮车+中转站+摆臂车+填埋场	机械化程度高、转运流程灵活	设施购置费用高、管理运行费用较高	全区各地均有分布

（3）农村畜禽养殖污染治理技术产业化推广

宁夏农村养殖区周边有足够的可以消纳粪污的农田，但粪污应首先进行固液分离，固体粪污制造有机肥，废水经处理后还田利用，但采用还田综合利用技术，粪肥用量不能超过作物当年生长所需养分的需求量，在确定粪肥的最佳施用量时，需要对土壤肥力和粪肥肥效进行测试评价，使粪肥施用符合当地环境容量的要求。没有充足土地消纳利用粪污时，应建设区域性有机肥厂或处理设施。位于宁夏各地划定的限养区的养殖小区和散养密集区要考虑采用治理达标技术模式，养殖废水经处理后达到《畜禽养殖业污染物排放标准》（GB 18596—2001）要求。

宁夏农村畜禽养殖污染治理模式及特点见表 6-5。

表 6-5　宁夏农村畜禽养殖污染治理模式及特点

养殖规模	工艺名称	适用范围和条件	适用标准
养殖场（小区）/散养密集区	机械搅拌堆肥–有机肥强制通风堆肥	具备有机肥销售渠道；配置足够的农田	有机肥料标准；粪便无害化处理技术规范
畜禽养殖户	堆肥技术	配置足够的农田	粪便无害化处理技术规范
养殖场	发酵床	不同规模畜禽养殖均适用；周围垫料资源丰富；不适用于母猪及保育阶段之前	—

四、陕西农村环境综合整治工程

在广大农村地区，由于经济、自然条件等因素的影响，厕所简陋、"脏、乱、差"是其突出特点，不仅污染环境，而且影响农民的身体健康，更影响农村的整体面貌，推进农村"厕所革命"，对改造农村环境意义重大。虽然我国各地区水资源分布不均，改厕进程不一，但随着农村经济发展和污水收集管网设施的逐步完善，农村旱厕会逐渐被水冲式卫生厕所替代（图 6-4）。将旱厕改为水冲式厕所可极大地改善农村户内的卫生条件，但这一措施会同步引起农户污水排放量的大幅增长，并且导致污水水质较现状大幅恶化。而只考虑农村污水治理不考虑卫生设施提升问题，只能是"头痛医头，脚痛医脚"的短视行为，长期来看必然无法适应国家提出的美丽乡村发展战略。不同的发展状况下

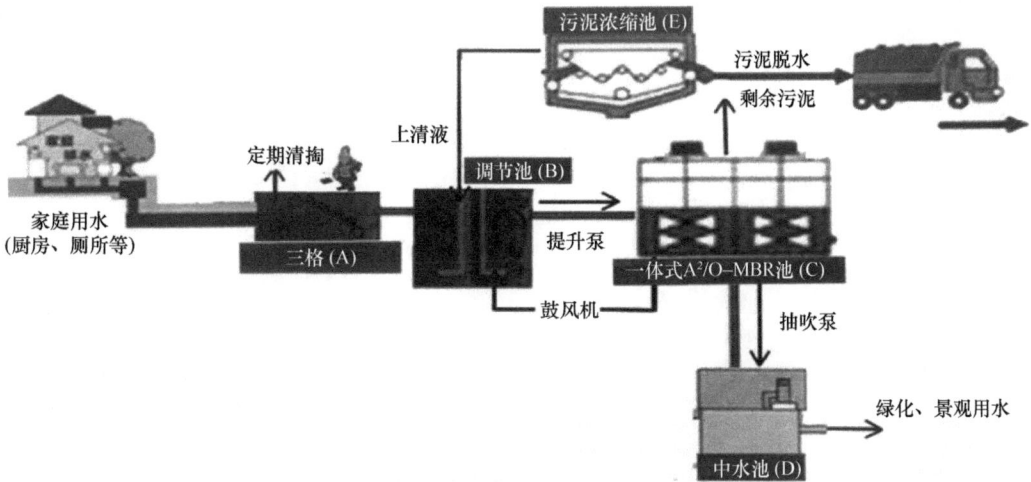

图 6-4　三格化粪池、A²/O 与 MBR 三层净化处理工艺

可采用不同的模式，但进行农村户内黑水、灰水的统一收集并进行集中处理应该是最终模式。因此，必须将卫生设施的提升与农村污水的治理两项工作统筹规划、同步推进。

据统计，2015～2017年，陕西省财政累计统筹资金9160万元，支持新建、改建旅游厕所432座。同时，积极发挥财政资金引导作用，广开投资渠道，吸引社会资本投资旅游厕所的新建、改造、管理及运营。近3年，陕西省共完成新建、改建厕所2643座。目前，随着科技创新理念的融入，陕西省"厕所革命"建设管理更加标准化、生态化、智能化和人性化，对陕西省全域旅游示范省创建起到了积极的促进作用。

为了大力推进全省自下而上的"厕所革命"，《陕西省旅游厕所建设管理三年行动方案（2018—2020年）》要求通过政府引领、政策支持、资金补助、标准规范等手段持续推进旅游厕所建设与改造及政府机关、企事业单位厕所免费开放工作，到2017年最终实现旅游景区、旅游干道、交通集散地、旅游餐馆、旅游娱乐场所、休闲步行区等厕所全部达到优良标准，并实现"数量充足、干净无味、实用免费、管理有效"的要求，且全部达到A级标准，其中2A级旅游厕所占60%左右，3A级旅游厕所占20%左右。

陕西省内各乡村地形多样、整体缺水，旱厕占比高，管网设施不完善，卫生厕所入户困难，因此采用集成式厕所改造与分散式农村污水一体化处理共同推进的模式。对陕西省不同区域农户厕所使用情况进行调研分析显示，农村厕所的主要形式是旱厕，所占比例约为76%，尤其在陕北缺水地区旱厕占比例可高达90%，关中地区旱厕比例约为77%，陕南地区旱厕比例为60%左右（图6-5）。总体而言，陕南的水冲式厕所比例大幅领先关中与陕北，这与陕南水资源丰富有着密切联系。

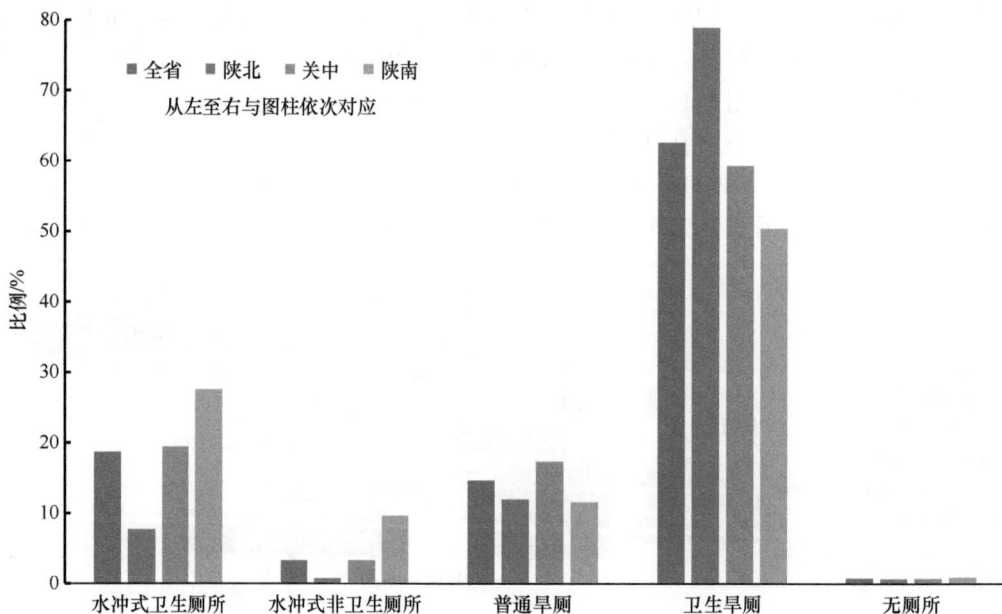

图6-5 陕西省农村厕所情况

随着农村经济发展和污水收集管网设施的逐步完善，农村旱厕会逐渐被水冲式卫生厕所替代。农村住户改厕工程实施的限制性因素有两点：①改厕的复杂程度；②改厕的成本。农村改厕工作是一项功在当代、利在千秋的民心工程，更是帮助贫困户脱贫的一项新举措。通过统筹谋划、上下联动，农村改厕工作取得了阶段性成果，为贫困户的生活条件带来了质的改善，为生态、富裕、和谐陕西建设增添了强大动力，为全面实施乡村振兴战略注入了新的活力。

鉴于水冲厕所普及率在东部经济较好的农村地区更高，可以预见，随着未来的经济发展和人民对生活环境质量要求的提高，陕西省农村环境会逐步改善，卫生厕所的普及率会逐步升高，使得水冲式卫生厕所成为农村发展的主流。建立健全适合陕西农村实际情况的供排水体系和配套管网设施，可以加速陕西省农村卫生厕所入户的进度，让农村居民同样感受到社会与经济发展带来的好处。陕西地区的改厕工程具有示范作用，不同地区依据当地特点，开展实施了各项治理工程。例如，汉江水源地分散，农户改厕工程采用了集成式厕所改造与分散式农村污水一体化处理技术，该项目位于安康市汉滨区红莲村，服务位于村庄偏远地带的 4 家住户，人口数约 20 人；污水处理规模 $1m^3/d$，处理水排放标准执行《城镇污水处理厂污染物排放标准》中一级 B 标准；设备装机容量 0.3kW。

陕西省地域狭长，地势南北高、中间低，地势由西向东倾斜的特点也很明显；同时有高原、山地、平原和盆地等多种地形；从北到南可以分为陕北高原、关中平原、秦巴山地三个地貌区；地域总面积 20.58 万 km^2，其中山地面积 741 万 hm^2，占全省土地总面积的 36%，高原面积 926 万 hm^2，占总面积的 45%，平原面积 391 万 hm^2，占总面积的 19%。陕西省横跨三个气候带，南北气候差异较大。降水南多北少，即陕南为湿润区，关中为半湿润区，陕北为半干旱区。

关中、陕北和陕南区域的地形地貌具有明显的区别，导致其经济产业发展和语言文化习惯都具有很大的差别。陕西省农村村落分布的主导因素是其地理形态，其次是生产要素。连片村落分布的形成原因是聚集地地形较平坦，且其农业生产较为方便，易形成连片的聚集区，如关中地区连片村落聚集区分布较为规整，村子容量较大，人数最多可达到 5000人。陕南地区则是根据其具体地形聚集分布，村子容量大小不一样，房屋位置分布较不规则，各户房屋位置具有一定的落差。陕北地区大多呈现沿川道河流的带状分布，连片聚集分布占比例较小，主要是乡镇驻地。分散式村落的形成主要是因为农村地形限制，依靠传统农业发展，陕北地区和陕南地区分散式村落占比例较大。围绕着陕西农村自身特点及关键的环境因素，陕西省开展有针对性的治理工作，有效地解决陕西农村的环境污染问题。

（一）卫生设施提升与污水治理同步推进工程

陕西省农村污水水质水量情况如图 6-6 所示。由图 6-6 可以看出，陕南区域农村污水排放量较大，采用水冲式厕所的农户污水排放量分别高出陕北和关中污水排放量的 40% 和 24%。与之相对的是陕北、关中的农村污水水质较陕南差异较大，以 COD 和总氮为例，陕北农村污水的水质指标均高出陕南约 20%，主要原因还是在于陕西不同区域水资源的丰富程度和农村居民的生活习惯的差异。因此，陕西在农村污水治理工程中应充分考虑陕北、关中、陕南的水质差异，因地制宜地选用不同污水处理方案。

农村居民选用厕所形式的不同对农村污水的水量、水质有着极大的影响。选用水冲式卫生厕所较庭院旱厕的污水排放量多出 10～17L/（人•d），污水水质差异也较为明显。因此，在对农村污水污染问题的治理过程中，陕西省统筹考虑农村居民家庭厕所的改造问题。

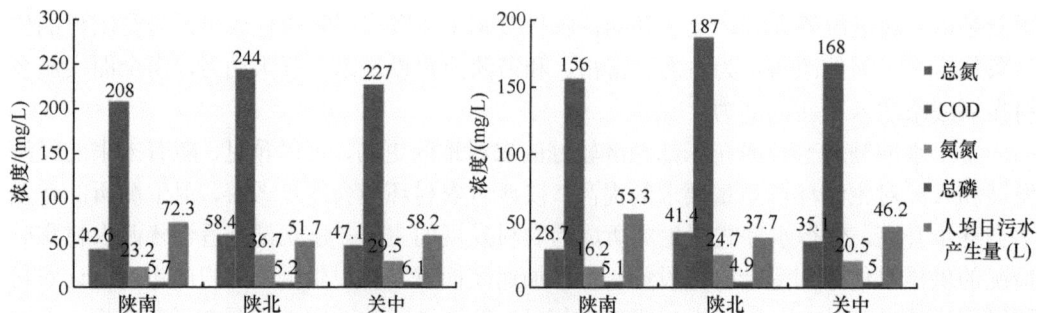

图 6-6 农村污水水质水量情况

左图：水冲厕所；右图：庭院旱厕

为适应国家提出的美丽乡村发展战略，陕西将卫生设施的提升与农村污水的治理两项工作统筹规划、同步推进。近年来，陕北、陕南偏远山区农村居民的集中度普遍提高，为陕西农村污水的集中处理提供了较为优越的条件。对于受地理形态和生产要素制约而无法实现农村污水集中收集，或者统一收集污水成本较高的农村住户，可以因地制宜地选用合适的分散式处理点位与处理设施，以经济有效地实现陕西农村水环境问题的治理。综合考虑村庄所处位置的自然环境和居民的生活习惯因素，选用合理的收集管径，防止污水收集管道阻塞。确定合理的处理水排放标准，对于关中、陕北缺水地区，农村污水治理排放标准应以耗氧指标类为主，以污水排放不造成水体黑臭为目标。综合考虑陕西省农村水环境问题整治过程中可能遇到的典型情况，采用集成式户内厕所改造、污水量自适应型集中化污水处理、分散式农村污水一体化处理、粪便资源化+户内灰水生态渗滤处理四个大类技术处理方案。

1. 集成式户内厕所改造方案

开发集成式的成套户内厕所（图 6-7、图 6-8），通过实验验证并进行规模化、工业化生产以降低费用成本；在不破坏农村住户房屋构造的条件下，通过快速、简便的安装即可满足使用要求的集成式户内厕所产品，必然可以获得农村居民的青睐，并通过工程示范的形式快速推广。

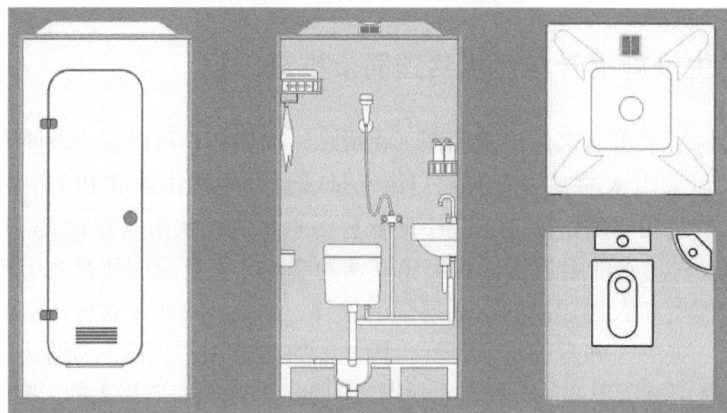

图 6-7 集成式户内厕所改造方案

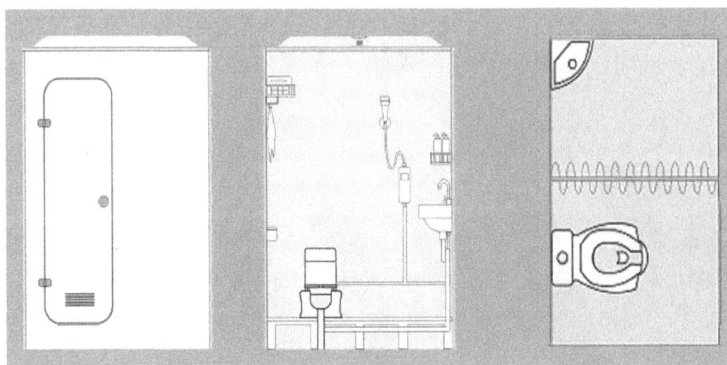

图 6-8 集成式户内厕所改造方案（干湿分离型）

2. 污水量自适应型集中化污水处理技术方案

一般而言，农村人口规模较小，且居民用水主要集中在早、中、晚三个阶段，导致夜间排水量极小乃至断流，污水排放呈间断状态，并且污水水质非常不稳定。要使得农村污水处理设施稳定运行，通常的做法是在污水处理设施前段设置必要的水量调节单元，这样既要增加工程投资，还会给运行维护带来不便。

开发自带进水量调节功能的一体化污水处理设备，在保证常规处理工艺总体水力停留时间延长 10%～20% 的条件下，通过变水位运行来对冲农村污水水量和水质波动的影响。在常规 A^2O 污水处理工艺末端增加两个交替运行的兼氧池，以实现 A^2O 污水处理单元的变水位运行，该技术方案的详细工艺流程如图 6-9 所示。

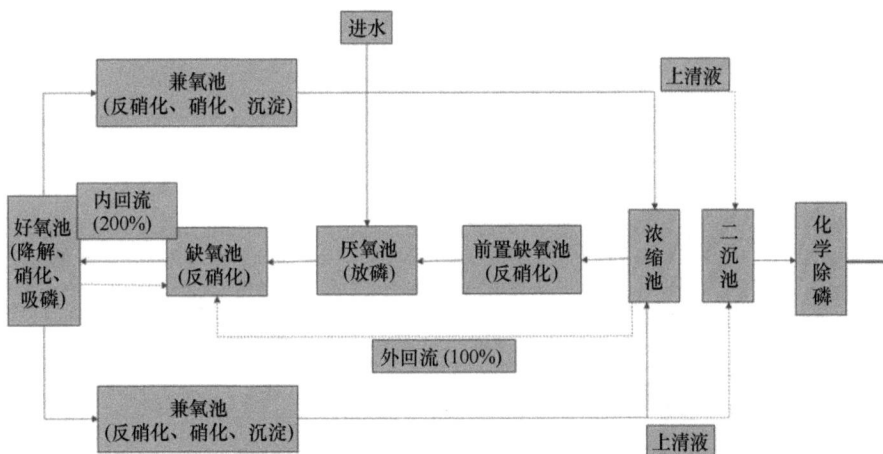

图 6-9 污水量自适应型一体化污水处理装置工艺流程

3. 分散式农村污水一体化处理技术方案

对于受地理形态和生产要素制约而无法实现农村污水集中收集，或者统一收集污水成本较高的农村住户，开发微动力型分散式农村污水一体化处理技术与集成设备，工艺流程如图 6-10 所示。在设备前段设置具有较大停留时间的污水沉淀池，用于稳定水量、水质波动并去除杂物，保障后续反应稳定运行；随后在厌氧反应段去除污水中有机污染物，降低后续好氧处理单元的负荷和能耗；经厌氧单元处理的水在好氧段进一步去除有机物和氨氮等耗氧物质，确保设备处理水的排放不会对人居环境造成负面影响。

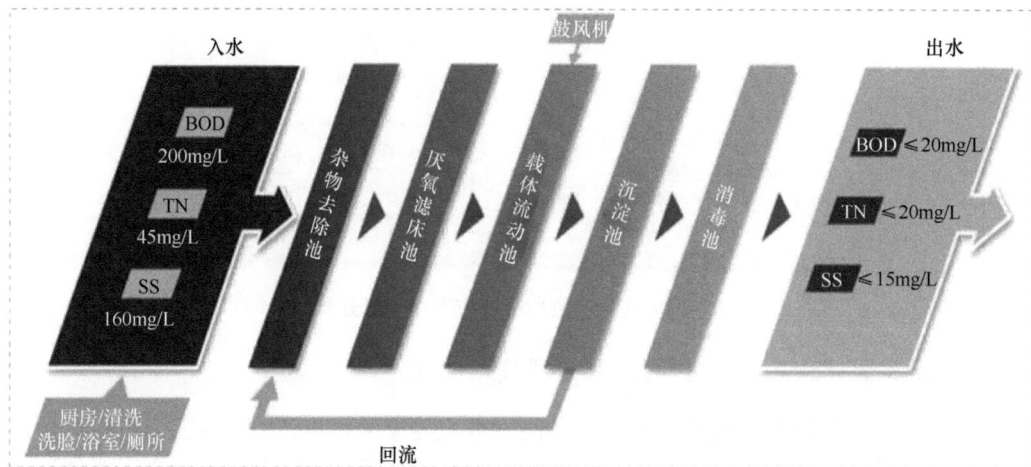

图 6-10　分散式农村污水一体化处理工艺流程图

4. 粪便资源化+户内灰水生态渗滤处理技术方案

在经济宽裕且对人居环境改善愿望较为迫切的条件下，针对有农家肥需求的农村住户，开发粪便资源化+户内灰水生态渗滤处理技术，系统构成如图 6-11 所示。研发卫生堆肥设备对旱厕粪便进行资源化处理，产物用于农田回用；对于污染程度较轻的户内灰水，采用微动力生态渗滤设施，对污水进行处理后使之深入地下，补充地下水资源或者用于庭院周边的农田灌溉等，最大限度地回收农村家庭生活过程中产生的废弃资源，降低农村人居活动对自然环境的影响。

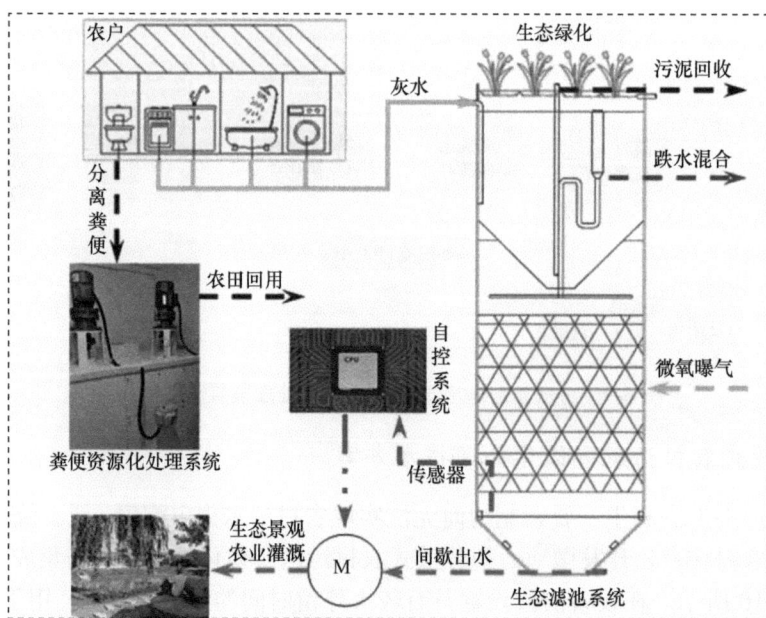

图 6-11　系统构成图

（二）农村生活垃圾治理工程

陕西农村生活垃圾主要由厨余垃圾（剩菜、剩饭、果皮和废弃蔬菜等）、废渣（煤渣、草木灰、砖瓦废块和土渣等）、日用品废弃物（玻璃、废金属、衣物、纸类、塑料袋和各类塑料包装盒）、农林残留废弃物（农业生产残留的秸秆、庭院树叶和树木枝干）等组成，陕北、关中和陕南农村生活垃圾的平均产量为 0.65kg/（人·d）、0.83kg/（人·d）、0.58kg/（人·d）。此外，陕北、关中和陕南地区的垃圾种类及其数量存在较大差异（表 6-6）。由于农村生活垃圾的组成种类较多，且调研在春夏季节进行，生活垃圾中的厨余类所占比例较大，从而极大地增加了整体垃圾的含水率。通过调研得出经济的发展水平对垃圾的不同种类所占比例具有重大的影响，关中地区的非餐厨垃圾所占比例大于陕北和陕南地区。

表 6-6　陕西三大区域垃圾构成表　　（%）

组分	厨余	纸类	橡胶	织物	塑料	农林废物	砖瓦陶瓷	玻璃	金属	灰渣	混合类
陕北	67.6	3.6	8.8	7.5	1.6	2.6	1.8	2.5	0.21	2.8	0.99
关中	48.3	6.7	11.3	16.8	2.3	3.8	3.8	4.2	0.68	1.42	0.07
陕南	61.3	4.1	12.5	8.7	1.9	2.1	2.9	2.8	0.32	2.34	1.04

目前从陕西农村地区垃圾收集设施建设情况调研的分析结果（图 6-12、图 6-13）可以看出，绝大多数农村配有垃圾箱等收集设施，并且垃圾箱的摆放位置基本上靠近村民居住位置，方便村民倾倒垃圾。

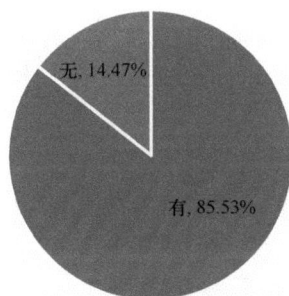

图 6-12　农村垃圾收集设施建设情况

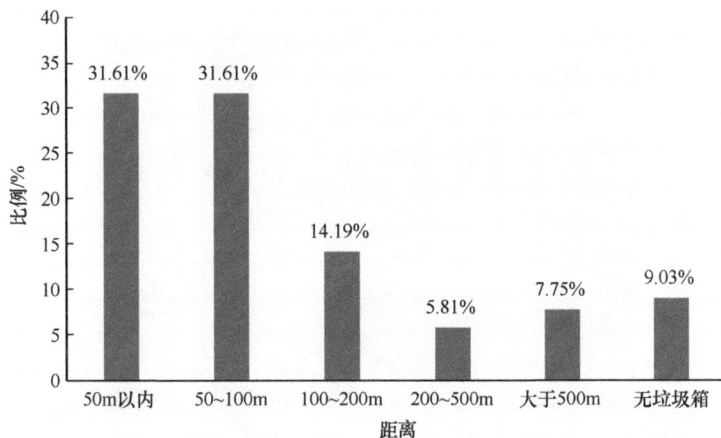

图 6-13　垃圾收集设施与民宅距离

1. 农村生活垃圾集中式资源化处理方案

基于陕西农村生活垃圾的主要组分为餐厨垃圾和废弃农作物的现实情况，引导、鼓励农村居民对生活垃圾分类收集，将生活垃圾划分为三类：大量的餐厨垃圾集中收集、就地处理；少量的废旧电池、电器等有毒有害垃圾定期交由专业处理机构回收处理；其余垃圾实行村收集–镇转运–市（区、县）处理模式，在地市行政级别的区域建设规模化的垃圾焚烧处理设施，对市域范围内的城市、生活垃圾进行集中无害化、资源化处置。实行垃圾分类、分质处理可实现生活垃圾大幅减量化，并最大限度地节约难降解类废弃垃圾的收集、转运、处理成本。

2. 餐厨垃圾共发酵污染治理技术方案

针对陕西农村污水具有可生化性高、排放量小且排放规律显著（白天出现早、中、晚三个用水高峰期，夜间断流）的特性，开发餐厨垃圾单独收集–污泥共发酵处理技术，通过二级出水，剩余污泥及餐厨垃圾在反应器内进行共发酵反应，充分释放其中蕴含的碳源物质，用于补充夜间生活污水断流给处理设施带来的负荷冲击，餐厨垃圾–污泥共发酵处理技术的原理如图 6-14 所示。该技术既能在陕西农村地区（图 6-15）维持污水处理生物反应系统的稳定运行、降低污水处理过程中污泥产生率，又能极大地消耗农村居民每日产生的餐厨垃圾，实现农村生活垃圾与水污染综合治理的目标。

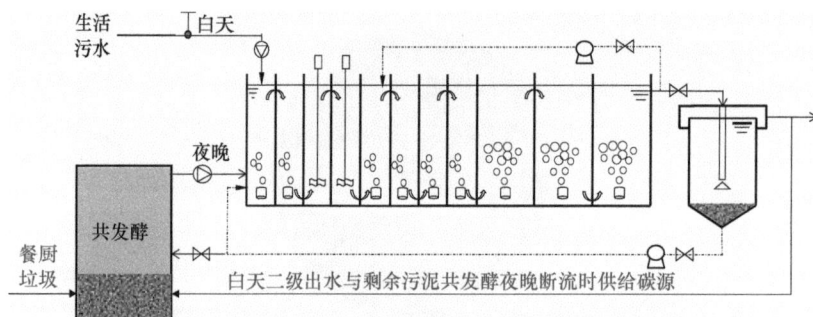

图 6-14　餐厨垃圾单独收集–污泥共发酵处理技术原理示意

图 6-15　餐厨垃圾单独收集–污泥共发酵处理工程实施现场

本书中的彩图请扫封底二维码，点击"多媒体"查阅，后文同

五、海南、贵州绿色环境发展典型模式

（一）海南乡村绿色环境发展典型模式

乡村环境建设较好的地区大力发挥当地优势，如浙江"千万工程"就是美丽乡村建设的优秀典范。而海南作为乡村绿色环境发展典型地区之一，充分利用当地自然资源特色，从发展各类农业经济着手，带动本省乡村绿色环境发展，形成了经济-环境循环发展模式。其相关发展经验见第九章阐述。

（二）贵州安顺市喀斯特山区绿色环境发展模式

歪寨村位于安顺市幺铺镇南部，以丘陵地貌为主，村域内无自然灾害，属亚热带高原型季风性气候，兼有湿润气候特点，冬无严寒，夏无酷暑，常年平均气温 13.9℃，极端最高气温 39℃，最低-5℃，平均日照时数约为 1144h，无霜期约 265 天，年降水量 1191.5mm 以上，相对湿度 77%左右。村域内矿产资源丰富，植被保护良好，水资源充沛。歪寨村现居住有布依族和汉族住户 170 家，计 835 人。该村经济发展主要以农业生产为主，第三产业生产为辅。群众收入主要依靠种植水稻、玉米、番茄作为支撑，村民年人均收入约 2500 元。

牛蹄村属于安顺市幺铺镇，地处幺铺镇南部，距幺铺镇 4km。牛蹄村区域属于黔中山地地貌区，地貌形态为中低山峰谷地及峰丛洼地的岩溶地貌类型，地形切割较浅，起伏小，地势东低西高，多年平均降水量 1200mm，多年平均蒸发量 1150mm，年平均气温 14.5℃，相对湿度 82%，无霜期 280 天，森林覆盖率达 75%以上，水资源较丰富，有较大地面径流。该村共有住户 82 户，计 306 人。该村经济发展主要是以农业生产为主，第三产业生产为辅，主要依靠种植水稻、玉米、番茄作为支撑，村民年人均收入约 720 元。

1. 统一收集处理生活垃圾

为了对生活垃圾进行统一收集处理（图 6-16），歪寨村设有小型废物箱 18 个，中型塑料垃圾桶 91 个，人工保洁车 1 辆；牛蹄村设有小型废物箱 15 个，中型塑料垃圾桶 85 个，人工保洁车 1 辆，两村在人口密集处放置有一个约 2m^3 的垃圾箱，各个住户将产生

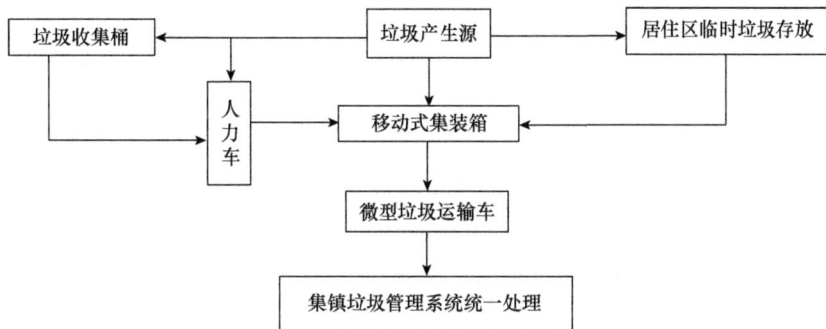

图 6-16　生活垃圾收运路线

的垃圾自行搬运到垃圾箱中。该处的垃圾处理模式为"村集中+镇转运+县处理+焚烧发电绿色处理"。居民的生活垃圾统一集中在人口最密集且设有垃圾箱的地方，经镇政府安排，由固定人员对垃圾进行转运，送至县级区域统一处理，其处理方式为焚烧发电。

2. 实施雨污分流收集

2018年，由政府组织和建设开始实行雨污分流，两个村寨地下设污水管道，地面设雨水沟渠系统，并且修建污水处理系统。具体包括牛蹄村设污水入户收集管道1558m，污水收集主管网DN200为354m，DN300为1070m，检查井43座；修建污水处理系统一处（处理规模15t/d），环境保护宣传栏1处，一扇铁门及15m防护网。歪寨村修建污水入户收集管道1710m，污水收集主管网1027m，检查井87座；修建污水处理系统一处（处理规模30t/d），环境保护宣传栏2处，一扇铁门及30m防护网。歪寨村污水管道管径为300mm，每隔20～30m设置污水检查井；检查井根据当地情况布置，选用Φ1000圆形砖砌；主干道旁建有污水管道，每隔一定距离在每家住户门口设有一个污水池（大小约为长×宽×高=60cm×30cm×20cm），用于收集住户的餐厨废水、洗涤用水或方便生活冲洗等，池体中央安装有圆形的粗格栅，起过滤拦截作用。同时每家住户都对传统的旱厕进行整修，整改为水厕，并接入污水管道；另外，对于喂养牲畜的住户，在牲畜栏下端安装有粗格栅，牲畜的尿液和冲洗圈门的水流入管道，从而接入最近的污水管道；将居民生活各个方面可能产生的污水最大限度进行收集，防止污水随意排放；针对新房建设未入住的居民在厨房旁边也留有污水池，方便入住时污水的排放和收集。

对于雨水，在各个住户行走的主干道旁建有约高80cm、宽20cm的雨水沟渠，沟渠底部用砾石与水泥进行填补，防止雨水渗漏。雨水最终流向农田旁的溪河进行储存，在种植期间，农民可进行引水灌溉。同时，距离雨水沟渠较近的住户直接从院坝围墙接入管道，将院坝中的雨水引流到雨水沟渠。雨水沟渠中伴有少量的枯枝树叶和蔬菜叶等，但是并未出现堵塞、恶臭味等现象。

3. 实行专人运行管理污水处理系统

歪寨村和牛蹄村均采用相同污水处理系统，该处理系统由江西金达莱环保股份有限公司提供，为膜技术污水处理器，型号JDL-FMBR-15，外形尺寸Φ1.4×5.8×2.0，设备重量为2.5t，日处理量为15t，额定功率为1.87kW。其中FMBR技术全称为兼氧膜生物反应器技术，工艺流程为"污水+调节池+FMBR+出水"，主要特点如下。

1）出水效果好：稳定达到《城镇污水处理厂污染物排放标准》（GB 18918—2002）一级A标准。

2）无人值守、自动运行：不需要专业人员现场值守，通过"远程监控+流动4S站"管理，每季保养一次（1h/次），每年检修一次（4h/次），项目运行稳定。

3）环境友好、低消耗：日常运行中不外排有机污泥；设备占地<0.2m²/t水，电力消耗<0.5kW·h/t水，基本不加化学药剂，运行费用约1元/t水（含折旧等，与大型污水处理厂相当）。

4）分步实施、资源高效：项目分步实施，根据水量变化灵活应对和建设，很好地解决了污水处理设施闲置浪费问题，做到资源高效利用。

该工艺主要有以下相关参数。

1）出水标准：《城镇污水处理厂污染物排放标准》（GB 18918—2002）一级 A 标准。

2）进水水质：较浑浊，漂浮着一些悬浮物，微黑，没有明显异味。

3）出水色清、无明显悬浮物、无异味：从处理厂排出的尾水最终排向厂区周边的河流作为农田灌溉水。

4）进水和出水水质对比如表 6-7 所示。

表 6-7　进水和出水水质对比

项目	BOD$_5$	COD$_{Cr}$	SS	氨氮	总磷
进水/（mg/L）	200～250	200～400	100～200	30～40	1～2
出水/（mg/L）	<10	<50	<10	<5（8）	<0.5

4. 探索污水处理设施联合运营模式

为维护污水处理站的设施设备安全，由设备生产公司负责指定技术人员对片区的污水治理设施进行维护和管理。一个人可负责多个污水设备，定期对设备进行抽查和维护，避免设备停止运行。由运营公司定期对污水进出水样进行检测，并统一上交管理部门；另外，由村委安排人员对整套污水处理系统进行管理。对于运行过程所产生污泥由管养人员定期清掏，晾晒后运送到填埋场填埋；若经测定后的泥饼能够满足《城镇污水处理厂污染物排放标准》及《农用污泥污染物控制标准》（GB 4284—2018）的要求，也可以用作农肥，改良土地。该套污水处理设备运行成本较低，初期运行成本主要由政府支付，成本主要包括膜的更换和维修材料费用，以及维修人员和电耗成本。

歪寨村生活污水处理规模按 2020 年设计的污水日处理量为 50m^3，实际污水处理量为 7～8m^3（除节假日）、10m^3 左右（节假日期间）；牛蹄村生活污水处理规模按 2017 年设计的污水日处理量为 15m^3，由于人口数量少，污水实际处理规模为每日 2～3m^3（非节假日）、5m^3 左右（节假日期间）。

5. 以污水资源化促进农业绿色生产

居民生活所产生的污水经过统一收集后流向该村的污水处理站，采用生物法处理后排入附近的农田和河流。为了充分落实乡村振兴的重要要求，实施国家农业节水行动，建设节水型乡村。深入推进农业灌溉用水总量控制和定额管理，建立健全农业节水长效机制和政策体系。两个村均实行资源化利用，助推农业经济和旅游经济的发展。歪寨村利用雨水和污水处理后的出水用于农业灌溉，在充分利用水资源的同时，促进农业绿色生产，带动乡村经济发展。牛蹄村结合当地地形特点和土壤土质，将上方产生的雨水和经处理后的出水排入污水处理站旁边的荷花池。荷花是牛蹄村特色农业种植，种植区名为"十里荷廊"，核心区种植面积 7000 亩，每逢夏季将迎来大量的游客，花期过后莲藕作为蔬菜售卖，在促进当地经济发展的同时也加速发展了当地的旅游业（图 6-17）。

图 6-17　牛蹄村荷花种植

6. 大力繁荣乡村特色文化

两村以乡村公共文化服务体系建设为载体，培育文明乡风、良好家风、淳朴民风，推动乡村文化振兴，建设邻里守望、诚信重礼、勤俭节约的文明乡村。歪寨村村民由于90%是布依族，有千年藤甲兵、古墓群、万骨洞、铜线裹尸等旅游特色，其污水处理厂结合当地民族特色与文化底蕴，命名为"藤甲部落"（图6-18），围墙外部采用绘画对其进行装扮，如农民耕地种植的图案，写有乡村简介，外观优美。厂区内部种植有草坪、篱笆、林木，厂内环境较好。牛蹄村则结合周边环境特点，在围墙外部绘有大量的荷花、莲藕、荷叶等（图6-19），与"十里荷廊"景色融为一体，美观大方，打破了传统污水处理厂死板僵硬的外观特色，有着文化气息浓厚、人与自然和谐相处的画面。

图 6-18　歪寨村乡村文化

图 6-19　牛蹄村乡村文化

歪寨村、牛蹄村健全了农村环境治理体系，对生活垃圾和污水进行统一收集处理，充分利用雨水和经处理后的污水作为农田灌溉水，实现污水资源化的同时有效促进了当地的经济发展，具有较好的环境效益和经济效益。村寨结合乡村特色文化对污水处理厂进行装饰，并用出水种植观赏性荷花，具有一定的景区效益。污水处理系统运行费用短期由政府部门进行支付，长期运行费用由农业和旅游业进行补偿。两个村寨全面落实党中央对乡村振兴的重要要求，较好地做到了"产业兴旺、生态宜居、乡风文明、治理有效、生活富裕"；有效推进农村绿色发展、农业绿色生产、农村人居环境整治，在促进人民生活幸福的同时着力改善人居环境，建设美丽宜居的新时代乡村。另外，合理发挥中央农村环保整治基金的作用，有针对性地开展环境综合整治，切实改善了农民的生产和生活环境，保证农民得到实惠，有效提高环境质量。歪寨村、牛蹄村绿色环境发展的规划、建设和管理模式为贵州喀斯特山区其他乡村振兴绿色环境发展提供了较好的参考和借鉴。

六、国内乡村绿色环境发展经验与启示

（一）以政策规划改善乡村环境

明确我国乡村振兴战略的基本概念和理念，倡导城乡融合式发展，用先进的理念指导乡村振兴工作。统筹和明确乡村振兴的战略目标、战略要求、战略方针、战略路径、战略步骤、战略措施。从组织机构设置、人才队伍建设、建设工程布局、乡村振兴模式、乡村振兴格局等环节，深入细致地推进农业和农村发展，实现乡村振兴目标。在规划设计上，需要结合沿海、平原、草原、山区、林区、湖区、滩区等的乡村地貌特征、资源特色、人文景观、生态基础以及经济基础等核心要素。浙江省把农民反映最强烈的环境"脏、乱、差"问题作为突破口，从 2003 年开始，在全省实施了"千村示范、万村整治"工程，从 4 万个村庄中选择 1 万个左右的行政村进行全面整治，把其中 1000 个左右的中心村建成"全面小康建设示范村"。2008 年把"全面小康建设示范村"的成功经验深化、扩大至全省所有乡村。2010 年又作出了进一步推进"美丽乡村"建设的决策，明确了"美丽乡村"从内涵提升上推进"科学规划布局美、村容整洁环境美、创业增收生活美、乡风文明身心美"和"宜居、宜业、宜游"的建设要求。截至 2017 年底，浙江省累计有 2.7 万个建制村完成村庄整治建设，占全省建制村总数的 97%，浙江省乡村面貌、经济活力、农民生活水平走在全国前列。江西省开展综合整治工作，全面推进乱搭乱建整治、农村河道综合治理、"空心村"改造工程，重点抓好农村垃圾和污水治理，基本消除农村垃圾乱扔、污水乱排、秸秆乱烧等现象。

（二）坚持因地制宜、精准施策

我国乡村地域辽阔，村庄数量众多，各地自然条件和社会经济特点差异大，发展水平更是悬殊。村庄实施乡村振兴战略，一定要坚持因地制宜、精准施策。要针对城郊型、平原型、山区型、边境型等不同类型村庄，并根据其发展水平和所处的地理位置，实行差别化的政策和推进策略，鼓励各地积极探索多种形式的乡村振兴模式。同时，要鼓励有条件的地区先行先试、超前探索，率先实现乡村振兴，充分发挥示范、引领和标杆作用。当前，可以考虑在不同类型地区以乡镇为单位建立一批国家级乡村振兴示范区。每个示范区要从本地实际出发，突出重点和特色，编制好科学的振兴规划和实施方案。此外，还要及时总结各地经验，加强交流和推广示范。宁夏地区根据村庄分布情况、人口规模和地形条件，采用不同的污水处理模式。浙江对水系发达、经济水平高的地区，以管网收集为主，山区分散收集，纳入农村污水处理系统，已提前完成 2020 年厕所全覆盖的目标。山东等北方缺水地区，则就地采用以三格化粪池为主的处理技术，上清液进入人工湿地，重视污水回用。海南根据不同农业功能区，采用不同的绿色环境发展模式。

（三）统筹治理环境问题，实施循环发展模式

农村环境治理需要把握全局、统筹谋划、统筹管理、统筹推进，如期实现环境质量总体改善的目标。"山水林田湖草"是生命共同体，水、土、气治理相辅相成，其中土是最重要的一环，应该建立水、土、气源头治理的联动机制。在治理上，水、土、气、生物处于一个生态系统，污染物质之间存在介质的传递关系，一损俱损。加强土壤污染防治，应遵循水、气为源头，土壤为承载的自然规律，实现三者统筹治理。郧阳"水土共治模式"一举实现了畜禽粪便入水氮减少，而其化肥利用率提高和土壤氮承载能力增加也带来入水氮减少，使郧阳水环境治理成本显著降低，生态服务价值持续提升，土壤质量提升，农产品品质提升，农民通过优质优价增加收入。郧阳树立环农一体思想，以发展环水有机农业为突破点，以面源污染治理难题为切入点，用优质农产品反向拉动废物利用，构建的"水土共治模式"对汉江流域具有复制推广的现实意义。

（四）推动产业升级，发展生态循环农业

农村生态新产业兴旺是建设生态宜居乡村的核心基础，开展生态宜居乡村建设，需要加快发展与之匹配的农村生态新产业。①大力发展现代生态循环农业。以培育村级集体经济，创建农村专业合作社为切入点，鼓励农业新技术、新设施、新科技进村入户，探索建设循环型农业基地、优化农药与化肥用量指标、拓宽循环农业经济发展渠道，加快形成有产出、有效益的现代生态循环农业。主动引进农业科技龙头企业，推广建立乡村农产品品牌，大幅增加绿色无污染、有机中高端农产品供给量。建立健全农业面源污染回收机制，按照相关标准完善统一回收、集中储存转运、无害化处理等流程，确保农业生产的生态安全。②积极发展乡村生态旅游。当前，乡村生态旅游对带动地方经济发展、帮助农民脱贫致富，已发挥越来越重要的作用，要依托乡村特色，借助休闲农庄、民俗风情、古村风景、品牌餐饮等模式发展乡村旅游；要借助互联网渠道，打造涵盖生态特色、电商资源、购物休闲、旅游居住等乡村旅游在线商圈；要借助旅游应用程序（APP）、微信公众号等媒介宣传推广乡村旅游；要完善乡村旅游基础设施建设，提升交

通、网络、厕所以及公共服务中心等的硬件水平。③探索创新农村三产融合的发展方式。依托"互联网+农业""互联网+旅游业"发展模式，建设区域电子商务平台，拓宽农产品、旅游产品销售渠道，深度开拓农村市场。创新产供销一体化模式，推广"生产基地（合作社）+加工企业+餐饮门店+商超对接"产供销模式，构建从农田到超市，再到餐桌的"一条龙"服务。浙江通过丰富乡村旅游、电子商务、文化创意等美丽业态，变"卖山林"为"卖生态"，推动田园变公园、农房变客房、资源变资产，走出了一条"美丽生财"的好路子。贵州独特丰富的喀斯特地貌自然景观、生态景观、民俗文化景观，为山区的乡村旅旅发展提供了条件，为乡村的特色经济提供了平台。贵州是以少数民族乡村村寨为核心构建起来的，有很多知名的民族村寨。贵州歪寨村充分发展千年藤甲兵、古墓群、万骨洞、铜线裹尸等旅游特色，促进当地经济发展的同时也加速发展了当地的旅游业。

（五）坚持群众主体，推动乡村持续发展

把农村生态环境、乡土文化等优势转化为发展动力，规划、建设、管理、经营、服务并重，把美丽乡村建设与农村新型业态培育有机结合，开拓农民"就地就近就业"门路，激发农村发展内生动力。美丽乡村归根结底是农民的家园，各地需要通过政府主导的宜居环境综合提升、新兴生产技能培训、优惠政策吸引城市智力和财力资源下乡等一系列手段提高农村人口素质，保证农村社区有能力且有意愿持续建设美丽乡村。

第七章　乡村振兴绿色环境发展对策建议

美丽宜居乡村建设需持之以恒、久久为功。本书针对"三农"问题，结合国情提出如下对策建议。

一、因地制宜地基于生态环境承载力完善顶层设计

基于农业农村现代化、城乡融合发展阶段与乡村人口变化趋势，完善制度、政策等顶层设计。首先，各省（自治区、直辖市）依据区域特点，系统开展农村环境污染状况调查与评估并划分阶段，抓两头、保中间。对于发展较好的地区，要加大保护力度，基于承载力开发，使得生态基底持续向好；对于涉及食品安全、饮用水安全等易爆发风险的地区，要着力挽救、快速治理，避免出现新的生态灾难。对于中等发展程度地区的生态环境，严格按照国家相关标准管理、修复、保护。其次，统筹考虑农村生态环境承载力、农村经济与产业发展，注重与土地利用等规划的衔接，加快推进县级生态环境保护规划的编制。坚持"山水林田湖草沙"系统防控、资源循环利用等大生态绿色发展理念，强化农村、乡镇单位的参与度，建立以乡镇为执行单元的规划监督、评估和修订机制。省级政府高位推动，开展各级干部自然资源资产离任审计，促进区域内一张蓝图绘到底。以生态为本，以农村环境容量和环境质量要求倒逼产业结构升级、管理机制完善，实现污染物源头控制–过程减量–达标排放全过程减少，形成从以环境整治为重心转移到保护为主、自然资产提升的良性循环，有序推进美丽乡村建设。

借鉴欧美国家粪污综合养分管理计划的经验，建立以畜禽粪污养分管理为基础的准入制度，构建"畜禽养殖–清洁能源–高效肥料–种植"有机衔接的种养模式，进一步推动化肥减量，控制种植业污染。将双垄集雨保墒、膜下滴灌、水肥一体化等节水保水灌溉技术与化肥、农药等农业投入品施用量有机结合，建立废弃农膜、农药包装废弃物回收和综合利用网络，加强规范规模以下畜禽粪便处理利用设施建设，减少农业面源污染。

1）构建农用化学品管理体系。在目前生产方式下，为维持一定的粮食产量，现代农药、化肥、地膜等农用化学品的大量投入，尤其是不合理使用，在不少地区造成了水体、大气、土壤和农产品的严重污染，并直接威胁着人类的健康与生存环境。

农民生活与农业生产过程中，由于不合理使用农药、化肥等化学品，加剧了湖泊和海洋等水体的富营养化，造成地下水和蔬菜中硝态氮含量超标，影响土壤自净能力。当前有机肥料开发利用不够，化肥施用比例不尽合理，农田排放和渗漏的氮、磷已成为水体、大气和土壤的重要污染源之一。农药的大量使用对生物也造成严重危害，从而严重危害生物多样性。由于农膜使用量激增和毒害作用大，其污染已对土壤造成破坏，使作物产量降低。因此，建立农用化学品管理体系，减少农用化学品的投入量，缩减有毒化

学品的使用,开发替代品,提高物质和能量的利用率,保护生态环境,提高农业经济效益,是农业适应环境要求及其自身长远发展的需求。应制定成熟有效的农用化学品生产、使用的相关政策,建立农用化学品的组织管理方法、技术模式等,建立健全农用化学品生产、使用等相关的法律法规;应开展农村面源污染控制技术的基础研究,识别我国农村面源污染的关键点和关键技术,提出污染控制的技术对策和技术路线;应开展农业废弃物无害化处理技术与综合利用示范、有机农业和生态农业技术体系、农药及其他农用化学品环境安全等的研究。

2)建立农业废弃物污染控制体系。目前,世界范围内都存在着农业资源被严重破坏和浪费的问题。我国是农业大国,农业废弃物产生量大,而且难降解成分居多,其主要处理处置方式是堆积、焚烧等,严重污染环境,影响村容镇貌问题日益突出。农业废弃物主体成分是生物质,是地球上主要的可再生资源,如果这些资源不能很好地利用,必将造成巨大浪费、降低经济效益,而且还会带来一系列的生态破坏和环境污染问题。

解决农业废弃物污染的根本途径是开展农业废弃物资源化综合利用。通过生物和物理化学转化过程可提供多样化的生产资源,有望为农村经济乃至我国整体国民经济发展提供重要的资源基础。

农业废弃物的综合利用是社会主义新农村建设的重要环节之一。农村的发展,关键在于能否充分合理地开发和利用自然资源、人力资源和科学技术。大部分农业自然资源,都存在着资源化再生潜力,但资源化技术落后和资源化产品市场尚未形成,且供需矛盾日益尖锐。因此,合理地开发和利用废弃物,不仅可以保护环境,而且可以获得巨大的经济效益和社会效益。"十二五"期间急需根据农村废弃物的组成特征,分析不同的农村废弃物的资源化再利用条件,研发农业废弃物资源化再利用的技术工艺及设备,进行秸秆等农业废弃物资源化、高值化利用技术研究;优化农业废弃物资源化利用的工艺参数,并研发农业固体废弃物组合工艺。

3)建立养殖污染控制体系。我国集约化畜禽养殖蓬勃发展,畜禽养殖废弃物产生量逐年增加。畜禽养殖场的数量和密度随着人口的数量和密度的增加而增加,随着水产养殖业发展不断壮大,养殖密度及养殖产量不断提高,一些问题也随之出现。

但目前我国养殖业缺乏科学的规划布局,造成畜禽粪便还田比例低、危害直接。由于畜禽养殖污染治理设施建设滞后,再加上缺乏经济实用的畜禽粪便处理技术,畜禽废弃物得不到及时处理,导致的养殖废弃物流失量大,不仅会带来地表水的有机污染和富营养化,还会导致大气恶臭污染甚至地下水污染,并威胁人们的健康。因此,急需进行养殖业污染及成因分析,建立农村畜禽养殖污染预警体系,研究养殖污染控制及治理技术与模式,提出相应的畜禽养殖污染防治政策,科学规划畜禽养殖业布局,研究建立水产养殖污染监管技术模式,提出水产养殖污染处理模式及工艺技术模式。

4)优化农村工业发展布局与产业结构。重点在农村工业集聚分布的中东部地区,强化农村地区工业污染防治工作。把农村工业的发展同小城镇的规划建设结合起来,引导企业适当集中,对污染实行集中控制。积极推进农村工业发展规划的环境影响评价,通过规划环境影响评价促进企业的合理布局。优化农村产业结构,鼓励发展无污染、少污染的行业和产品，严格控制重污染行业和产品的发展。在矿产资源开发规模较大的地区，加强农村地区矿山污染治理与生态恢复，改善矿区生态环境质量。

严格环境监管，防止污染向农村地区转移。加大农村工业企业污染监管和治理力度，禁止工业固体废物、危险废物、城镇垃圾及其他污染物从城市向农村地区转移，禁止污染严重企业向西部和落后农村地区转移。提高农村地区工业企业准入门槛，严格执行国家产业政策和环保标准，淘汰污染严重和落后的生产项目、工艺、设备。以造纸、酿造、化工、纺织、印染行业为重点，加大农村工业污染治理和技术改造力度。工业企业要严格执行污染物排放标准和总量控制制度。

5）构建清洁生产指标体系和循环经济模式。推进农村清洁生产和循环经济，建设资源节约型和环境友好型社会主义新农村；提出不同分区、不同类型农村资源节约和环境友好的生产生活方式，优化农村产业布局与产业结构。积极推进农村产业发展规划的环境影响评价，通过规划环境影响评价促进农业生产功能区的合理布局。

二、通过标准引领来构建中国特色乡村环境治理技术模式

强化科技支撑，打破资源化割裂，突出城乡统筹、区域协调，推进保护与治理、分散与集中、研究与示范相结合，多措并举推动农村资源循环利用。完善污染治理、风险管控与损害评估技术体系，加大"低成本、低能耗、易维护、高效率"适宜性技术筛选，开展乡村环境共性关键集成技术研发与综合示范，以企业和市场为主体，推动农村环保技术设备化、设备国产化、部件模块化，系统有效提升农村环境综合治理水平。同时，健全技术评估、审查制度，建立关键核心技术示范推广平台，并不断完善乡村生态环境综合整治技术政策体系。

建立农业农村环境基准，为法律法规的完善提供客观依据。充分发挥技术标准"风筝线"和"指南针"作用，逐步建立健全农村环境污染治理从源到汇管控的标准体系，分区、分级、分期、分类实施，制定区域性差异标准值，推动实现国家和地方标准的实用性与科学性，为乡村振兴环境发展提供科学引导。细化农村环境相关技术与排放标准，重点制定和修订地方性农村污水处理与排放、垃圾分类、资源化产品使用等的标准、规范和指南等，加快农药、重金属和新兴污染物风险管控等方面标准的制定。

（一）建立长效、精准的农村污染防治模式

以浙江省"千万工程"经验为引领，全面推进农村人居环境整治。借鉴巢湖"全域农村污水治理"和中华全国供销合作总社建立的智能水务运营平台经验，实现市场化运营和无人值守的目标。推广淄博"厕所革命"经验，解决农村水环境整治中因群众诉求差异带来的障碍。学习甘肃"母亲水窖"的经验，利用各方力量，解决农村饮用水难题。发挥军民融合优势，吸收国防地下工程和营房垃圾处理经验，创新农村垃圾处理技术。改造城郊老旧石化厂用于农村固废处理，促进新旧动能转化。推广农业节水技术和海绵城市建设经验，充分合理地利用好雨水。大力推广绿色生产和生态治理模式，继续推进农村环境综合整治，加大生活污染源精准防治力度，开展煤炭洗选加工和燃煤小锅炉整

治工程，推行生活垃圾分类投放、收集和循环利用，整治非正规垃圾填埋场。

1）完善基础设施，建立科学管理机制。相关部门要根据农村垃圾处理的实际情况，进行技术创新，提高处理效率。对于农业生产垃圾，要强化畜禽粪便、作物秸秆等有机生物垃圾的综合循环利用，推广和设置农村建设积肥池，实现积肥还田资源利用，实现可持续发展；对于工业生产垃圾，要落实工业垃圾消纳场，实现工业垃圾统一处置，同时建立农村工业污水排放长效维护机制。在进行农村垃圾处理时，要综合考虑农村发展现状，建立科学的农村垃圾处理机制，因地制宜开展工作。要根据农村垃圾的种类和数量对垃圾进行分类处理，对于污染较小、能够被大自然净化吸收的垃圾可以采取卫生填埋、堆肥利用、集中转运等无害化处理；对于环境污染较重的工业垃圾，要设置专门的回收处理机构，进行统一处理。通过建立科学的农村垃圾处理机制，建设与之配套的基础设施，有效减少垃圾处理成本，提高农村垃圾处理效率。根据区域特点，选择适宜的工艺与技术，梯次推进农村污水、垃圾资源化，畜禽粪污无害化等基础设施建设，以用为本、建管并重。

2）研发适合不同区域的城乡统筹农村生活污染控制模式。根据我国不同区域农村特点，研究制定适宜的生活垃圾与污水收集处理技术；研发适合于我国不同区域农村生活垃圾与生活污水收集的模式，并建立分散式、集中式、城乡共处理式等农村环境保护基础设施；针对目前农村生活垃圾与生活污水处理实用技术匮乏与不成熟的特点，研发农村生活垃圾与生活污水处理实用技术，开发农村节水技术与模式、垃圾资源化利用的技术与模式；研究与加强农村地区电子废弃物和有毒有害废弃物的分类、回收与处置。

3）研发农村生活垃圾控制及资源化循环利用模式。针对我国新农村建设过程中面临的农村生活垃圾污染日趋严重等突出问题，系统分析典型地区城乡生活垃圾收集−运输−处理的物质循环转化过程，构建适合我国不同区域的城乡生活垃圾统筹处理模式；进行技术集成和关键装备开发，形成城乡统筹的农村生活垃圾污染控制技术导则。对生活垃圾、人畜粪便、农业废弃物等进行无害化、减量化和资源化处理。

选择村落分散的典型区域，开展基于资源充分利用的城乡生活垃圾源头减量化技术研究，研究环境影响小、技术合理的城乡统筹科学选址技术，构建城乡一体化分类收集、转运网络优化技术，并进行技术集成与工程示范。针对村落聚集区生活垃圾、人畜粪便、农业废物共存的现象，结合城市生活污泥产生量大、生物活性高的特点，统筹考虑城乡废物处理，研究村落聚集区生活垃圾、人畜粪便与城市大量高活性污泥混合物料高效生物发酵资源化技术，进行技术集成和关键装备开发。

因地制宜地建设不同类型的农村清洁能源工程，逐步改善农村能源结构。大力发展农村沼气，综合利用作物秸秆，推广能源生态模式。在农户分散养殖畜禽的区域，以村为实施单元，集中连片推广"一池三改"户用沼气工程；在靠近规模化畜禽养殖场、料源充足、交通方便的地区，推广应用以畜禽粪便为主的沼气工程；在秸秆资源较丰富的农村聚居区，推行秸秆机械化还田、秸秆气化集中供热或发电工程，积极扶持秸秆收购企业和综合利用产业发展。

农村生活垃圾的处理一方面要重视技术的研发和集成，另一方面要高度关注收集方式和收集网络的建设。在这方面可以借鉴发达国家农村垃圾的收集运输方式。欧盟所有的农村社区生活垃圾都由市政当局集中收集和处理，垃圾箱建设管理和垃圾收集处理的费用由地方政府征收的房地产税及其他税收支付。美国农村的垃圾处理，一般由规模不大的家庭公司来承担，公司的员工是农民。而每家每户都有一个带轮子的垃圾箱，每天早晨送到公路边，由专车带走其中的垃圾。日本农村垃圾分类非常清楚，能回收的垃圾与生活垃圾都分开投放，各放其箱。

根据我国农村地区生活垃圾源头分布广、集中处理难的实际情况，要坚持"最低投入，最佳效果"的治理思路，统筹规划县（市）、乡镇、村的垃圾三级联运处理系统，突破现有县（市）、乡镇、行政村等行政区域限制，建立跨村域、镇域、县域的"收集–运输–处理–资源利用"作业链，结合垃圾处理的工艺特点，优化配置垃圾收运处置设施资源，减少运行成本，提高综合效益。

4）研发农村生活污水控制、分质回用模式。加强重点流域和区域，特别是饮用水水源地上游地区的农村生活污水的收集与处理。在人口集中、经济发达、排污量大、污染比较严重的农村，建设污水集中处理设施；位于城市污水处理厂合理范围内的农村，污水可纳入城市污水收集管网，统一处理。对居住比较分散、经济条件较差村庄的生活污水，可采用低成本、易管理的方式进行分散处理。应将农村净化沼气池建设与改厕、改厨、改圈相结合，逐步提高农村生活污水综合处理率。

统筹利用城乡污水处理技术、装备和管理资源等，针对具有人口集中、生活污水易于收集等特点的典型地区，研发城乡生活污水共处理关键技术；针对典型丘陵地区农村居住分散、生活污水难于收集等特点，研发分散式污水生态–景观一体化处理关键技术；针对华北地区水资源短缺等特点，研发适合村落聚集区的生活污水节能处理和分质回用关键技术；针对东北高寒区生活污水和养殖废水污染严重等特点，研发低成本污水处理和综合利用技术，分别在上述典型区域进行技术集成和关键装备开发；农村污水处理的规划与设计，采用经济合理的深度净化技术措施妥善处置和回用，将污水净化与其生态恢复建设的独特功能结合起来。重点研发低温、冲击、负荷等条件下的回用水质稳定达标技术、太阳能与风能互补的微曝气和污水处理稳定越冬节能技术，研发节能和分质回用设备，提出针对不同区域特点的城乡生活污水收集、处理模式及技术。

（二）强化农村环境基准领域科技支撑能力

标准的制定，首先要增强农村环境基准研究能力。应进一步提高环境基准研究工作经费支持力度，加强国家环境基准重点实验室建设，至少应在研制农村环境标准的环境保护部门设立针对性较强的水与土壤重点实验室，进一步完善科学合理的农村环境基准研究工作管理机制。合理调配技术支持力量，不断扩充完善农村环境基准研究人才队伍，抓紧引进和培养能力强、水平高、规模有保障的高层次创新人才及团队，确保农村环境基准研究工作长期、持续开展，有效提高环保系统农村环境基准领域科技创新的核心竞争力。强化农村环境基准领域科技支撑能力建设，推进先进成熟技术成果转化和推广，大力支持农村大气、水、土壤污染健康影响研究、特征污染物人群暴露评价、生物毒性监测及生物监测等科技攻关活动，出台环境与健康监测、环境与风险评估、特征污染物筛选、环境基准制定方法等相关规范性文件，指导和规范环境基准研究工作。

在标准制定前，要充分考虑我国的基本国情，不同地区的自然条件、经济条件以及人文状况，不同地区状况相对应的标准不同。此外，还要调查现有的标准执行情况、农村整体的环境情况和污染情况等,确保制定的标准可行。环境的保护要靠大家,相关的环保部门及政府单位应该重视公众意见,做好公众意见及建议的总结工作。在公众参与方面我国可参照美国等发达国家。要做好各项评价工作,也可以参考美国:美国在制定标准前要对达到标准的健康风险大小、所需费用以及效益进行定量分析,增加对标准预期效果估计的准确性,使得标准的针对性更强,同时也为标准的实施与监督提供数据支持。

针对不同的农村地区制定不同标准,确保标准合理可行。在制定标准过程中要参照农村当前环境状况以及排放情况,可以借助原来相关的农村环境标准进行分析。在制定标准过程中邀请专家学者组成的科学顾问委员会,为环境标准的制定提供技术指导,确保环境标准的科学性。明确规定环境标准的制定机构、制定程序、技术依据、行业分类,以及国务院环境保护行政主管部门与县级以上地方人民政府的环境保护行政主管部门在实施环境标准和污染控制方面的职责、权限和相互关系,明确规定不符合或超过环境质量标准和污染物排放标准的行为的法律责任。

标准实施时要做好监测工作,要通过技术方法,尤其是自动监测系统的应用,让监测系统能够自动和智能化地监测污染企业,让排污企业不敢投机取巧或者乱排废弃物,并且实现监测系统的网络化,让人民群众及相关环境保护部门可以实时监控排放污染物的企业,从源头上杜绝污染事件的发生,而且还要使每个公民都了解关于环境保护标准的规定,标准面向社会公开,尤其是对企业实施环境标准的状况要实行公示,完善社会举报监督途径,使违法企业得到及时处理。做好奖惩工作。我国环境法只规定对超标排放的行为收费,而未对在标准之内排放的行为给予奖励,这就意味着排污者只要不超标就可以无偿使用环境容量资源,这是一种危险的状态,将加剧环境污染,而不能有效刺激排污者进行污染治理的主动性。所以国家应该通过采取税收减免、政府补贴、提供贷款等经济奖励手段对遵守环境标准的单位、企业或个人进行经济奖励,对于在标准之下进行排放的应该提高奖励力度,刺激排污者主动进行污染治理。做好监督与指导工作。标准的执行由国家环保部门统筹,地方环保机构负责,各乡镇设立农村环境监督小组负责实施:①可以指导村民该如何从源头上减少或是防止污染物的产生、排放,指导他们污染物如何处理才满足标准要求;②起监管作用,督促村民养成环保意识,保护环境。做好执行工作。通过立法赋予国家环境标准法律属性。模糊不清的环境标准法律属性降低了环境标准的执行力,尤其是推荐性环境标准,没有强制执行效力,容易使企业或整个行业不予理会,造成人力物力的浪费。而强制性环境标准虽然与法律法规无异,但因缺乏相应法律法规的支撑,执行效果不如其他环境法规来得直接,因此有必要对强制性环境标准进行立法。应该将国家标准都定位为强制性的环境标准,并且行业标准中属于惯例性准入性的标准都可以上升为强制性环境标准。标准要不断地完善与优化,环保部门以及相关单位要时刻关注环境的变化情况,根据环境的变化时刻调整标准。

三、完善基础设施并建立健全长效运维监管机制

明确以县为单元的责任主体,乡镇为管理主体,农村为实施主体,各部门齐抓共管、

分工协作，以用为本，完善"管、建、运"全过程管理，建立制度、标准、队伍、经费、督查并重的机制。结合实际，选择适宜性工艺与技术，梯次推进农村污水、垃圾资源化处理和厕所粪污无害化基础设施等的建设，有条件的地区可完善监测与应急设施。

加强资金与技术管理人员保障。各县（区）级政府将运行维护管理经费列入年度预算，省（市）级财政给予适当奖补，积极吸纳社会资本，鼓励第三方运行和维护。人员方面，成立村镇环境小站，建立网格化巡查员制度。此外，强化乡村环境系统监控。构建完善生态云、大数据平台，集环境质量监测、污染源解析等功能于一体，以打破各部门之间的数据壁垒，提高信息化监管水平，补齐农村环境质量监控与应急响应能力建设短板，形成覆盖全国"水、土、气、生、人、生态"的大数据监管平台，发展智慧农业，摸清环境底数，完善"触礁系统"风险管控，保障蓝图精准实施。

（一）建立农村饮用水及食品安全体系

为改善农村环境，保障生态安全和农村居民健康，要坚持城乡统筹、环境保护和农业生产、农村环境保护和流域（区域）综合整治相辅相成的原则；要以保障农村饮用水安全和食物链安全为重点，按照农村分区分类—生态环境总体规划—优化布局—推行循环经济—源头控制—综合整治生活污染、改善养殖环境—构建农村生态安全格局，以及农村环境保护体制机制建设的思路，结合国情进行战略规划。力争使农村环境质量全面改善，人与自然高度和谐，农村生态文明牢固树立，国家粮食安全、食品安全、环境安全得到有效保障，农村地区经济、社会、环境协调发展。

1）科学划分全国农村饮用水水源保护区。借鉴发达国家在水源地保护与水土方面的经验和技术，以小流域为单元进行规模化治理。各地应参照有关规范要求，尽快完成饮用水水源保护区划定和调整工作，确定保护区等级和界限，设立警示标志。科学划分全国农村饮用水水源保护区，优先划定人口比较密集的农村集中式饮用水水源保护区，加强饮用水水源保护区水土保持和水源涵养。严格限制在饮用水水源保护区上游建设污染严重的化工、造纸、印染等企业，消除农业面源污染风险，制定饮用水水源地保护规范，设立警示标志。

原已划分的饮用水水源保护区已经不能满足保护水源地环境要求的，要进行调整或重新划分。要把水源保护区与各级各类保护区建设结合起来，明确保护目标和管理责任。农村分散式饮用水水源地的环境保护，各地要根据具体情况，采取相应的管理措施。

2）进行农村水源地环境监管及重点区域治理。开展农村地下水、饮用水水源地环境基础状况调查，划分污染风险等级，对高风险区进行重点监管。规范饮用水水源地建设，细化农村饮用水水源地建设要求、考核制度和管理责任，完善农村地区饮用水的监测预警、事故应急与评估监管机制，保障"从源头到龙头"全过程安全管控，严重缺水或欠发达地区的农村要强化基础卫生防护，推广使用先进净水技术，保障农民饮用水安全。

建立饮用水水源地环境状况在线监测系统与实时监管信息系统、全国农村水源地水质评价网络体系，加强农村地表及地下饮用水水源水质监测与评估，完善饮用水水源水质监测监管、评价的标准和技术规范；加强饮用水水源地环境监管能力建设，积极提升县级环保部门对饮用水水源水质常规指标的监管能力；定期对集中式饮用水水源地进行水质分析监测，并及时公布水环境状况和进行及时监管，定期开展饮用水水源地环境保护专项执法检查。重点推动饮用水环境安全受到严重威胁地区，以及重点流域和区域的饮用水水源地专项治理工作。健全饮用水水源安全预警制度，制定突发污染事故的应急预案。

3）保障土壤和食品安全。研究企业负责、行业自律、行政督察、社会公众参与的农村饮用水水质管理体系，以保护土壤环境，保障食物链安全，控制农业氮磷流失；严格控制农药、化肥施用，开展秸秆等农业废弃物资源化、高值化利用技术应用；严格控制土壤环境质量，进行重金属等有毒有害物质的检测，严控有害物质进入食物链，保障农村食品安全。

（二）依据区域特点加强环境监管能力建设

收集我国农村环境状况实时监测数据、提供关于最适宜技术的材料等，通过试点示范，逐步建立农村环境监测信息网络系统，实现农村环境监测信息共享，并为建立中国农村环境信息服务系统进行能力储备。开展农村环境基础调查，构建农村环保信息共享平台。优先在饮用水环境安全得不到保障、对当地群众身体健康构成严重威胁的地区开展调查，重点是摸清乡镇集中式饮用水水源地环境状况，逐步扩大调查范围，实现农村饮用水水源地环境状况的系统评估。

建设农村环境保护执法监督体系，编制《农村环境监察标准化建设标准》，加快县级环境监察机构标准化建设，提高机动性执法、现场取证、通信联络、信息处理、快速反应等配套执法能力，并在有条件的区域有序进行乡镇执法监督体系建设。进行农村环境保护执法队伍建设，加大农村基层环保管理干部和技术人员培训力度，研究建立培养农村环境保护复合型人才模式，进行农村环境保护人才储备。研究重要水源地及食品基地突发环境事件应急预案，研究并配备必要的应急设施，提高重要水源地及食品基地突发环境事件的应急处置能力。

环境监测是农村环境保护的重要基础工作，关乎农村环境保护工作的战略全局，是掌握环境质量状况，科学判断农村环境形势，增强环境保护工作预见性、主动性和针对性的重要手段之一；农村环境保护相关技术、模式、政策等研究都应在了解农村环境状况的基础上进行。开展农村环境监测工作，不断积累农村环境监测经验，逐步扩大农村环境质量检测范围，客观反映农村环境质量状况，不断培养农村环境检测技术人才，逐步完善农村环境监测技术体系、网络体系和预警体系，为建立健全农村环境监管法律法规和标准体系提供技术支撑，实现城乡统筹、科学检测、科学管理的目标，真正保护好我国广袤的农村自然环境。

四、提高农民生态环境意识并完善农村环境管理体系

加大中央对农村环境保护资金的投入力度，使环境政策、制度、法规向乡村倾斜，如建立农村环境生态补偿制度、环境健康评价制度、设立重点专项等，提高绿色科技支

撑能力，完善农村环境管理体系。着力提高城乡环境公共服务均等化水平，推进城市基础设施向农村延伸，有条件的地区可将农村饮用水安全、土地综合整治等与人居环境建设有机结合，统筹推进水、电、路、气、网等的基础设施建设，形成城乡全面覆盖、全线贯通的基础设施网络，使得农村环境维护简单易行。同时，加大对农村环境保护力度，严格防控城市污染"上山下乡"等农村环境污染风险，探索向受益主体征收环境补偿基金，对可能的受污染主体进行补偿，着力提升生态资产，逐步从"输血"转变为"造血"，减少环境污染事件，使得乡村环境有序、可持续、健康发展，助力乡村振兴绿色发展。

此外，要加强乡村现代化专业人才培育。作为"神经末梢"的现代高素质农民与环境保护技术管理人才，其培育是完善全国环境保护"神经网络"的重要一环，也是保证乡村细胞和国家肌体健康发展的重要支撑。要充分发挥政府引导、市场调节作用规范农民环境行为，充分调动广大农民群众的积极性和主动性，由终端绿色产品的需求倒逼前端绿色生产方式的推进。将农村环境整治纳入村规民约，组织开展文明家庭、卫生家庭等创建、评选活动，推动形成家家参与、户户关心环境整治的良好氛围。充分发挥农村干部、党员及乡贤的作用，从强化村民的治理责任、维护责任、监督责任等着手，努力实现农村环境共建、共管、共享。

1）因地制宜地建立和完善农村环境保护与污染控制法规体系。构建农村环境保护与污染控制政策保障体系，制定适合不同区域的"以奖促治"政策，同时制定各项政策的具体实施办法，通过奖励措施来鼓励农村环境保护与污染控制；制定支持有机肥生产和使用的政策，增加农业生产过程中有机肥的使用比例；制定支持低毒或生物农药使用的政策，降低农药特别是其中的持久性有机物对环境造成的污染；建立水源地、绿地等城乡统筹生态补偿机制，确立相应的生态补偿主体、补偿客体、补偿标准和补偿方式，建立农村生态补偿的方法、程序。统筹考虑农村生态环境承载力、农村经济与产业发展，加快推进县级生态环境保护规划的编制。健全农村水污染治理从源到汇管控的标准体系，分级、分期实施相关工作，从顶层设计推动国家标准的实用性。制定和修订不同农村地区工艺和技术相结合的污水处理与排放、垃圾分类、资源化产品使用、农田灌溉水质等系列标准、规范、指南。同时要从农村垃圾处理现状出发，因地制宜制定相关政策，工业重镇要注重解决生产垃圾处理难的问题，农业大镇要提高生活垃圾处理效率，切实将农村垃圾处理问题重视起来，当作现阶段农村环境提升的首要任务。此外，实施过程中应结合区域特点，宽严相济，有条件的地区"地方标准高于、严于国家标准"，欠发达地区应结合实际，鼓励资源化利用，适度放宽相关标准。

以农村环境、农业环境和农业自然资源保护为环保目标，制定多目标综合农村环境保护与污染控制法律法规；研究提出针对性、操作性强，能够实现畜禽养殖业污染物低排放、零排放的法律法规；完善农村环保法规和制度及生态保护与生态建设相关服务体系，规范农村环境保护与污染控制工作。进行农村环境保护多目标、不确定性环保政策模式研究，分析确定环境保护政策与环境指标间的响应关系，建立农村环境保护政策的选择标准，最终形成适用于不同区域特点的农村环境保护与污染控制政策组合体系。在城乡统筹层次上提高农村环境保护的力度、广度和长效性与稳定性。整合农村环境保护与污染控制和国家整体规划，将农村环境保护与污染控制纳入环境法规、总量控制体系及国家总体规划中。严肃查处破坏农村环境的违法行为；遏制高能耗、重污染落后产能的"上山下乡"发展态势，坚决整治和取缔向农村居民集中饮用水源排放污染物的违法行为。根据农村地区环境执法的特点，建立一支业务精、素质高的执法队伍，畅通农村地区环境污染纠纷投诉的渠道，加大农村地区的环境保护宣传教育力度，将环境保护工作作为基层各乡镇政府政绩考核的重要内容，培养农村环境保护与污染控制的监管执法队伍。完善农村污染防治的保障条件，建立制度、标准、队伍、督查并重的机制。

2）建立农村环境保护与污染控制协调机制。在管理体制方面，首先要调查确定目前中央有哪些部门在农村环境保护工作中发挥作用，以及各个部门在农村环境保护工作中的具体职能，并探讨还有哪些部门能够在农村环境保护工作中发挥作用，然后逐步建立各部门间的协调机制，成立农村环境保护协调机构，研究建立农村环境保护总体权责框架。

建立中央部级单位间的农村环保协调机制，对农村环保工作统一监管，检查考核各项工作落实情况。统筹开展城乡产业发展的生态适宜性评估，统筹城乡合理高效配置生活污水、生活垃圾处理设施和长效运行保障机制。建立城乡统筹农村环境保护投入机制、奖惩机制和考核机制，完善城乡统筹环境监管体系和政策保障体系。

3）构建农村环境保护与污染控制经济政策体系。建立"以奖促治、生态补偿"等政策保障机制。实施"以奖代补、以奖促治"，设立专项户头，引导和鼓励社会资金参与农村环境保护；尽快完善农村生态补偿机制，建立水源地、绿地等的城乡统筹生态补偿机制，确立相应的生态补偿主体、补偿客体、补偿标准和补偿方式，建立农村生态补偿的方法、程序。重点围绕农村水污染控制管理体制机制、区域化管理、技术政策评估、农业清洁生产激励机制与农村生活水污染控制管理政策五大方面开展研究工作。评价现有管理体制的运行效能，探索农村水污染控制绩效考评方法，初步提出我国农村水污染环境管理体制机制改革方向与绩效考评体系；对农村水环境区域化政策基础进行评估，研究农村水环境管理区域类型划分方法，提出不同区域的农村水环境管理政策设计框架，制定试点地区农村水环境管理区域政策建议。明确农村水污染控制技术政策评价的考量因素，探索评价机制和关键节点，初步提出农村水污染控制技术政策评估体系；评估现有农业清洁生产相关技术模式，建立农业绿色投入品生产和废弃物资源化利用成本效益变化曲线，提出农业清洁生产认证程序，初步提出农业清洁生产激励政策建议；明确现行环境管理政策在农村生活水污染控制中的效能和不足，提出农村生活水污染治理的技术政策、环境经济政策、消费引导政策和建议方案；开展试点研究与示范。对我国当前农村环保产业的资金来源进行调查分析，提出资金来源的多渠道方法，探讨建立政府、企业、社会多元化投入机制的方法，引导和鼓励社会资金参与农村环境保护，一方面，政府要通过减税、免税等税收优惠政策吸引各个投资主体对农村垃圾治理进行投资，实现投资主体的多元化；另一方面，在农村垃圾治理上进行处理权的划分，如划分为清理权、处置权、维护权等，通过社会公开招标的方式分程序导入市场机制，这样既可以降低垃圾治理的成本，又可以实现农村垃圾治理的产业化经营。市场机制的导入，不仅减轻了中央政府的财政压力，也为各个竞争主体找到了投资、融资的渠道；研究分析资金的组织管理方法，提出农村环境保护和污染控制的组织与管理方法；分析农村环境保护和污染控制资金需求，提出农村环保过程中资金的使用方式及原则，规范农村环保资金的使用。增加农村环保资金的投入，进行农村环保基础设施建设，提高农村环保资金监管和使用透明度。研究建立农村环保产业以及环保产业的市场化运作模式、技术与方法，引导和鼓励社会资金参与农村环境保护，建立典型农村环保产业，并在试点示范的基础上进行市场化运作与推广。

政府应调整公共支出政策，坚持城乡一体化发展战略，将农村环境治理费用列入地方公共预算，从根本上改变非均衡的城乡环境治理供给制度，向城乡提供均衡的环境治理服务。政府部门应根据各地区的财力，从各村实际出发，加强农村环境基础设施建设。通过行政命令直接规定下级政府必须将该项资金用于农村环境治理，从制度上给予农村环境治理较大的优先权。这样既可以引起基层政府对农村环境治理服务的重视，又可以加大对经费的监督和管理，防止基层政府挪用经费。县以上政府应因地制宜制定农村环境治理的经费标准，对经济发展水平不同的地区采用不同的补助标准，把推动农村生态环境保护作为一项重要任务。河域上游地区严禁沿河开展畜牧养殖，使生活污水处理、农业生产制定更加符合生态要求的环保标准，由受益主体对可能的受污染主体进行补偿。探索确立对主要受益主体征收环境补偿基金，用于补偿重点水源保护地农户、单位的新模式。建立补偿标准动态化新模式，根据上游地区水环境质量给予相应额度的补偿或惩罚。建立城乡统筹的农村环境保护多元化资金投入机制，成立相应的农村环境保护有限公司，实现农村环境保护的公司制管理和市场化运作；研究各环保公司的权责管理单元，建立城乡统筹的农村环境保护奖惩机制和考核机制，为农村环境保护与污染控制提供强有力的后勤管理支撑。

4）加强适合区域特点的农村环保实用技术研究。针对农村地区的实际情况，研究适合南方湿润区与北方干旱区、山区与平原、内陆与滨海、经济发达与欠发达、居住分散和相对集中等不同自然、经济社会条件下的农村环保实用技术，逐步提高技术应用的实效性。大力推广成功经验与技术模式。通过专题培训、试点示范等方式，重点推广人畜粪便和生活污水的处理技术、农作物秸秆的综合利用技术、畜禽粪便堆肥和生产有机肥技术、垃圾分类与资源化处置技术等。

5）提升全国农村环境保护能力。通过对欧美、日韩等发达国家和地区农村污染控制方面的技术及政策等的分析研究，提出我国农村环境污染控制信息系统所应具备的功能，如提供我国农村环境状况实时监测数据、第三方建议和（或）技术支持、关于最适宜技术的材料、针对农户的一对一建议，以及为环境监管部门和机构提供数据支撑等，在这些功能的基础上，为农村信息交流论坛提出指导性建议；分析当前农村环境保护与污染控制问题上所面临的信息瓶颈问题，并提出相应问题的解决方案，从而逐步建立和完善中国农村环境信息服务系统。

第八章 乡村振兴绿色环境发展重大工程和乡村绿色环境健康指标评估体系

为贯彻落实发展战略和路径，要以持续改善农村环境质量为核心，以建立多元化投入格局、实现长效运维监管为主线，以重大工程为抓手，推进乡村振兴绿色环境发展，进而改善乡村人居环境。为实现我国乡村全面振兴目标，基于中国特色乡村绿色环境发展建议，提出以下重大工程和评估体系。

一、绿色农村生活工程

实施农村环境治理重大工程，要着力全面解决污水处理、生活垃圾处理、饮用水源地保护、畜禽养殖污染治理，以及农作物秸秆、废旧农膜综合利用和农药化肥减量化等制约农村生活环境质量改善的突出环境问题。其中以污水、垃圾、粪污处理与资源化为抓手，重点提升乡村环境保护基础设施建设与运维管理，实行农村环境治理设施建设与管理一体化，通过市场机制吸引社会资本合作，增强专业力量，提高农村环境治理设施供给质量和效率，有效改善农村宜居环境。

二、绿色农业生产工程

以"建设三大体系，打造绿色产业城、率先实现农业现代化"为战略任务，加快转变农业发展方式，调整优化农业产业结构；构建以粮为基础，农牧结合，粮牧特加并举，第一、第二、第三产业融合式发展新模式，全面增强农业科技创新、农业改革创新、农产品质量安全、农业可持续发展能力。按照"产业兴旺、生态宜居、乡风文明、治理有效、生活富裕"的总要求，启动实施乡村振兴三年攻坚行动，深入推进农业供给侧结构性改革，加速推进绿色农业生产工程。另外，较为典型的东部地区以农业面源污染系统防控工程为重点，以循环经济理论为指导，大力推广绿色农药、绿色化肥等，实现投入品减量化、生产清洁化、废弃物资源化、产业模式生态化；开展畜禽养殖和水产养殖专项治理行动。

三、绿色健康人居工程

推进农村环境治理的同时，与乡村旅游、生态农业等相关产业深度融合，根据各地实际情况与资源禀赋，依托各地自然生态、名胜古迹、风情民俗等资源和美丽乡村建设、特色乡镇建设等，在城镇近郊、自然田园景观较好的村庄发展乡村旅游、休闲娱乐、森林康养、养老度假、观光农业，开发农家乐、渔家乐等特色项目，实施资源组合开发模式，实行一体化开发建设，以特色生态产业发展带动村容村貌改变，形成绿色农业产业化，提升农村人居环境质量。并可强化低成本绿色建筑装饰材料研发与使用，重视饮用水源地与地下水保护，因地制宜推进厕所改造，打造健康绿色人居环境。

四、专业人才培育工程

人才是乡村振兴战略实施的重要支撑，所有的改革、创新、创业、发展最终必须落实到人去实施。人才队伍的建设在乡村振兴绿色环境发展方面更是不可或缺的。大力发展农民环保队伍，提高普通民众的生态环境保护意识；不断完善技术管理人才培育制度，成立村镇环境站，建立网格化巡查员制度，定期组织培训学习，为生态环境质量根本好转与保持提供重要人才储备。

五、绿色科技创新工程

创新是农业经济发展的战略支撑，必须发挥科技创新在实施乡村振兴战略中的关键作用，以创新驱动乡村振兴发展。全面提升农业科技创新能力，不只在于顶层项目设计研发，更要形成创新示范，带动越来越多的农民参与创业创新。2018年1月，国务院办公厅印发《关于推进农业高新技术产业示范区建设发展的指导意见》，把服务农业增效、农民增收、农村增绿作为主攻方向，着力打造农业创新驱动发展的先行区和农业供给侧结构性改革的试验区。目前已建设国家农业高新技术产业示范区4个、国家农业科技园区246个。未来更应加大科技创新力度，开展乡村环保实用治理、监测技术与装备的研发、评价和推广，完善农村生活污水处理、生活垃圾处理、清洁能源使用等标准规范。

六、人文生态宜居工程

历史文化村落承载着博大精深的文化内涵、丰富多彩的乡土历史信息、意境深远的乡村人文景观和独具特色的地方民风民俗。推动中华优秀传统文化创造性转化、创新性发展，不断传递新时代的正能量，可促进乡村文明提升和环境整治良性互动。以农村生产、生活、生态的"三生"环境改善为重点，开启以改善农村生态环境、提高农民生活质量为核心的村庄整治建设大行动。农村人居环境整治工作要同农村经济发展水平相适应、同当地文化和风土人情相协调，注重实效，防止做表面文章。支持建设文化礼堂、文化广场等设施，培育特色文化村镇、村寨。农村文化的进一步繁荣，要落实农民基本文化权益，增大农村居民享有接受良好教育的机会，并加快推进农村基层综合性文化服务中心建设。发挥文化优势，注重历史文化传承，人文精神传承是极为珍贵的，人文生态宜居工程应以绿色发展理念为指导，建立正向激励机制，通过宣传教育、典型引导、物质奖励和精神奖励等，唤起农民文化自觉，形成文化习惯，自觉投身乡村文化振兴。

七、美丽家园推进工程

美丽家园推进工程主要包括建设田园综合体，打造"山水林田湖草沙"生命共同体。

践行"绿水青山就是金山银山"理念，促进乡村生态宜居。优化乡村的种养结构、居住布局，扩展农业的多功能性，建设种养结合、生态循环、环境优美的田园生态系统，建设"寓教于农"的"生态教育农业园"。持续推进特色田园乡村建设，充分挖掘本地生态资源优势和生态文化特色，在实施生态保护修复工程的同时，因地制宜地设计生态旅游、生态农业等特色产业发展方案，提高绿色发展水平，实现区域生态产品供给能力和经济发展质量双提升。积极争取形成一批特色田园乡村试点，支持有条件的乡村建设以农民合作社为主要载体、让农民充分参与和受益，建设集循环农业、创意农业、农事体验于一体的田园综合体，将乡村生产导向转向为农业耕作体验与休闲度假，以生产、生活、生态（"三生"）为一体的经营方式建设度假农场、乡村博物馆及市民农园。推进美丽家园建设与乡村旅游、生态农业等相关产业深度融合，推进"三生"融合发展。

统筹"山水林田湖草沙"系统治理，加快生产生活方式转变，推动乡村生态振兴。树立"绿水青山就是金山银山"的生态文明价值观，以矿山环境治理恢复、土地整治与土壤污染修复、生物多样性保护、流域水环境保护治理、区域生态系统综合治理修复等为重点内容，统筹大气、水、土壤、生物各要素保护需求，推进生态系统整体保护、综合治理、系统修复，促进生态系统服务功能逐步恢复，突出主导功能提升和主要问题解决，维护区域生态安全、确保生态产品供给和生态服务价值持续增长。

八、乡村绿色环境健康指标体系

为实现农村环境质量具体化、数字化和可视化，本研究从农村资源利用、环境治理、环境质量、生态保护、增长质量、绿色生活、公众满意程度和生态宜居共八个维度，构建中国特色乡村绿色环境健康指标评估框架。针对不同维度制定可反映乡村环境治理效果的若干评价指标，并赋予各项指标权重，实现省、市、地区间不同维度下治理效果的纵向比较及整体农村环境质量的横向比较及排名，为乡村环境治理的重点方向提供建设性意见。本研究初步构建了乡村绿色环境健康指标体系，见表 8-1。

表 8-1　乡村绿色环境健康指标体系

一级指标	序号	二级指标	计量单位	权数/%	数据来源	重要程度
一、资源利用（权数=24.04%）	1	能源消费总量	万 t 标准煤	2.62	国家统计局、国家发展和改革委员会	2
	2	用水总量	亿 m³	2.62	水利部	2
	3	农田灌溉水有效利用系数	—	2.62	水利部	2
	4	耕地保有量	亿亩	4.14	原国土资源部	3
	5	新增建设用地规模	万亩	4.14	原国土资源部	3
	6	单位 GDP 建设用地面积降低率	%	2.62	原国土资源部、国家统计局	2
	7	资源产出率	万元/t	2.62	国家统计局、国家发展和改革委员会	2
	8	一般工业固体废物综合利用率	%	1.33	原环境保护部、工业和信息化部	1
	9	农作物秸秆综合利用率	%	1.33	原农业部	1

一级指标	序号	二级指标	计量单位	权数/%	数据来源	重要程度
二、环境治理 （权数=7.90%）	10	危险废物处置利用率	%	1.33	原环境保护部	1
	11	生活垃圾无害化处理率	%	2.62	住房和城乡建设部	2
	12	污水集中处理率	%	2.62	住房和城乡建设部	2
	13	环境污染治理投资占GDP比例	%	1.33	住房和城乡建设部、原环境保护部、国家统计局	1
三、环境质量 （权数=25.79%）	14	地表水达到或好于III类水体比例	%	4.14	原环境保护部、水利部	3
	15	地表水劣V类水体比例	%	4.14	原环境保护部、水利部	3
	16	重要江河湖泊水功能区水质达标率	%	2.62	水利部	2
	17	近岸海域水质优良（一、二类）比例	%	2.62	国家海洋局、原环境保护部	2
	18	受污染耕地安全利用率	%	1.33	原农业部	1
	19	单位耕地面积化肥使用量	kg/hm²	1.33	国家统计局	1
	20	单位耕地面积农药使用量	kg/hm²	1.33	国家统计局	1
	21	森林覆盖率	%	4.14	原国家林业局	3
	22	森林蓄积量	亿m³	4.14	原国家林业局	3
四、生态保护 （权数=15.80%）	23	草原综合植被覆盖度	%	2.62	原农业部	2
	24	自然岸线保有率	%	2.62	国家海洋局	2
	25	湿地保护率	%	2.62	原国家林业局、国家海洋局	2
	26	陆域自然保护区面积	万hm²	1.33	原环境保护部、国家林业局	1
	27	海洋保护区面积	万hm²	1.33	国家海洋局	1
	28	新增水土流失治理面积	万hm²	1.33	水利部	1
	29	可治理沙化土地治理率	%	2.62	原国家林业局	2
	30	新增矿山恢复治理面积	hm²	1.33	原国土资源部	1
五、增长质量 （权数=7.86%）	31	人均GDP增长率	%	2.62	国家统计局	2
	32	居民人均可支配收入	元/人	2.62	国家统计局	2
	33	战略性新兴产业增加值占GDP比例	%	2.62	国家统计局	2
六、绿色生活 （权数=7.90%）	34	绿色产品市场占有率（高效节能产品市场占有率）	%	1.33	国家发展和改革委员会、工业和信息化部	1
	35	农村人均年用电量	万kW·h	2.62	公安部	2
	36	农村绿色建筑占新建建筑比例	%	1.33	住房和城乡建设部	1
	37	农村自来水普及率	%	2.62	水利部	2
七、生态宜居 （权数=6.57%）	38	建制镇绿化覆盖率	%	1.33	乡村振兴战略规划（2018—2022年）	1
	39	对生活垃圾进行处理的村占比	%	2.62	乡村振兴战略规划（2018—2022年）	2
	40	农村卫生厕所普及率	%	2.62	乡村振兴战略规划（2018—2022年）	2
八、公众满意程度 权数=（4.14%）	41	公众对生态环境质量满意程度	%	4.14	国家统计局	3

注：—表示无此项。

　　该体系中的指标包括《国民经济和社会发展第十三个五年规划纲要》确定的资源环境约束性指标，以及《国民经济和社会发展第十三个五年规划纲要》和《中共中央　国务院关于加快推进生态文明建设的意见》等提出的主要监测评价指标及其他绿色发展重要监测评价指标。

　　绿色发展指标体系采用综合指数法进行测算，"十三五"期间，以 2015 年为基期，结合乡村振兴战略规划、"十三五"规划纲要和相关部门规划目标，测算全国及分地区绿色发展指数和资源利用指数、环境治理指数、环境质量指数、生态保护指数、增长质量指数、绿色生活指数 7 个分类指数。绿色发展指数由 7 类指数及公众满意程度共 41 个指标个体指数加权平均计算而成。权数根据重要程度等级确定，根据重要程度分为 3、2、1 三级。

第九章　乡村振兴绿色环境发展典型案例分析：以海南为例

随着 2018 年 4 月中央对海南"三区一中心"的战略定位与规划，国家生态文明试验区成为海南四大战略定位之一。2018 年 5 月，海南省委省政府发布了《海南省农村人居环境治理三年行动方案（2018—2020 年）》，提出从农村垃圾治理、厕所粪污治理、生活污水治理、基础设施建设、村庄规划编制和管理、乡村治理建设和管护机制六个方面入手开展相关工作。2019 年 5 月，《国家生态文明试验区（海南）实施方案》出台，提出"建立陆海统筹的生态系统保护修复和污染防治区域联动机制，促进陆海一体化保护和发展""实现生态文明建设、生态产业化、脱贫攻坚、乡村振兴协同推进""大力推进美丽乡村建设。实施乡村振兴战略，以'美丽海南百镇千村'为抓手"等意见，为海南乡村振兴和农村环境质量综合提升指明了方向。而 2019 年 2 月海南省住房和城乡建设厅印发的《2019 年海南省农村生活垃圾治理行动方案》就已部署了包括清理农村生活垃圾、清理农村生活污水、清理畜禽粪污及农业生产废弃物、改造农村厕所、改造村庄道路、建立农村人居环境治理长效机制、深化文明大行动和建立健全农村人居环境治理规划体系在内的海南省 2019 年清洁村庄、美化家园八项重点任务。乡村卫生环境治理是海南乡村振兴战略的重要部分，也是国家生态文明试验区农村人居环境综合治理和美丽乡村建设的重要抓手。

一、海南乡村环境现状调查

（一）乡村发展总体状况

1. 区位条件

海南省简称琼，是中国唯一的热带岛屿省份，古有"南溟奇甸"之称，今有"南海明珠"之誉。海南省位于中国最南端，东与台湾省隔南海相望，西临北部湾，南与菲律宾、文莱和马来西亚为邻，北以琼州海峡与广东省相隔。

海南省的行政管辖范围包括海南岛、西沙群岛、南沙群岛和中沙群岛等岛礁及其海域，其中海南岛地理位置为北纬 18°10′～20°10′，东经 108°37′～111°03′，岛屿轮廓形似一个椭圆形的大雪梨，长轴东北至西南向长约 290km，西北至东南宽约 180km；西沙群岛地理位置为北纬 15°46′～17°08′，东经 111°11′～112°54′；南沙群岛地理位置为北纬 3°35′～11°55′，东经 109°30′～117°50′；中沙群岛地理位置为北纬 13°57′～19°33′，东经 113°02′～118°45′。全省陆地面积 3.54 万 km^2，占全国陆地总面积的 0.37%，其中海南岛陆地面积最大，面积约 3.39 万 km^2，仅次于台湾岛，是我国的第二大岛；全省海域面积约 200 万 km^2。

截至 2018 年底，海南省共有 4 个地级市，分别是海口市、三亚市、三沙市、儋州市；15 个省直辖县级行政单位，分别是文昌市、琼海市、万宁市、五指山市、东方市、定安县、澄迈县、屯昌县、临高县、白沙黎族自治县、昌江黎族自治县、乐东黎族自治县、陵水黎族自治县、保亭黎族苗族自治县、琼中黎族苗族自治县；1 个省辖开发区，即洋浦经济开发区（表 9-1）。

表 9-1　海南省行政区划

行政区		下辖行政区
海口市		龙华区、秀英区、琼山区、美兰区
三亚市		崖州区、天涯区、吉阳区、海棠区
三沙市		（不设区的市）
儋州市		（不设区的市）
省直辖县级行政单位	县	定安县、澄迈县、屯昌县、临高县
	县级市	文昌市、琼海市、万宁市、五指山市、东方市
	自治县	白沙黎族自治县、昌江黎族自治县、乐东黎族自治县、陵水黎族自治县、保亭黎族苗族自治县、琼中黎族苗族自治县
洋浦经济开发区		干冲区、三都区、新英湾区（均属行政管理区，非民政部在册的行政区）

作为我国唯一的热带岛屿省份和最大的经济特区，在打造国际旅游岛的大背景下，为了改善乡村生态环境，海南省积极利用其区位优势，按照"百镇千村"的总体思路，推动生态文明示范村建设，使得村级集体经济不断壮大、村容村貌焕然一新，农民实现幸福感和获得感的提升，实现物质生活、精神生活的真正富裕。截至 2018 年末，海南省新建文明生态村 664 个，全省已累计建成 3 个国家级生态乡镇、1 个国家级生态村和18 598 个文明生态村，全省文明生态村总数占自然村总数的 88.27%。海南省昌江黎族自治县王下乡被推荐申报第二批"绿水青山就是金山银山"实践创新基地，并获得生态环境部的表彰。

2. 经济水平

根据 2009~2018 年的海南统计年鉴，自《国务院关于推进海南国际旅游岛建设发展的若干意见》发布，海南国际旅游岛建设正式上升为国家战略以来，海南省经济发展迅猛，经济总量稳步增长。国家的重大战略部署，以及 2011 年发布的海南离岛免税等多项政策的扶持，加速了海南国际旅游岛的建设脚步。此外，海南省政府也因地制宜地打造一批具有基础设施配套、特色产业支撑、人口聚集、文化魅力特点的风情小镇；完善了一系列的旅游设施服务；发布充分挖掘"候鸟型"人群中的人才资源政策意见，让"候鸟型"人才更好地为省内经济社会发展提供智力支持和服务。

在拉动经济发展的动力中，第三产业是海南乡村经济增长的重要动力。旅游业在保证发展速度的同时质量不断改进，2018 年旅游总收入达到 950.16 亿元，比 2017 年增长14.5%，接待游客总人数 7627.39 万人次，比 2017 年增长 11.8%，乡村旅游迅速发展，成为拉动海南乡村经济增长的主要动力。

农业方面，海南岛素有"百果园"的美誉，既是全国最大的天然温室，也是全国重要的冬季瓜菜生产基地。近年来，海南省立足本地资源优势，大力发展"科技农业"和"绿色农业"，坚持调优、调精、调高的原则，不断优化农业产业结构、提高农业产品质量，加快冬季瓜菜产业发展，使之逐步走上基地化、规模化、产业化发展轨道；引进并推广了 103 个瓜菜新品种，逐步形成了北部、中部、东南、西南和西北地区各具特色的冬季瓜菜优势产业带和优势主产区。农业已成为海南省国民经济的重要支柱产业、主导产业和基础产业。2018 年，海南省农林牧渔业完成增加值 1034.44 亿元，比 2017 年增长 4.1%。分行业看，农业完成增加值 499.88 亿元，比 2017 年增长 5.0%。蔬菜（含菜用瓜）收获面积 386.59 万亩，比 2017 年增长 1.9%；产量 566.77 万 t，比 2017 年增长 2.5%。水果收获面积 277.82 万亩，比 2017 年增长 7.5%；产量 431.73 万 t，比 2017 年增长 6.5%。林业完成增加值 70.89 亿元，比 2017 年增长 6.8%。干胶产量 33.91 万 t，下降 6.4%。牧业完成增加值 146.28 亿元，比 2017 年增长 3.9%。肉类总产量 79.81 万 t，比 2017 年增长 1.1%。渔业完成增加值 283.06 亿元，比 2017 年增长 1.2%。水产品总产量 175.82 万 t，比 2017 年下降 2.7%。农林牧渔业及辅助性活动完成增加值 34.33 亿元，比 2017 年增长 10.0%。

3. 城镇化水平与农村减贫

随着海南省城镇化的不断推进，许多农村人口为了寻求发展而进入城市，导致城市人口数量不断增加。观察表 9-2 不难发现，2010～2018 年，海南省城镇人口比例由 49.81%增长到 59.06%，呈现稳定增长趋势。与此同时，海南省城镇居民的收入和生活质量近10 年一直在稳步提升。由表 9-2 可知，2010 年城镇居民人均可支配收入为 15 581 元，到 2014 年增加到了 24 487 元，而在 2018 年，海南省城镇居民人均可支配收入达到了33 349 元。海南省的城镇居民生活水平在不断提高。

表 9-2　海南省 2009～2018 年城镇人口比例及城镇居民人均可支配收入

年份	城镇人口比例/%	城镇居民人均可支配收入/元	生产总值/亿元
2018	59.06	33 349	4 832.05
2017	58.04	30 817	4 462.54
2016	56.78	28 453	4 044.51
2015	55.12	26 356	3 702.80
2014	53.76	24 487	3 500.72
2013	52.74	22 929	3 177.56
2012	51.60	20 918	2 855.54
2011	50.50	18 369	2 522.66
2010	49.81	15 581	2 064.50
2009	—	13 751	1 654.21

注：一表示无数据。

自 1988 年建省创办经济特区以来，海南省就一直致力于加快城镇化和基本公共服务设施的建设。海南省城镇化进程经历了起步、加快、加速增长、新阶段四个阶段。2009～2016 年，海南省每年选择 2～3 个示范镇，通过省、市（县）两级集中投入近 9 亿元，吸引社会资金近 100 亿元，经过 30 年的努力建设，城镇化建设取得了长足发展。遍布全岛的城镇百花齐放，形成了全省城镇"四季常青、各有风情"的美丽画卷，源源不断地为海南发展输送动力。通过图 9-1 可以看出，2010～2018 年近 10 年来，海南省城镇化态势与全国城市化进程总体上保持同步。但是，海南省城镇化率由 2010 年的 49.8%上升到 2018 年的 58.78%，比全国平均水平（59.58%）略低。因而，现有的海南省整体城镇化率仍然较低，城镇规模偏小，整体呈现地广人稀的局面。

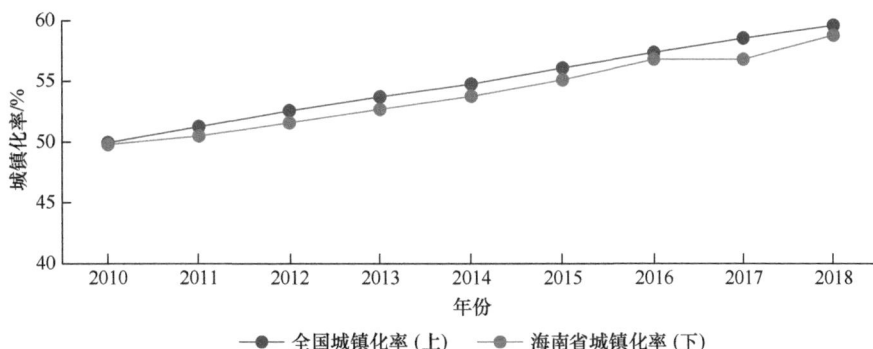

图 9-1　海南省和全国城镇化发展历程年份

　　截至 2018 年，海南省的城镇化率在全国 31 个省（自治区、直辖市）中排在第 14 位。在 2015 年 3 月 29 日由国家发展和改革委员会发展规划司和日本环境省主办的"绿色城镇化国际研讨会"上，发布了"中国绿色城镇化指标排名"，其综合排名中，海口位居第 17 位；其环境排名中，海口位居第 6 位；其社会排名中，海口位居第 12 位。

　　以产促镇、以镇促产，是海南省在城镇建设中摸索出来的经验之一。海南省通过基础设施的建设完善，"筑巢引凤"引来社会资本的投入；通过引导和扶持产业的有序发展，带动城镇的发展活力。此外，海南省还提出要推动特色产业小镇差异化发展，扩大本地人口就业渠道，提高城乡公共服务水平。力争将全省 100 个小镇建设成为具有配套设施完善、特色产业支撑、文化魅力独特特点的高品质、多业态的特色产业小镇。

　　农业是国民经济中最基本的物质生产部门，农业人口变动情况也是社会经济发展的重要表现。通过表 9-3 可知，海南农业人口数从 2010 年的 514.57 万人，增加到 2017 年的 536.10 万人，2010～2016 年呈稳定增长趋势，2016～2017 年下降了 5.84 万人。此外，2009 年农村常住居民人均可支配收入为 4569 元，到 2013 年，这个数字增加到了 10 739 元，而在 2017 年，农村常住居民人均可支配收入达到了 12 902 元，总体上稳步增长，表明海南省农村居民的收入和生活水平在不断提升。

表 9-3　海南 2009～2017 农业人口与农村常住居民人均可支配收入

年份	农业人口/万人	农村常住居民人均可支配收入/元
2009	—	4 569
2010	514.57	6 905
2011	—	8 646
2012	525.18	9 844
2013	530.92	10 739

年份	农业人口/万人	农村常住居民人均可支配收入/元
2014	535.23	9 913
2015	541.66	10 858
2016	541.94	11 843
2017	536.10	12 902

注：一表示无数据。

按照党中央"四个全面"战略布局，海南省最艰巨最繁重的发展任务在农村，尤其是中西部农村贫困地区。海南省政府实施了新一轮农垦改革，以推荐农场企业化、垦区集团化为改革主线，推进资源资产整合、产业优化升级，建设了热带特色农业大基地、大园区、大企业、大产业，全面增强农垦内生动力与发展活力，切实发挥农垦在精准扶贫中的骨干引领作用。此外，2018年底海南省农村贫困发生率从2017年的3.9%下降至1.3%。2018年农村净脱贫人口达15万人，贫困人口降至7万人，创海南近年农村减贫速度之最。据统计，海南贫困地区农村居民收入增速快于全省农民平均水平，收入差距继续缩小。2018年，海南贫困地区农村居民人均可支配收入为11 545元，同比增加1233元，增速快于全省农民平均水平3.6个百分点，比全国贫困地区农民收入平均增速高1.4个百分点。2015年以来，海南贫困地区农民可支配收入连续4年保持两位数增长。另外，海南贫困地区农民人均工资性收入达到4947元，同比增长13.3%，对可支配收入增长的贡献率为47.1%，贡献率居四大项收入之首。工资性收入增长的主要原因包括就业扶持政策落实到位、贫困地区农民就业机会增多、外出务工人员增加、农民工工资呈上升态势。海南贫困地区农民人均转移净收入为2439元，同比增长29.2%。此外，经营净收入小幅增长，来自第三产业经营收入增长较快，同比增幅达15.2%；财产净收入倍增，同比增长103.4%，主要原因是农村土地承包经营权流转加快。

4. 资源禀赋

海南省作为我国唯一的热带岛屿省份，自然资源丰富。土地资源方面，海南土地后备资源较丰富，开发潜力较大；土地总面积344.2万hm^2，约占全国热带土地面积的42.5%，目前已开发利用的土地约315.2万hm^2，其中农业可利用开发用地约占90%。海南岛水资源丰富且光热充足，生物生长繁殖速率较快，农田终年可以种植，大部分作物可一年2～3熟。因而海南是中国最大的热带作物基地。矿产资源方面，主要有石油、天然气、稀有金属、热矿水、饮用天然矿泉水等种类，石油天然气、富铁矿、铝土矿、玻璃用砂等矿产的探明储量位于全国前列，是中国重要的富铁矿、水晶矿、钛矿的生产基地。

在动植物资源方面，海南岛天然物种丰富，被誉为中国最大的热带植物园和最丰富的物种基因库。在植物资源中，有维管束植物4600多种，占全国总数的1/7，其中有630多种为海南特有。在2200余种乔灌木中，具有较高经济价值的有800多种，被列为国家重点保护的特产与珍稀树木有91种。陆地动物资源中，有陆生脊椎动物567种，其中仅见于海南省的两栖类11种、哺乳类21种，国家重点保护野生动物有102种，其中一级14种、二级88种。海洋生物资源方面，有记载的种类达3000余种，其中鱼类1000多种，藻类200多种，各类珊瑚100多种。海洋渔场广阔，其中可供人工养殖的浅滩、滩涂、港湾面积达 9 万多公顷。此外，海南动植物药材资源丰富，素有"天然药库"之称。

海南省资源禀赋为热带特色农业提供了新的历史机遇。国务院发布的《国务院关于推进海南国际旅游岛建设发展的若干意见》，将海南国际旅游岛建设上升为国家战略，其中的六大战略定位之一就是充分利用海南热带农业资源优势，将海南建设成为"国家热带现代农业基地"，大力发展热带现代农业，使海南成为全国冬季菜篮子基地、南繁育制种基地、热带水果基地、天然橡胶基地和"无疫区"畜牧业基地，切实提升海南省农业发展的战略地位。此外，政府将进一步加大国际旅游岛建设，完善百个特色小镇和千个美丽乡村建设，提高农村生活质量、提升农民生活水平。

5. 环境基础状况

海南省生态环境保护始终以习近平新时代中国特色社会主义思想、习近平生态文明思想为指导，深入贯彻党的十九大和全国环境保护大会精神，牢固树立和践行"绿水青山就是金山银山"理念，切实解决群众身边的突出环境问题。根据《2018 年海南省生态环境状况公报》和《2018 年海南省国民经济和社会发展统计公报》，截至 2018 年底，海南省造林绿化面积 10 267hm^2，比 2017 年增长 0.7%，城市建成区绿化覆盖率 39.2%；有自然保护区 49 个，面积为 270.23 万 hm^2。与此同时，新建文明生态村 664 个，累计达到 18 598 个。全省生态环境稳中向好，环境空气质量总体保持优良，优良天数比例为 98.4%，其中优级天数比例为 80.5%、良级天数比例为 17.9%、轻度污染天数比例为 1.5%、中度污染天数比例为 0.1%，无重度和严重污染天数。PM$_{2.5}$ 年均浓度为 17μg/m^3，比 2017 年下降 5.6%。各项污染物指标均达标，且远优于国家二级标准。如图 9-2 所示，与 2017 年相比，空气质量优良率上升 0.1%，主要污染物细颗粒物浓度下降 1μg/m^3；但与 2016 年相比，优良天数比例下降了 1%，主要污染物臭氧浓度上升了 2%。此外，主要河流湖库水质优良率为 94.4%，近岸海域水质优良率为 96.6%，城市（镇）集中式饮用水水源地水质达标率 100%，地下水、声、土壤、辐射环境总体良好，生态环境状况等级为优。

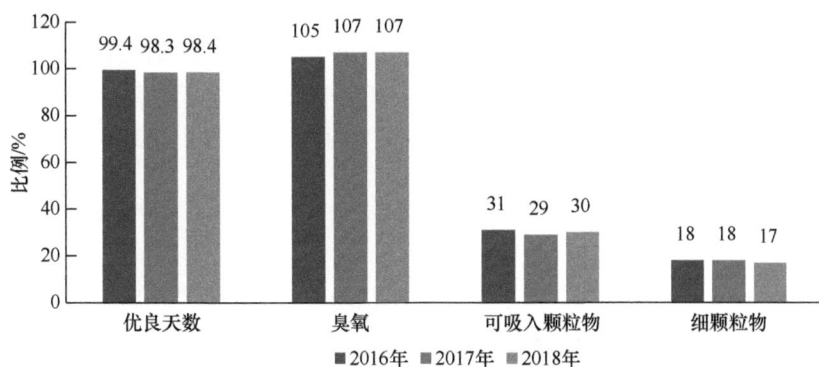

图 9-2　海南省历年空气质量优良天数比例及主要污染物浓度变化

海南省总体形成了"生态绿心+生态廊道+生态岸段+生态海域"的生态空间结构，生态保护红线内面积 17 694km^2，占海南岛陆地和管辖近岸海域面积的 30.5%。18 个市县的生态环境状况指数为 71.44～93.55，平均为 81.42，生态环境状况等级为"优"，全省植被覆盖度高，生物多样性丰富，生态系统稳定。各市县生态环境状况等级均为"优""良"以上。其中，海口市、东方市和临高县 3 个市县生态环境状况等级为"良"，其余 15 个市县生态环境状况等级均为"优"，其中琼中县、五指山市和白沙县位列前三。与 2017 年相比，各市县生态环境质量状况等级没有发生变化，整体呈现"无明显变化"特征。

海洋方面，海南省海域面积约 200 万 km²，2018 年海南省海洋生态环境质量总体保持优良，海南岛东海岸和西沙生态监控区生态系统处于健康状态。2018 年全省近岸海域水质总体为优，水质优良率为 96.6%，绝大部分近岸海域处于清洁状态，一类、二类海水占 96.6%，95.9% 的功能区测点符合水环境功能区管理目标的要求。西沙群岛近岸海域水质为优，均为一类海水。洋浦经济开发区、东方工业园区和老城经济开发区三大重点工业区近岸海域，以及 20 个主要滨海旅游区近岸海域水质总体为优，监测点位水质均达到或优于《海水水质标准》（GB 3097—1997）二类标准。此外，全省功能区近岸海域水质达标率为 95.9%，其余海域水质基本稳定。

土壤方面，耕地资源得到严格保护，林地荒漠化得到有效遏制。根据 2017 年海南省土地变更调查数据（不含三沙市），全省共有农用地 2 966 337.74hm²，包括耕地、园地、林地、草地和建设用地。全省荒漠化林地主要分布在昌江、东方和乐东 3 个市县的西部半湿润半干旱地区。根据 2015 年《海南省第五次荒漠化和沙化监测报告》，全省荒漠化林地面积为 0.75 万 hm²，约占全省陆地面积的 0.2%。2018 年，昌江县、东方市和乐东县完成造林绿化约 0.18 万 hm²，有效遏制了林地荒漠化。

乡村环境保护方面，贯彻落实了农村人居环境整治，认真落实《海南省农村人居环境整治三年行动方案（2018—2020 年）》（海南省人民政府，2021），继续实施改水、改路、改厕、改圈和茅草房改造。

农业方面，实施农业面源污染防治、发展生态农业，农业面源污染得到有效控制。完成畜禽养殖禁养区划定，已划定禁养区 291 个，划定禁养区面积 19 069.37km²，禁养区内依法确需关闭或搬迁的 785 家养殖场（小区）已关闭或搬迁 460 家。全省 18 个市县（不含三沙市）已颁布实施《养殖水域滩涂规划》，划定了水产养殖禁养区、限养区、养殖区；所监测的 7 个渔业水域海水水质、底质和生物质量总体情况良好，绝大部分都能满足其功能区的需求。实行全国最严厉的农药监管制度，全面禁限 65 种高毒有机磷、氨基甲酸酯类等农药的销售和使用；指导全省畜禽规模养殖场进行环保设施改造，推广化肥减量增效技术模式和水肥一体化项目。

6. 支柱产业类型

2018 年，海南省乡村经济总体保持比较平稳增长。在"一带一路"倡议和海南国际旅游岛大背景下，海南省主要经济指标成绩斐然，经济规模再上新台阶；地区生产总值稳定增长，多项经济总量指标实现突破，产业经济增长的质量改善迹象明显，行政效率进一步得到提升。这些积极因素是海南乡村未来发展继续增长的动力，农村经济发展潜力不断得到释放。

海南省是我国唯一的热带海岛省份，由于独特的地理位置和优越的热带气候，海南的自然旅游资源异常丰富，生物生长繁殖速率较快，并且极具特色，使旅游业和农业成为海南乡村的支柱型产业。海南省凭借其具有竞争力的资源优势和地理位置优势，在国家大力促进旅游业发展的同时，积极挖掘和开发本省的旅游资源，不断推进省内旅游项目的发展，使旅游业在乡村经济中的地位日益凸显。海南乡村旅游萌芽于 20 世纪 90 年代中期，至今已形成了全域乡村旅游的发展格局，其中澄迈万嘉果园、兴隆热带植物园已被列入全国农业旅游示范点。乡村旅游产品主要有三类：①以生态自然风光为主，如澄迈万嘉果园；②以农业生产和农村生活体验为主，如海口市的冯塘绿园、文昌市的渔家乐；③以文明生态村旅游为主，如三亚市的长寿村、海口市的南畴湖村等。到 2020 年，海南旅游服务设施、经营管理和服务水平与国际通行的旅游服务标准全面接轨，初步建成世界一流的海岛休闲度假旅游胜地。旅游业增加值占地区生产总值比例达到 12%以上，第三产业增加值占地区生产总值比例达到 60%，第三产业从业人数比例达到 60%，力争全省人均生产总值、城乡居民收入和生活质量达到国内先进水平，综合生态环境质量继续保持全国领先水平，可持续发展能力进一步增强。

“十三五”时期，海南农业经济保持稳定发展，国家热带现代农业基地初步建成，劳动生产率、资源利用率和土地产出率显著提高，农业市场竞争能力、抗风险能力、公共服务能力和可持续发展能力明显增加，农业生产经济规模化、机械化、信息化、标准化和生态化取得重大进展，品牌农业创建能力明显提升，农村人均可支配收入突破万元，达到 12 902 元，同比增长 8.9%。2015 年国家发展和改革委员会、外交部、商务部联合发布《推动共建丝绸之路经济带和 21 世纪海上丝绸之路的愿景与行动》，文中明确了海南参加“一带一路”建设的路径和方向。海南自古扼守“海上丝绸之路”要塞，拥有参与“一带一路”建设的资源、区位、人文及政策等优势，将成为中国农业对接世界广袤热带国家的窗口与合作基地，助推海南农产品、农业装备、农业科技、农业企业“走出去”。此外，习近平总书记在视察海南时强调，要使热带特色农业真正成为优势产业和海南经济的一张王牌。海南省委也提出，要把热带特色农业打造成为海南富足农民、服务全国的王牌产业。海南将以“创新强农、绿色兴农、协调惠农、开发助农、共享富农”的新理念引领热带特色农业发展，进一步解放和发展农村生产力，为农业增产、农民富裕、农村繁荣注入新活力。

在建设海南岛自由贸易试验区和中国特色自由贸易港背景下，健康产业在海南产业布局中具有重要的地位。海南省全面深化改革开放的战略定位是“三区一中心”，这也是海南发展健康产业的依据；良好的生态环境是发展健康产业的重要资源，建设国际旅游消费中心是发展健康产业的路径，完善海上救援体系、服务南海是海南健康产业发展题中应有之义。因此，要充分利用海南独特的气候和温泉等资源优势，把气候治疗和特殊治疗作为重点发展领域，努力把健康产业打造成海南的支柱产业，促进经济高质量发展，不断提高乡村人民健康水平。其中第一产业主要是发展与健康相关的农业，南药种植要做好规划、扩大规模、制定规范标准；海洋生物是海南未来药物发展的方向。第二产业主要是发展生物医药产业，重点发展生物制药、医疗器械、保健品等产业。第三产业主要是发展医疗服务业和康养服务业。此外，海南将以更加开放的姿态、更具活力的机制、更多务实的举措，搭建优质的载体、提供优惠的政策、打造优越的营商环境，为共商健康产业发展大计、共享机遇、共创未来提供强有力的支持与保障。

据《海南省统计年鉴 2018》（海南统计局，2018）的数据显示，2018 年，海南省共有卫生机构 5367 个，比 2017 年增长 3.6%，参加新型农村合作医疗农民 472.43 万人，比 2017 年增长 0.8%，并且每季度的医疗健康产业均保持在 2.4% 以上的增速，此外，博鳌乐城国际医疗旅游先行区营业收入同比增长 228%，中医药服务贸易接待外宾人数增长 24.8%。因此发展健康产业，把海南打造成为宜居、宜业、宜游、宜养的生态岛、健康岛、长寿岛势在必行。

（二）乡村环境污染现状分析

为全面贯彻落实习近平新时代中国特色社会主义思想，按照党中央、国务院决策部署，实施乡村振兴战略，全面推进全省美丽乡村建设，加快促进农村经济社会发展，助推全域旅游示范省建设，2016 年，海南省委省政府提出"百镇千村"战略，美丽乡村建设已成为海南推进全域旅游建设和实施乡村振兴战略的重要支撑和重要载体；2018 年 2 月，海南省人民政府提出了《关于支持美丽乡村建设的若干意见》。在海南省美丽乡村建设过程中，不能忽略当前美丽乡村建设过程中面临的各种环境问题，如农村生活污水、生活垃圾、农业面源污染及水产养殖等方面存在的环境问题，以便统筹谋划，给出多方面的解决举措，协助美丽乡村的建设。

1. 乡村生活污水现状及防控情况

（1）海南乡村生活污水治理存在的主要问题

海南省生态环境质量总体优良，持续保持全国领先水平，但农村环境污染问题不容忽视，一些农村"脏、乱、差"问题仍然存在。据初步调查，截至 2016 年底，全省 90%以上的村庄没有排水渠道和污水处理系统，生活污水随意排放，由此造成农村环境污染隐患加剧，农村饮用水水源地特别是地下水型水源地水质情况堪忧。造成这些问题的原因主要有以下四点：①生活污水、畜禽养殖废水等面源污染未经处理直接排放；②农村厕所基本没有防渗措施，生活污水直接渗入地下；③农用化肥农药施用强度高，污染物在土壤和地下水中持续累积；④环保基础设施建设滞后，行政村生活污水处理设施覆盖率约为 12%，低于全国平均水平。

（2）海南乡村生活污水治理进展与成效

自 2008 年以来，海南省全面贯彻落实国家"以奖促治"政策，加大农村环保投入，解决了部分村庄的突出环境问题，农村环境污染问题得到一定程度改善。据统计，截至 2016 年底，全省累计投入资金 9.06 亿元，其中中央资金 3.43 亿元，省级资金 1.36 亿元，市县资金 4.07 亿元，社会自筹资金 0.20 亿元，对全省 340 个村庄生活污水、畜禽养殖污染等环境污染项目实施治理，农村生活污水处理能力达到 5.9 万 t/d，受益人口约 80 万人。

通过近年的努力，全省农村环境保护工作取得了积极进展。首先是完善了农村环保基础设施，到 2016 年底，农村污水处理率从 2010 年的不足 3% 提高到 12%；其次是改善了农村人居环境，尤其是随着文明生态村、小康环保示范村和近年推出的美丽乡村建设等，村庄环境卫生水平明显提高；再次是各市（县）结合实际、因地制宜，充分利用本土文化和民风民俗探索出一些特色鲜明的乡村旅游项目，提升了国际旅游岛的乡村旅游品味和经济发展内涵；同时，通过农村污水处理项目的建设和环境综合整治，也唤醒了农民的环境保护意识。

全省继续推进"千村示范、万村整治"活动，实施改水、改路、改厕、改圈和茅草房改造，累计建成 43 个农村环境综合整治项目。积极推进人工湿地污水处理项目建设，全年总投入资金 1442 万元，建成并投入运行 16 个村镇人工湿地，新增处理能力 5483m³/d。继续实施农村沼气工程，全年新增农村沼气用户 2.95 万户，累计建成农村沼气用户 38.4 万户，占全省农户的 36.5%，占适宜农户的 59%。完成养殖小区和联户沼气工程 384 处，建设省、市县、乡镇、村四级沼气服务网络 1256 个站（点），全年完成无害化卫生户厕 31 331 座。

2. 海南乡村生活垃圾现状及防控情况

近年来，海南省也加大投入建设垃圾处理设施，逐步建立起覆盖全省城市、乡镇、村庄的三级垃圾清扫保洁体系，建设起服务全省城乡的 22 座垃圾焚烧发电厂、无害化填埋场，以及 172 座覆盖全省城乡的垃圾收集转运站，还引入了餐厨垃圾废弃物处理厂、阳光堆肥房等项目，推进农村生活垃圾分类和再次资源利用。目前海南省已建成生活垃圾卫生填埋场 16 座（海口、三亚、儋州、万宁、五指山、东方、定安、屯昌、临高、昌江、乐东（县城场）、乐东沿海、陵水、保亭、白沙及琼中），从已使用库容来看，4 座超负荷运营，分别为海口、三亚、屯昌、昌江。其中：海口已超期服役多年，三亚、屯昌以及昌江填埋场均超负荷运营中。另有 8 座卫生填埋场进行了扩（建）容，分别为乐东（县城场）、保亭、陵水、白沙、儋州、万宁、临高以及文昌（为文昌生活垃圾应急临时周转场建设项目），但因每日收运填埋量远大于设计填埋量，填埋场设计使用年限大大缩短，加之目前全省新（扩）建焚烧厂项目正在建设中，海南省目前生活垃圾处置形势不容乐观。由于大量垃圾无法及时处置，故很多农村生活垃圾被随意丢弃或未及时清运，还有大量的生活垃圾被堆存在村庄周边，带来了恶臭和地下水污染隐患。此外，全省还有上百座没有任何防渗措施的非正规垃圾填埋场，几乎全部为中高级风险，其中海口、三亚和儋州的垃圾存储量最高；存量垃圾治理较为缓慢，给周边的土壤和地下水带来了严重的污染隐患。

3. 海南乡村面源污染现状及防控情况

随着国际旅游岛建设的深入开展，海南省的经济发展速度不断加快，特别是热带农业和饲养业快速发展。热带农业和饲养业的快速发展虽然给农业增效、农民增收带来了福音，但也造成了海南省农业面源的巨大污染。

海南省农业面源污染的主要源头有：农药、化肥、地膜、农家肥、养殖废弃物、秸秆等。例如，万宁市 2015 年全市农药使用量达 1921.09t，化肥施用量达 7.13 万 t，地膜使用量达 5893.4t，秸秆面积达 25.97 万亩。同时，养殖场排放的不达标污水、废弃物，以及种植蔬菜从岛外大量购入和使用的肥料、农药、地膜等储蓄在地表土层中，不但造成农业面源污染，还可能污染江河水和地下水。2018 年，全省化肥利用率为 38%，农药利用率为 50.66%，秸秆综合利用率为 71.8%。全省新增无公害种植业生产基地 17 个，总面积 4 万亩，累计认定无公害瓜果菜生产基地 273 个，面积达 237.14 万亩；累计推广测土配方施肥技术面积为 1170 万亩，减少化肥施用量 32 175t（折纯）。

近两年来，海南全省冬季瓜菜质量安全监管水平明显提高。目前，海南全省 18 个市县均成立了冬季瓜菜质量安全工作领导小组，已经基本建立了省、市（县）的农产品质量安全监管体系，并且配备了相应的人员和检测设备。目前在三亚对瓜菜设立了多个检测关口，分别进行田间地头抽样、交易市场农户抽样、收购档口抽样、产地准出（高速路口）抽样、离岛港口抽样、批发市场抽样，投入了大量的人力、财力和物力。瓜菜农药残留检测在保证瓜菜质量安全、杜绝农药残留超标方面起到了重要作用，但也存在如下问题。第一，基层瓜菜农残检测站只能做到定性，不能定量。也就是说只能判定超标还是没有超标，而不能准确检测瓜菜中农药的残留量。第二，检测的农药种类有限。目前检测的主要是有机磷和氨基甲酸酯类农药，其他的农药不检测。第三，受人力、财力和物力的制约，基层检测站无法做到对每个种植户的瓜菜进行抽检。因此，受各级政府重视程度不统一、检测技术水平和力量不高、检测经费不足等原因的影响，瓜菜农药残留量的检测往往表现在形式上，一旦出现问题，将对海南瓜菜产业造成毁灭性打击，使生产者遭受重大经济损失。

总体来讲，海南省农业发展水平较低，农业基础配套设施建设较为落后，全省农业生产所带来的环境问题也较为严峻，主要表现在以下方面。

（1）农药化肥过度施用带来的污染

由于海南省政府对农业生产资料的免费发放等部分补贴政策支持，以及农业生产科技指导力度不够、农业复种指数高等综合因素的影响，农业生产中农药化肥过度施用，亩均用量为全国的 2 倍，2017 年全省农药使用量 3.34 万 t、化肥施用量约 133 万 t，而全省农业面源分布相当零散，无统一的灌溉排水系统，加之海南省雨量充沛，在雨水冲刷下农田内施用的肥料、农药及农田内土壤易被冲入周边水体，造成农业面源污染。农业面源污染成为入海河流污染物的主要来源。分析我国南方 5 省份（海南、福建、广东、广西、云南）青辣椒的农药检出率和多残留样品率，其中海南最高（表 9-4、图 9-3）。

表 9-4　各省样品的农药残留情况

省份	样品数	阳性				不合格		
		总数/%	1 种残留/%	2 种残留/%	≥3 种残留/%	总数/%	>MRL/%	未登记/%
海南	30	29（96.7）	17（56.7）	7（23.3）	5（16.7）	26（86.7）	1（3.3）	25（83.3）
福建	30	20（66.7）	12（40.0）	5（16.7）	3（10.0）	14（46.7）	0（0.0）	14（46.7）
广东	30	17（56.7）	8（26.7）	6（20.0）	3（10.0）	14（46.7）	0（0.0）	14（46.7）
广西	30	13（43.3）	11（36.7）	3（10.0）	0（0.0）	9（30.0）	0（0.0）	9（30.0）
云南	30	8（26.7）	7（23.3）	0（0.0）	1（3.3）	8（26.7）	0（0.0）	8（26.7）
总数	150	87（58.0）	55（36.7）	21（14.0）	12（8.0）	71（47.3）	1（0.7）	70（46.7）

注：阳性是指检测样品中至少含有一种农药成分，其残留超过定量限（limit of quantification, LOQ）；不合格是指检测样品中至少含有一种农药成分，其残留超过最高残留限量（maximum residue limit，MRL）或含有未在我国登记使用的农药。LOQ 指样品中被测物能被定量测定的最低量；MRL 指农畜产品、呼吸空气和饮用水中农药残留允许的最大量。

（2）畜禽养殖业的污染

海南省畜禽养殖主要分布在北部的海口市、儋州市和澄迈县，以及东部的文昌市和琼海市。海南省畜禽养殖业污染物排放比例大，2015 年，畜禽养殖业 COD 和氨氮排放

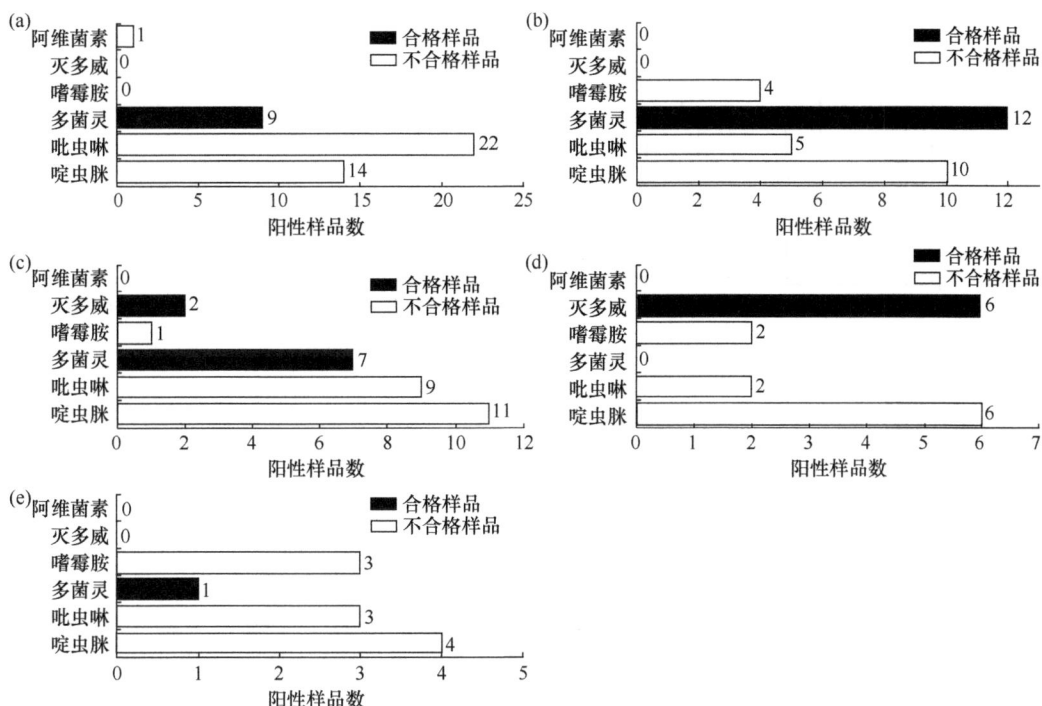

图 9-3 各省份阳性样品的农药残留情况
(a) 海南；(b) 福建；(c) 广东；(d) 广西；(e) 云南

量分别占农业排放总量的 86%、65%。其中，全省 1590 家规模养殖场中有配套建设粪污处理设施的不到 150 家，比例不到 10%，大量畜禽粪便未得到及时处理；而全省农村散养畜禽粪便多不能有效处理，污染物随雨水进入地表水、入海河流和近岸海域，使地表水和近岸海域受到一定的污染。以海南省不同市（县）的猪粪和鸡粪中抗生素含量为例，图 9-4 为不同地区猪粪中四环素类抗生素总含量的空间分布特征。由图 9-4 可知，不同地区猪粪中四环素类总含量由高到低的顺序为：琼海市>屯昌县>临高县>万宁市>儋州市>昌江县>东方市>三亚市>陵水县>乐东县，其中琼海市、屯昌县、临高县均高于 500μg/kg，三亚市、陵水县、乐东县的总含量大体相当，且均低于 300μg/kg。大环内酯类抗生素总含量的空间分布特征见图 9-4（b），其总含量由高到低的顺序为：临高县>万宁市>琼海市>屯昌县>乐东县>三亚市>昌江县>陵水县>儋州市>东方市，其中，临高县和万宁市的总含量相对较高，均高于 70μg/kg，乐东县、三亚市、昌江县、陵水县的总含量大体相当，均在 40μg/kg 左右。因此，在琼海市和临高县猪粪中，四环素类和大环内酯类抗生素的总含量较高，在陵水县和东方市的猪粪中，四环素类和大环内酯类抗生素的总含量则较低。

在不同地区的鸡粪中，四环素类抗生素的总含量的空间分布特征见图 9-5。由图 9-5 可知，四环素类抗生素的总含量由高到低的顺序为：儋州市>屯昌县>琼海市>临高县>昌江县>万宁市。其中，儋州市的总含量高于 200μg/kg，屯昌县、琼海市、临高县和昌江县的总含量大体相当，均在 150μg/kg 左右。不同地区鸡粪中大环内酯类抗生素总含量

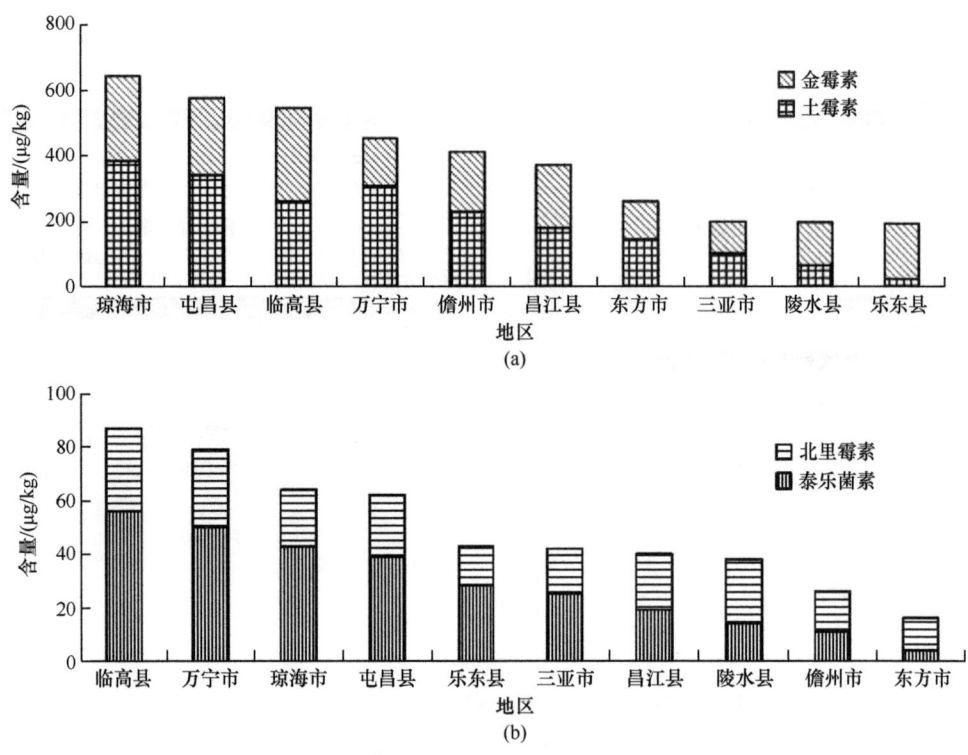

图 9-4　各地畜禽养殖业抗生素污染情况

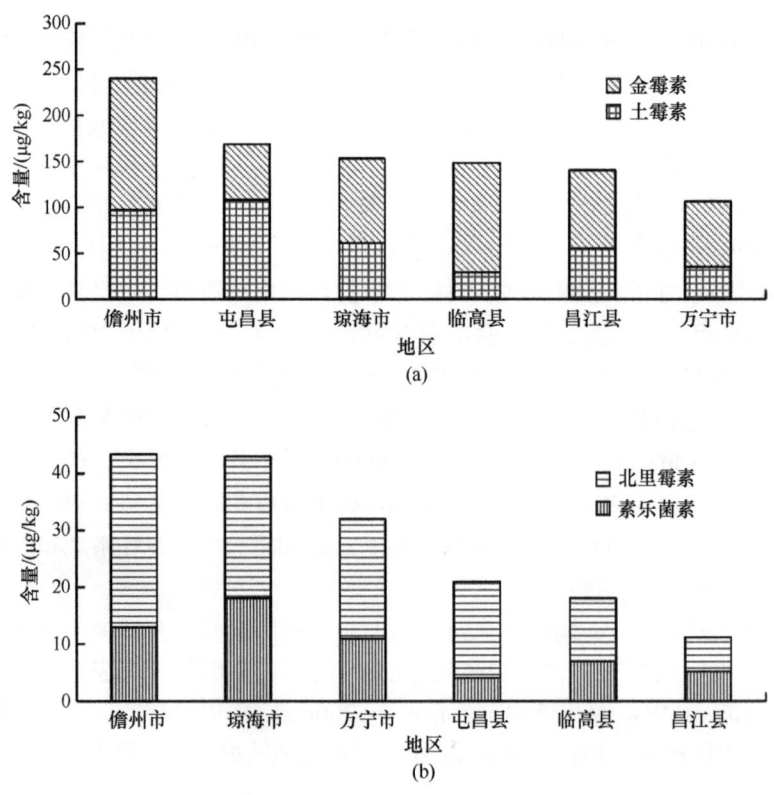

图 9-5　各地鸡粪中抗生素含量

的空间分布特征见图 9-5（b），其总含量由高到低的顺序为：儋州市>琼海市>万宁市>屯昌县>临高县>昌江县。儋州市和琼海市的总含量大体相当，均高于 40μg/kg，而临高县和昌江县均低于 20μg/kg。因此，在儋州市和琼海市的鸡粪中，四环素类和大环内酯类抗生素的总含量较高，在临高县和昌江县的鸡粪中，四环素类和大环内酯类抗生素的总含量较低。

在海南省的畜禽粪便中，四环素类化合物的平均总含量和检出率均高于大环内酯类化合物的平均总含量和检出率。在猪粪和鸡粪中，这两类化合物的空间分布特征存在差异，猪粪中这两类抗生素的总含量较高的地区为琼海市和临高县；鸡粪中这两类抗生素的总含量较高的地区为儋州市和琼海市。

4. 海南水产养殖现状及防控情况

近年来，海南省水产养殖业迅速发展，沿海地区很多群众以海水水产养殖为主业。海水养殖池塘绝大部分由当地村民自主投资建设，个别是公司经营的海水养殖项目。村民养殖的面积均为 10 亩以下，小的只有 1 亩，规模较小，而公司经营的规模相对较大。这些海水养殖池塘经营时间都较长，未建设废水处理设施，养殖污水未经处理，通过水渠或管道直接排入海中，对近海水质造成一定的影响。另外，农户在淡水养殖区利用海水淡化养殖技术养虾，其排放的污水仍然含有较高的盐分，就近排入农灌渠及小河溪，直接影响附近及下游农田，不及时制止很容易造成土壤盐碱化。

海南省海水养殖产量从 2005 年的 13.8 万 t 增长到 2017 年的 32.2 万 t，增幅 133.3%；海水养殖面积从 2005 年的 8291hm² 增长到 2017 年的 19 715hm²，增幅 137.8%，集中分布在沿海岸带地区。虽然海水养殖发展迅速，但生产方式一直比较粗放，主要以自然村为基本区划，以养殖户自主投资为基本单位，以高位池、低位池为主要养殖方式。以琼海市为例，根据 2015 年调查数据，琼海市水产养殖活动分布于全市 12 个乡镇，水产养殖总面积为 48 840 亩，其中海水养殖面积 8295 亩，淡水养殖面积 40 545 亩。海水养殖集中分布在沿海岸地区，主要分布于长坡镇、潭门镇和博鳌镇，养殖种类主要为虾类、鱼类、贝类。养殖废水基本未经处理，直接向外环境排放。此外，根据《海南统计年鉴 2018》，2017 年，全省淡水养殖面积为 34 386hm²，淡水养殖产量 43.0 万 t，面积和产量均有大幅度的增加。总体上海南省水产养殖污染形式较为严峻，具体有以下几个方面。

（1）水产养殖周围水环境恶化

随着养殖规模扩大，海湾近岸水质不断下降，养殖废水未经处理直接排入海洋或附近河道、库塘，造成近岸海域、河道、库塘水质恶化，河道、库塘水体盐碱度增加，水体易出现黑臭现象；淡水养殖主要位于文昌市（25%）、海口市、澄迈县，养殖面积占全省淡水养殖面积的 54.9%，全省水产养殖 52.3%的 COD 和 71%的氨氮排放来自以上三市（县），淡水养殖废水直接排放，对河道、库塘水质影响较大。

此外，残饵引发近海水质污染和水体富营养化。研究表明，养殖过程中的饲料只有10%的氮和 7%的磷被利用，其他都以各种形式进入环境。当废水总量超出这一区域环境容量时，将出现区域水质污染和水体富营养化，甚至引发赤潮。

（2）近岸土壤盐碱化

据调查，海口、琼海等市（县）局部地区因海水养殖出现海岸带土地盐碱化的现象。

（3）侵占生物栖息地，破坏近岸生态资源

受取水条件限制，海水养殖必须选址在近岸海域，而近岸海域是生物多样性极高的地带，大面积高密度存在的养殖场不仅极大地侵占了近岸生物的栖息地，也对防护林、红树林等近岸重要生态资源带来较大破坏，容易引起水土流失及生态失衡。

（4）对近岸景观资源造成破坏

修建养殖池会对海岸带地形地貌造成无可挽回的改变，取水排水管道及排水冲出的沙坑和水道对海岸景观影响巨大。

（5）滥用药物影响生态系统

长期以来，养殖生产普遍存在滥用药物现象。大量富含消毒剂和抗生素的水排放入海，不但对近岸水域微生物产生直接影响，而且可能会通过生物累积效应对水体生态系统和人体健康造成危害。

根据海水养殖现状，2018 年 6 月，《海南省农业农村厅关于印发海南省养殖水域滩涂规划（2018—2030）的通知》明确了海南省养殖水域滩涂功能区划。共划定养殖水域滩涂一级功能区 3 类，包括禁止养殖区、限制养殖区和养殖区。其中，禁止养殖区面积 545 317.77hm^2（折合亩数约为 818 万亩），占规划总面积的 21.67%；限制养殖区面积 1 191 942.31hm^2（折合亩数约为 1788 万亩），占规划总面积的 47.37%；养殖区面积 779 152.53hm^2（折合亩数约为 1169 万亩），占规划总面积的 30.96%。

二、海南特色乡村绿色环境发展调查

（一）乡村绿色环境发展试点示范典型代表村基本概况

海南省热带资源丰富，自然资源禀赋优越，生态环境条件优异，但经济发展水平中等，乡村产业长期以来以种植业、养殖业等为主。2000 年，海南在全国率先探索开展文明生态村建设，以优化生态环境、发展生态经济、培育生态文化为主要内容，坚持因地制宜、创新思路、整合力量、突出特色。尤其是近几年，随着休闲农业和乡村旅游的快速崛起，旅游业的战略支柱型产业地位得以确立，形成了一批乡村绿色环境发展典型代表，拥有全国文明村镇、社会主义新农村建设示范村、中国美丽乡村、中国新型城镇化示范村镇和生态文化村等众多优秀乡村环境发展案例。

课题组分成 4 个调研小组，先后前往琼中黎族苗族自治县湾岭镇大边村、红毛镇什寒村和金屏村，琼海市嘉积镇北仍村、博鳌镇沙美村，白沙黎族自治县邦溪镇芭蕉村和南班村、七坊镇高石老村和打孔村，文昌市昌洒镇白土村、龙楼镇红海村、文教镇加美村，三亚市吉阳区中寮村、天涯区水蛟村，儋州市木棠镇铁匠村 15 个乡村开展实地调研工作。经课题组综合讨论，遴选拟定"党建+"乡村环境发展的白土村，"不砍树、不占田、不拆房、就地城镇化""三不一就"乡村环境发展的北仍村，整村推进环境综合治理的大边村，产业扶贫支撑乡村环境发展的芭蕉村，滨海区域乡村环境系统提升的红海村作为乡村绿色环境发展典型代表。

1. 文昌市昌洒镇白土村

（1）基本概况

白土村是文昌市昌洒镇东群村委会管辖的一个自然村，地处昌洒镇东部，原名淡水村。南宋时期，邢宣议（时任文昌知县）从东阁镇观霄村迁往淡水（现白土村）居住，至今已有700多年的历史。中华人民共和国成立前白土村共辖淡水、白土、黑土山、田西、昌福城、后山、后山良园、客排、西排田9个生产队。由于靠近大海，土地贫瘠，以白沙土为主，在20世纪60年代定名为白土村，分东、西两个生产队，1979年分东、中、西3个村民小组，延续至今。

白土村现有居民135户，常住人口700多人，100多人在外居住。村庄土地总面积6900亩，建设用地面积367亩，1000多亩用于种植椰子。种植业发展以种植西瓜、菜椒等经济作物为主，花生水稻自给自足，白心地瓜作为龙头产业出口。房屋建筑规模齐整，环绕构成18路巷子。伴随着月亮湾起步区开发建设和滨海旅游公路开通，白土村紧紧依托区位、资源优势，建设美丽乡村，保护生态环境，支持村民创业，走出了一条新常态下农村转型升级的新路径。2016年全村经济收入达1200多万元，农民人均年收入突破1.6万元。该村先后获得市级文明生态村、全省文明生态村创建评比三等奖、省级文明村庄、全国文明村镇等荣誉。

（2）乡村绿色环境发展现状

1）持续强化"党建+"文明生态村建设。白土村注重发挥党支部核心作用，创建"党建+"绿色发展模式，将党建融入到村庄建设当中。改革开放伊始，在东群村党支部的动员和党员示范引领下，白土村依托土地资源优势，种植西瓜等彻底摆脱了贫困。发展至20世纪90年代中后期，面对群众对如何改变村庄居住环境的迫切期待，2000年正式提出文明生态村建设。东群村党支部副书记邢诒蓬带领白土村5名党员克服资金困难，走家串户发动社会各界筹集资金建设文明生态村，建设过程中群众热情高涨、义务劳动参与，生态村建设取得初步成效，2003年获得省级文明生态村称号。

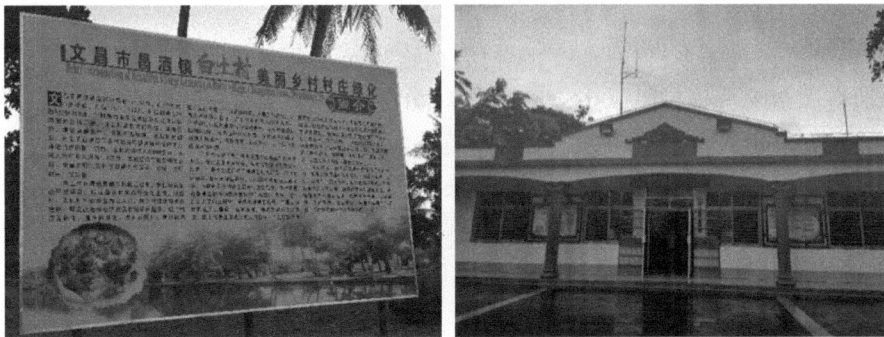

图9-6 文昌市昌洒镇白土村

在建设文明生态村的实践中，白土村充分认识到党员先锋模范的重要性，2002年成立了白土村党支部，归属东群村党总支部领导，现有正式党员10名，充分发挥党员的先锋模范作用，带领群众积极投身新农村建设热潮中，2017年荣获全国文明村镇荣誉称号。

2）注重村民自治为核心的管理模式。2016年4月，白土村成立了由优秀党员代表、群众代表和热心公益事业代表等 25 人组成的民主协商会，建立起重大事项民主协商制度，共同商议村庄规划发展、集体收益分配、发展旅游业等民生事项。民主协商会形成了一项重大决议：村土地全部归集体所有，由村集体统一管理，3 个村民小组财务共管，整合财力、物力、人力支持村庄美化建设。民主协商会发挥村民主体作用，凡事坚持公开、透明原则，定期进行财务公开，村中大事小事采取民主方式，召开全体村民会议进行商议，做到决议公开、实施过程公开、实施结果公开，村务管理阳光运行。

图 9-7　文昌市昌洒镇白土村概况

图 9-8　文昌市昌洒镇白土村风貌

3）系统推进美丽乡村建设。白土村的初始发展资金来源于政府征地之后给予的补偿，土地资源 70%分给村民，30%用于村集体的整体建设。采取"集体出一点、村民自筹一点、发动外出人员捐助一点"的集资模式，全面实施"硬化、绿化、亮化、美化、净化"工程，推进美丽乡村建设。累计筹集资金 1500 多万元，实施环村道路建设、安装路灯、园林绿化等。建设戏台、农家书屋、儿童之家和公共厕所等一批公共服务设施。

4）着力强化绿色生产生活方式。引用德国恩格拜技术，处理村庄生活污水，日处理量达到 100t；大胆破除旧观念、旧思想，将每家每户的家禽统一迁到村庄外围圈养，共迁移鸡圈 135 间；将影响村庄建设的老祖坟重新安置并把破败的祖屋拆除，保持了村容村貌的统一整洁；重视环境卫生，配备 5 名保洁员，落实门前三包制度，完善垃圾桶、清扫车等设施；积极参与"文明家庭创建"活动，组织"一户一人"打扫村卫生。

5）切实提高产业支撑能力。白土村立足村庄产业支撑，以提高村民生活水平为落脚点，鼓励引导村民自主创业，目前除了一部分村民外出创业外，主要以黑山羊养殖、黄牛养殖（图 9-11）、淡水养殖、西瓜种植和向月亮湾劳力输出为主要就业方向。此外，

图 9-9 文昌市昌洒镇白土村风光

图 9-10 文昌市昌洒镇白土村污水处理点

图 9-11 文昌市昌洒镇白土村黄牛放养

利用农村集体土地经营权建设用地入市试点契机，规划村庄 27 亩土地打造新型农家乐，已完成流转地块确认和施工图纸设计；整合村集体土地 2000 亩，建设白土现代产业园，目前完成种植新品种泰国金椰子 1500 亩、山柚 200 亩。

2. 琼海市嘉积镇北仍村

（1）基本概况

北仍村位于琼海市嘉积镇的官塘片区内，是官塘村委会 8 个村民小组中的一个，全村共有居民 48 户 150 多人。村子毗邻官塘温泉、万泉河、白石岭景区以及著名的红色娘子军纪念园，地理位置优越。以前村里都是泥土路，村民行走不便。长期以来，村民仅靠种植橡胶、胡椒、槟榔等传统农作物谋生，靠天吃饭让这个村子的家庭月平均收入仅千余元，村里的环境更是脏乱不堪。

北仍村的蜕变是从 2013 年琼海市规划建设美丽乡村开始的。经过前期的设计规划，2014 年 5 月，北仍村开始实施道路硬化、通水通电、污水处理、垃圾分类处理等基础设施改造。在改造过程中，北仍村严守"不拆房、不占田、不砍树，就地城镇化"的原则，8km 的环村绿道、920m 的硬化巷道、300m 的挡土墙建起来了，"村还是那村，树还是那树，人还是那人，格局在变，北仍村的内在没变"。正是得益于这"三不一就"的原则，北仍村留住了原汁原味的"乡愁味道"，让游客走进村里就能够真正感受到"望得见山、看得见水、记得住乡愁"的北仍之美。

图 9-12　琼海市嘉积镇北仍村

（2）乡村绿色环境发展现状

1）乡村产业低碳循环发展。美丽乡村建设，夯实了旅游发展的基础。基础设施的改造，改善了村民的生活。北仍村知名度的提升，也给村民们带来了商机，许多外出务工的村民开始返乡"淘金"。发展乡村度假游后，北仍村 80% 的村民参股农村旅游项目，村民人均年收入从 2014 年的 8000 多元增至 2015 年的 16 000 多元，2016 年和 2017 年春节期间村里接待游客均超过 10 万人。北仍村的发展还带动了周边相关产业快速发展，辐射带动周边 2800 多人就地就业。

环境和生活好了，人的观念也开始改变。如今，北仍村的村民越来越珍视自己世代居住的这方土地，环保意识越来越强。北仍村在保护绿色生态环境和保持原汁原味的特色村庄的同时，成功建成了三环骑行绿道、乡愁味道农家乐、草寮咖啡屋、北仍书屋、北仍客厅、重教之家等一批景点（图 9-13）。每天，村庄都吸引络绎不绝的市民和游客到此深呼吸，了解当地文化历史，品味特色的农家美食。

2）城郊优势助力乡村基础设施建设。在城镇化建设中，琼海有一个突出特点，就是致力于把城镇化、新农村建设等战略有机统筹在一起，让农村和城市享有同等标准的基础设施。首先，就是加快完善城乡交通、能源、通信、供水、垃圾和污水处理等基础设施，把水、路、电等城市基本设施延伸到农村。目前在农村新铺设自来水管网 239km，使 6.5 万人受益；完成 20 个村卫生室医疗业务用房，并实现全市卫生院标准化建设全覆盖；城乡一体化生活垃圾无害化处理体系正在逐步完善，"户分类、村收集、镇转运、市处理"的垃圾处置模式覆盖全域自然村；道路硬板化通往全部行政村，"村村通"公交系统覆盖行政村总数的 70%；95%以上的行政村通互联网。

图 9-13　琼海市嘉积镇北仍村风貌

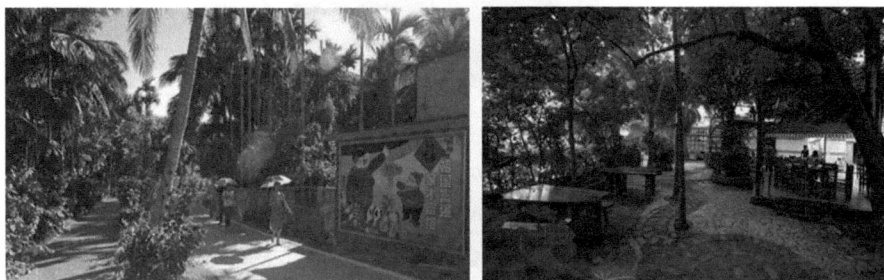

图 9-14　琼海市嘉积镇北仍村

（3）由点到面推动就地城镇化进程

北仍村的美丽乡村建设不仅是北仍村发展史上具有转折意义的一件大事，更是琼海城乡一体化建设新的转折点。作为一个县级市，琼海市在推进城镇化的实践中，探索和走出了一条"不砍树、不占田、不拆房，就地城镇化"的路子。"三不"理念很好地贯彻和体现了中央关于在促进城乡一体化发展中要注意保留村庄原始风貌，慎砍树、不填湖、少拆房的精神。2012 年，琼海市委市政府确定了"打造田园城市、构建幸福琼海"的发展思路，即在城镇化建设过程中，不走规模扩张型的老路子，除非是重要公共服务设施、重大基础设施建设的需要，政府原则上不再拆迁农村房屋，而是完全尊重老百姓的生产生活方式，对农村的基础设施进行就地提升和改造。

图 9-15　琼海市嘉积镇北仍村风光

（4）统筹城乡关系，破解城乡二元结构

城镇化不是要消灭农村，迫使农民向城镇集中，而是要使城乡得到均衡、协调发展。琼海市通过加大公共财政向农村倾斜的力度，努力使农村基础设施水平和社会服务水平达到城市标准，进而促进农村产业转型升级、农民就业增收、城乡基本公共服务均等化。这方面的举措包括：加快行政服务和教育、医疗等公共服务和公共产品向农村覆盖，加快城市交通、供水、垃圾处理等基础设施向农村延伸。这就为农民"不离土、不离乡"的就地城镇化提供了基本条件，使城镇化成为统筹城乡发展、破解城乡二元结构的过程。

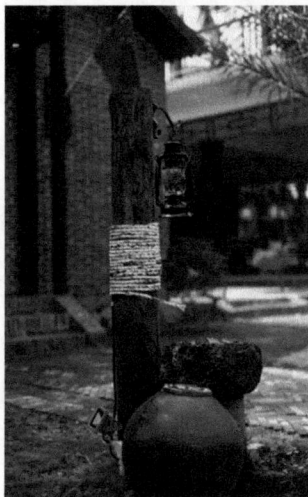

图 9-16　琼海市嘉积镇北仍村木桩

（5）切实保存乡村本土乡愁

北仍村的美丽乡村建设过程，是在不改变农民的生产生活方式的前提下，充分保护和尊重现有农村的地形村貌、田园风光、农业业态和生态本底，突出乡村民居、风情等人文特色，让城市与农村和谐共处。农村就地城镇化的建设美化了城镇、聚集了产业、促进了农业转型，最后的落脚点是让农民的腰包鼓起来，让百姓的笑容灿烂起来。以市场为导向，是北仍村获得成功的一个重要因素，北仍村的成功，更在于政府对其原有风土人情及风貌的保留。"望得见山、看得见水、记得住乡愁这三个标准，在北仍村的打造中得到了充分体现"。对北仍村的打造充分挖掘和展现了当地的风土人情，让游客能够充分享受美景、美舍、美食。

图 9-17　琼海市嘉积镇北仍村村庄、古井

3. 琼中黎族苗族自治县湾岭镇大边村

（1）基本概况

大边村位于海南省海榆中线 126km 处，系琼中黎族苗族自治县大平村的一个自然村。全村共有居民 56 户农户 178 人，其中外出务工人员约占 30%。土地面积 475.1 亩，种植槟榔 162 亩，橡胶 124 亩，水田 94.6 亩。传统种植业、养殖业和旅游业均不发达，人均耕地不足 3 亩，所种植的水稻和冬季瓜菜多自用而较少售卖。经济林作物主要有槟榔和橡胶，橡胶价格近年来持续低迷，槟榔产量较少而价格不断走高，农户生计来源主要以种植槟榔为主。2014 年以来，大边村通过整村推进，发展特色产业，使得农户生产生活发生了翻天覆地的变化。大边村地处海南三大河流——南渡江、万泉河、昌化江发源地的生态保护核心区，为了贯彻落实省委省政府有关生态环境保护工作部署，加强水源保护，加大农村生活污水治理力度，通过实施农村污水处理项目和节能环保项目，切实巩固和提升琼中生态环境质量。近年来，大边村紧紧依托区位、资源优势，扎实推进美丽乡村建设，在乡村绿色环境发展方面起着先锋模范带头作用。

图 9-18　琼中黎族苗族自治县湾岭镇大边村

（2）乡村绿色环境发展现状

1）扎实推进美丽乡村建设。2014 年以来，在琼中黎族苗族自治县县委县政府统一部署下，大边村实施了富美乡村建设和整村推进，在原址上按照"整齐划一、民族特色鲜明"的要求进行了重新规划设计和建设，采用农户自筹、政府贴息银行贷款和政府政策性补贴资金相结合的方式，兴建住宅楼 49 栋，其中 110m² 的共建设 17 栋，90m² 的共建设 30 栋，60m² 的共建设 2 栋，总建筑面积 4690m²（图 9-19）。富美乡村建设和整村推进大大改善了村民居住环境、村容村貌和村内基础设施。

2）大力推进绿色产业发展。为了拓展村民增收渠道和提升居民收入水平，大边村通过精准扶贫项目支持，大力推进规模化养殖和绿色产业发展。

一是专业合作社带动。由村党支部牵头组建富民养殖专业合作社（黑山羊合作社，图 9-20），将全部贫困户通过抱团发展方式纳入合作社，所得收入入股农户、合作社和村委会三方，按比例分成。黑山羊的粪便有专人采集收购，然后经过堆肥处理再还田，是有机肥的重要来源，既环保又能提高经济效益；2017 年，黑山羊合作社共实现分红81 600 元，户均 2092.3 元。

图 9-19　琼中黎族苗族自治县湾岭镇大边村风貌

图 9-20　琼中黎族苗族自治县湾岭镇大边村黑山羊养殖

二是光伏发电。2016 年底，大边村被列为光伏发电扶持项目试点村庄。大边村利用每户村民家的后院空间，加盖顶棚，全部实施光伏发电项目建设（图 9-21）。全村共有 52 套平顶房安装光伏发电板，每户安置 12 块约 40m² 的太阳能发电板，整村总装机容量 126.24kW。光伏发电项目由政府全额投资，农户自筹资金用于光伏组件抵押担保，以光伏发电收入还款，政府全额贴息，效益按农户每年的发电量 3300W 全额上网，每度电 0.98 元，政府补贴 0.37 元，每户每年收入约为 3000 元，可持续约 25 年。光伏发电利用绿色清洁的太阳能，既可持续又环保，已经成为村民重要且稳定的收入来源之一。

3）着力强化绿色环境发展。大边村的乡村整治、环境管理和环境基础设施建设等卓有成效，真正实现乡村整理、环境友好和绿色发展，已经成为琼中黎族自治县绿色环境发展的典型。

图 9-21　琼中黎族苗族自治县湾岭镇大边村光伏发电项目

绿色生活。村庄安置天然气管道，每家每户接通天然气（图 9-22），改变村民传统薪柴生火模式，提倡绿色生活方式。

图 9-22　琼中黎族苗族自治县湾岭镇大边村天然气建设

垃圾管理。大边村的生活垃圾管理采用"村收集、镇运转、县处理"的模式。每家每户门口摆放小垃圾桶，每排住户和两边村干道交接处摆放大垃圾桶（图 9-23），集中存放生活垃圾，由垃圾车统一运往镇垃圾处理站。为保持村内环境整洁和空气干净，所有农户家禽牲畜养殖点均安置在村周边林地。

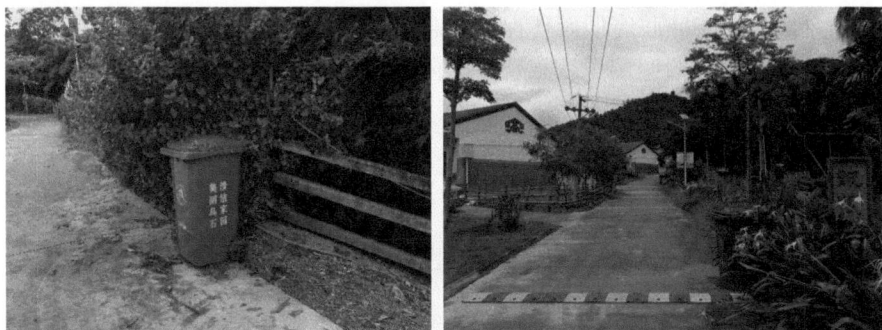

图 9-23　琼中黎族苗族自治县湾岭镇大边村生活垃圾处理

污水处理。琼中黎族苗族自治县在海南省率先推行"政府+社会资本合作模式"（PPP）开展环境治理，2015 年引进上海三乘三备环保工程有限公司参与农村生活污水治理项目，合资组建琼中鑫三源水务投资管理有限公司。该公司为大边村建设人工湿地污水处理系统，采用 PPP 建成日处量为 25t 的污水处理工程，2016 年投入使用。整个污水处理系统由排水管道、曝气池、快滤田、人工湿地等构成，经过上述流程处理、净化，农村污水达到 100%的处理。具体处理流程为：每户安装无动力高效一体化槽，收集每户污水，经过初步处理，汇入总管道，进入预处理池沉淀发酵，预处理池处理后自流至一体化设备中，一体化设备经过厌氧—缺氧—好氧三个过程处理，再经过人工湿地（大鹅卵石、大活性炭、小活性炭、小碎石）处理，湿地植物能吸附和富集污水中的重金属和有毒有害物质，污水处理后达到国家一级 A 的排放标准。大边村污水处理项目达到治理污水排放、改善村容景观，同时提供休闲放松场所的效果（图 9-24）。

图 9-24　琼中黎族苗族自治县湾岭镇大边村生活污水处理

环保节能。为了响应政府低碳环保的理念，大边村优先使用太阳能供电系统，污水处理设备和村干道路灯照明用电均来自此太阳能发电系统（图 9-25）。

图 9-25　琼中黎族自治县湾岭镇大边村环保节能设施

4）大边村绿色环境发展模式。大边村通过村庄整治、环境治理和绿色产业发展等途径，成为琼中黎族苗族自治县富美乡村建设和绿色环境发展的典范。大边村以绿色种养和光伏发电推进绿色产业发展，形成高效、和谐、持续的增收途径；以入户天然气和太阳能等清洁能源推广和使用，促进村民向绿色生活方式转变；以便捷的生活垃圾管理和雨污分流的污水处理系统结合，构建一体化绿色环保体系，从而形成集约化、生态化的绿色环境发展模式（图9-26）。

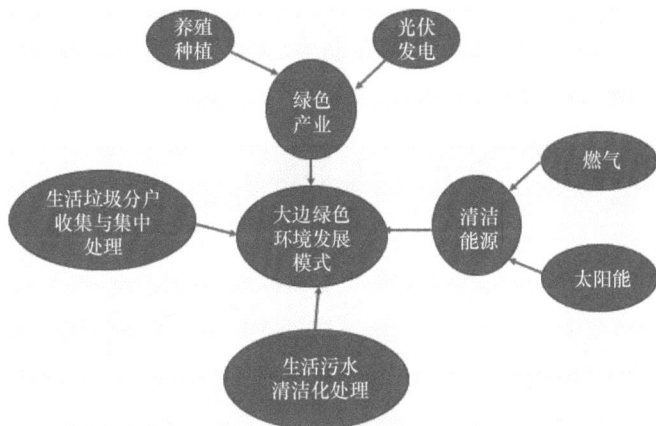

图9-26　琼中黎族苗族自治县湾岭镇大边村绿色环境发展模式

4. 白沙县黎族自治县邦溪镇芭蕉村

（1）基本情况

芭蕉村由南班村委会管理，是南班村下的一个黎族聚居的自然村，位于邦溪镇西南部，背靠神鳌岭，南临芭蕉水库和南班水库，西南方为南班温泉，自然资源丰富，生态环境良好。全村共有居民224户1107人。芭蕉村原来是出名的贫困村、"光棍村"和"垃圾村"，村民经济收入主要靠零散种植甘蔗、木薯和水稻等低效作物，产业层次偏低、结构不优，农民人均收入远低于邦溪镇的平均水平。如今，芭蕉村以全域旅游发展理念为引领，结合产业扶贫制定旅游产业发展规划，让农户以土地、劳动力、资金入股，成立了白沙芭蕉村休闲观光专业合作社和南班村神猴石专业种养合作社，整合全村土地大力发展农业观光游、休闲乡村游和特色种养殖，积极探索实施乡村旅游产业发展。

（2）乡村绿色环境发展现状

1）以地产开发和美丽乡村建设推进村庄整治。2011年以来，芭蕉村通过房地产企业开发、美丽乡村计划、整村推进等措施，大力加强乡村整治和环境治理，成为白沙黎族自治县乡村绿色环境发展的典型示范。2011年，通过引进春天、名仕房地产开发有限公司进行房地产开发，打造了"四季春天"和"名仕湾"等房地产项目，带动村庄整治和人居环境建设。2012年，镇政府将芭蕉村列入"美丽乡村计划"，为全村每户建设140m²的具有黎族风情特色的二层楼民居，农户可拎包入住，每户配备两台太阳能热水器，同时完善村庄道路、绿化亮化、文体休闲场所等各类基础设施，配备风力太阳能清洁能源路灯，总投资3000多万元。2014年"美丽乡村"建设工程完成。

图 9-27　白沙黎族自治县邦溪镇芭蕉村黎族风情特色民居

图 9-28　白沙黎族自治县邦溪镇芭蕉村乡村整治

2）以乡村旅游带动绿色产业发展。为发展产业，支撑新农村建设，邦溪镇结合美丽乡村建设，积极探索"合作社+贫困户"产业扶贫模式，积极发展乡村旅游。邦溪镇通过指导农户以土地入股，整合村集体土地资源，在芭蕉村成立了白沙芭蕉村休闲观光专业合作社，重点发展旅游服务业，经营乡村休闲客栈、观光栈道和民俗体验活动等。目前，芭蕉村已完成入村道路和村内道路亮化、停车场、乡村客栈、徒步漫道、旅游公厕等旅游设施建设。芭蕉村乡村旅游已开业接待游客。正在实施的项目还有环村漫步栈道、农家乐、乡村大舞台、鱼塘垂钓区、引路标识及规划筹建的南班水库休闲观光农业项目，将建成集风情住宿、特色餐饮、民俗体验、田园度假等为一体的综合性休闲乡村旅游地。芭蕉村已成为白沙县乡村旅游产业组团发展和农村土地流转改革的试点。

3）以污水处理项目建设促进环境治理。为保护乡村生态环境，白沙黎族自治县在芭蕉村建设了生态环境保护项目，该项目于 2016 年 4 月由白沙黎族自治县国土资源局设立，项目资金 137.4 万元，污水处理站采用粗格栅+生物池+脉冲人工湿地污水处理工艺，通过雨污分流，将生活污水通过管道输送到污水处理系统进行净化。

图 9-29　白沙黎族自治县邦溪镇芭蕉村乡村环境治理效果

4）芭蕉村绿色环境发展模式。芭蕉村通过美丽乡村建设和地产开发带动，以乡村旅游开发带动村庄整治、环境治理和绿色产业发展，成为白沙黎族自治县富美乡村建设和绿色环境发展的典范。芭蕉村以绿色种养和生态旅游为产业调整核心，推进绿色产业高效、持续发展；通过整村推进和村庄基础设施建设，促进乡村居住环境优化；以生活垃圾管理和雨污分流的污水处理系统结合，构建一体化绿色环保体系，从而形成乡村旅游与环境污染治理结合的绿色环境发展模式（图9-30）。

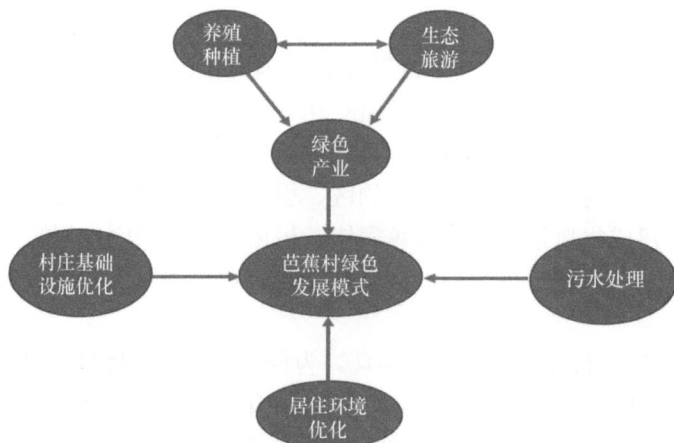

图 9-30　白沙黎族自治县湾岭镇芭蕉村绿色环境发展模式

5. 文昌市龙楼镇红海村

（1）基本概况

文昌市龙楼镇红海村（图 9-31）位于铜鼓岭南侧，距离镇墟 5km，有道路直抵村口。原产业以种植业、滨海养殖业和近海捕捞业为主，滨海养殖业现已退出。红海村有 18 个自然村组，包括好圣村、海边村、吉尾村、紫薇一二三组、陈立一二三组、古松村、青松村、红松村、道合村、山丰村、山良村、山民村、山群村、山乐村、山福村等，共有居民 782 户 3146 人。

图 9-31　文昌市龙楼镇红海村

红海村自然资源丰富，滨海防护林、滨海热带雨林（半落叶热带阔叶林）、滨海山地矮雨林等植被丰富，铜鼓岭自然保护区南区位于该村范围内，铜鼓岭旅游区、石头公园、卫星发射场等也位于该村范围内。

红海村域内人文资源丰富多彩，铜鼓岭文化、楼船文化、渔俗文化、滨海田园文化、航天文化、红海自然人文文化等融于一体。

红海村已建成蔬菜大棚、航天蔬菜瓜果种植基地、区块链餐厅、游客到访中心、田园民宿、航天民宿、滨海海景民宿、特色养殖基地、污水垃圾处理站等旅游服务设施和公共服务设施，域内还有卫星发射基地、石头公园、铜鼓佛光旅游区、淇水湾休闲海滩等旅游区点。其中的好圣村是海南省5星级美丽乡村、海南省共享农庄。域内热带特色农产品种植，航天瓜菜种植，航天饲草种植，特色黑山羊、文昌鸡养殖（图9-32），滨海渔业捕捞，特色餐饮加工等产业已初具规模并进入市场。

图 9-32　文昌市龙楼镇红海村风貌

红海村内道路基本硬化，停车场、环卫设施较为齐备，卫生条件良好。民居保持文昌琼北建筑特色。

（2）乡村绿色环境发展现状

1）认真贯彻落实"多规合一"。严格按照"多规合一"进行新村建设，坚持不砍一棵树、不占一亩田、不拆一栋房，保护了原来的优美风貌，留住了我们的乡愁。通过编制村庄建设规划，有效解决了原先林规、土规和城规等传统规划自成体系所带来的无序、浪费等问题，实现了村庄空间的合理布局和土地资源集约、高效利用。以航天蔬菜瓜果、文昌鸡、黑山羊、石板烤肉、龙楼特色海产品等产业为支撑，将农产品进行本地化价值转换和品牌输出；为建立"互联网+餐饮+农庄体验"的闭环服务业态与良性循环，通过云餐厅管理模式，优化农产品供给，提升农产品附加值，并带动当地村民实现就业。在"多规合一"的基础上实现绿色创新发展。

2）环境治理成效显著，村容村貌优美。美丽乡村的建设令越来越多的人开始向往田园、回归田园，坐在树下品尝美味、住在海边感受自然已慢慢成为时下受追捧的旅行方式，而美丽乡村在带给游客美景美味的同时，也带动了村庄本身全方位的繁荣发展。红海村委会的自然村——好圣村更是在这样有利的发展条件下，被列为美丽乡村的重点打造对象。好圣航天农庄，位于文昌市龙楼镇红海行政村好圣自然村，由海天一舍（海南）实业有限公司投资开发建设。村庄以航天科技和全域旅游为核心，同时创新融入航天种植、特色餐饮、特色民宿等产业，从2016年开始，当地就积极扶持和发动村民把好圣村建设成为集航天文化、旅游文化、民俗文化为一体的美丽乡村。农庄采取"企业+合作社+农户"的经营模式，通过收购村民农副产品、打造特色农庄餐厅，建设专门供村民饲养文昌鸡的鸡舍等多项措施，丰富村里的产业业态。除此之外，好圣村还注重对生态环境的保护，村内垃圾分类处理有效，生态质量较高，村内有污水处理厂（图9-33），污水可以循环利用。村子的规划建设相对现在中国大部分农村来说，是十分先进的。

图 9-33　文昌市龙楼镇红海行政村好圣自然村污水、垃圾处理

3）产业亮点突出，绿色发展支撑较强。按照规划，好圣村将被打造为"多规合一示范村""全域旅游示范村""数字农村示范村"，这里将会"航天元素无处不在"。在这里，游客可以看到航天育种的瓜菜种植、品尝"航天菜"、游览儿童航天乐园、购买航天主题旅游商品、体验航天创客民宿等。总之，跟航天有关的吃、住、行、游、购、娱这里都能最大限度地体现。好圣村的特色美食、文昌公仔戏表演、传统民居、文昌市省级非遗保护项目"海南椰雕"旅游美术工艺品和"文昌盅盘舞"、传统竹编作品展示及现场技艺演示等都独具魅力，具有丰厚民俗风情。在营造浓厚民俗风情的同时，好圣村正着力做好旅游餐饮、航天民宿、人民骑兵营、特色旅游景点、购物体验、航天科教娱乐体验、航天瓜菜种植、航天畜禽养殖、创意科创空间、创业扶贫基地等十大板块建设，体现"航天科技无处不在"，打造集航天文化、航天种养产业、航天科普、航天体验为一体，以"航天元素"为特色的农庄（图 9-34）。

图 9-34　文昌市龙楼镇红海村建设

其中，航天民宿、人民骑兵营、航天科教娱乐体验、创意科创空间等板块建设已逐渐步入正轨。航天民宿整合了本村的 17 间传统民宅，通过政府"搭桥引线"，让企业与村民合作发展航天民宿。航天民宿融入航天文化，彰显航天特色，有效提升游客体验感。村民可选择自行打理民宿，或者与企业进行利润分红，增加收入。人民骑兵营的引进通过在村内建设骑行绿道的方式，让游客在健康骑行中深度感受航天文化、椰林风光、田园景色、蓝色海岸等绿色体验。航天科教娱乐体验是建设航天儿童乐园、航天科普体验的核心，可以让游客了解航天知识，领略军民融合成果，体验航天科技带来的乐趣。为发展创意科创空间板块，引进了华为科技、海南酷秀集团等科创企业，以及北京大学文

化研究所等文化创作单位，打造科技和文化领域的创意、科创空间。

（二）乡村绿色环境发展主要模式

1. 东部海水养殖区乡村绿色环境发展模式

几十年来，海南岛东部地区海水养殖量快速增长，对近岸海洋生物生态系统和沿岸滩涂、红树林资源都有一定的破坏。近几年，海水养殖以近海绳式网箱养殖、深水网箱养殖、高位池养殖等几种方式为主，总体上由内海及周边养殖逐步向浅海、深海养殖转变。其中，文昌、琼海、万宁三市发展标准化高位池对虾海水养殖，对虾生产由低水平的粗放方式向高密度、高技术集约型转移。万宁市以"公司+农户""公司+科技""干部+农户"模式开发高位虾池，并在虾池周围种植木麻黄树和椰子树以保护生态环境，实现了"林+池+林+污水处理+林"的绿色养殖道路，逐步发展为海南省最大的绿色虾业科技示范基地。为解决小海网箱密度过大引起的严重水质污染问题，陵水县积极探索"龙头企业+基地+农户"的发展模式，带动养殖户发展深水网箱养殖。深水网箱养殖是高效率、大容量、环保型的养殖模式，可以使海水养殖向规模化、集约化、产业化生产发展，有利于实现海洋农牧化的战略目标。并且，深水网箱养殖海域开阔，水体流动性好，有利于生态环境的保护，有利于减少海水养殖所造成的污染，有利于提高商品鱼产品质量和减少养殖病害。

2. 北部传统种植、养殖区乡村绿色环境发展模式

海南化肥、农药每亩平均使用量远远高于全国平均水平，不仅造成海南农业生态系统的污染和破坏，还影响农产品质量安全和人民的生命健康，这与建设生态海南，发展海南生态农业根本上是相违背的。近年来，海南坚持大力实施规模养殖场污染治理和粪污综合利用行动，积极探索田间废弃物回收利用模式，创建了 5 个转变农业发展方式综合示范区，全省已完成 200 家规模养殖场的环保改造任务，配套建设了 72 处大中型沼气工程，年产沼液、沼渣 56.9 万 t，可供 8 万亩种植基地用肥；建成有机肥加工中心 4 个，全部投产后有机肥年产能 35 万 t；推广秸秆腐熟还田技术 83 万亩次，有力提升了土壤地力，缓解了秸秆焚烧造成的环境污染和资源浪费问题。近几年，海南继续加快实施田间清洁工程、积极推进秸秆资源化利用，深入推动田间废弃物回收处置试点，建立涵盖田间废弃物捡拾、回收、资源化利用等环节的网络体系，推动农业投入品废弃物回收处置一体化。例如，琼海市把保护万泉河上游的生态环境同企业的经济发展相结合，形成以种植珍珠柚、橡胶、槟榔等长效作物为主，自繁自养良种猪为辅，种植业与养殖业相结合的特色立体农业、生态农业、循环农业，促进了区域生态环境的良性发展格局，从而优化了乡村生态环境，带动周边农民共同致富。

3. 中部山区乡村绿色环境发展模式

海南省中部山区地理环境复杂，特色鲜明，但经济发展水平中等，人口以黎族、苗族、汉族为主，产业以旅游业为支柱，辅以热带果蔬生产，形成了乡村与景区融合发展的绿色环境发展模式。随着精准扶贫、美丽乡村建设和乡村振兴等战略的实施和推进，

各村镇依托自身资源和地理条件，在乡村景观、环境治理、绿色发展等方面形成各具特色的整治模式。琼中黎族自治县湾岭镇大边村通过村庄整治、环境治理和绿色产业发展等途径，以绿色种养和光伏发电推进绿色产业发展，形成高效、和谐、持续的增收途径；以入户天然气和太阳能等清洁能源推广和使用，促进村民向绿色生活方式转变；采用PPP的环境污染治理模式，将便捷的生活垃圾管理和雨污分流的污水处理系统相结合，构建一体化绿色环保体系，从而形成集约化、生态化的绿色环境发展模式，成为琼中黎族苗族自治县富美乡村建设和绿色环境发展的典范。白沙黎族自治县邦溪镇芭蕉村通过房地产企业开发、美丽乡村计划、整村推进等措施，采取农户+政府+银行贷+集体投资模式，大力加强乡村整治和环境治理，完善了村庄道路、绿化亮化、文体休闲场所等各类基础设施；积极探索"合作社+贫困户"产业扶贫模式，成立了白沙芭蕉村休闲观光专业合作社，重点发展旅游服务业，开展乡村休闲客栈、观光栈道和民俗体验等活动，大力发展乡村旅游，建成集风情住宿、特色餐饮、民俗体验、田园度假等为一体的综合性休闲乡村旅游地；为保护乡村生态环境，于2016年4月由白沙黎族自治县国土资源局承接建设了生态环境保护项目，成为白沙县乡村旅游产业组团发展和农村土地流转改革的试点。

（三）乡村绿色环境发展典型经验

目前，海南省已累计建成生活垃圾处理设施21座，其中填埋场16座、焚烧发电厂5座；还建成生活垃圾转运站253座、垃圾收集点1.25万个。同时，先后印发了《海南省垃圾分类收集处理行动计划及标准体系》《海南省农村生活垃圾分类和资源化利用工作指导意见》等规范性文件，明确要求各级政府按照"统一规划、分清层次、完善配套，逐步推进"的思路推进垃圾分类工作，建立起完善的覆盖城乡的"户分类、村收集、镇转运、市县处理"垃圾处理一体化体系，全省95%以上的村庄配备了垃圾收运设施，村级保洁员约1.9万人，农村清扫保洁覆盖率95%以上。特别是农村生活垃圾治理，于2018年顺利通过国家考核验收，并以此为主题在陵水召开全国农村垃圾分类现场会，推广海南省的经验做法。

1. 着力推动农村垃圾减量化和分类化

根据海南省农村人居环境整治三年行动任务目标，2019年，海南还要在350个美丽乡村逐步推广生活垃圾分类，2020年，要做到全省农村基本都能实现生活垃圾简单分类。

无论是在城市还是在乡村，每天人们都在制造垃圾，生活垃圾问题也一直被人们广为诟病。尤其是在农村地区，倒在水沟里的树叶、果皮，居民院子里堆放的废弃瓶罐，随风飞舞的塑料袋，让不少乡村的"颜值"大打折扣。随着社会发展，农村的生活垃圾已经不再仅是枯枝树叶，农药、塑料等污染性垃圾也在增多，对生态环境污染加剧，政府投入处理的成本增加。农村生活垃圾产生量逐步增多，处理垃圾实际需求的人员与设备也随之增加，政府投入与实际需求之间矛盾凸显。实行垃圾分类，可以让垃圾减量化、再次利用化，降低垃圾处理成本，也有益于促进生态环保。

2018 年，海南启动农村人居环境整治三年行动方案，提出在全省范围推行适合农村特点的垃圾就地分类和资源化利用工作。农村生活垃圾分类意义重大，但推行并不容易，在城市都难以做得好，在农村推行难度更大，各市（县）遵循垃圾处理"减量化、资源化、无害化"的原则，因地制宜摸索适合自身的办法。通过一年的试点推广，海南一些市（县）在农村生活垃圾分类上摸索出一些经验。例如，陵水县摸索出"三次三分三资源法"的分类方法，让农户先将生活垃圾分为腐烂、不可腐烂和有害三种类型，分别放置于不同的垃圾桶；村保洁员再对收集的垃圾再次分类，腐烂的垃圾交给餐厨废弃物处理厂进行终端处理；不会腐烂的再分为可卖的、不可卖的两类送往分拣中心；分拣中心将可卖垃圾回收处理，所得费用作为保洁员奖励金，不可腐烂、不可卖的垃圾统一进行填埋或焚烧处理。

一些市（县）以村庄为试点来示范带动。文昌市冯坡镇湖淡村以村干部、党员、乡贤为带头人大力整治乡村卫生环境，普及生活垃圾分类知识，加强环境卫生监督，让湖淡村村容村貌发生了明显变化，房前屋后和村道干净整洁，家家户户养成了垃圾分类放置回收的习惯。生活垃圾分类处理的前后端必须相互衔接。近年来，海南省也加大投入建设垃圾处理设施，逐步建立起覆盖全省城市、乡镇、村庄的三级垃圾清扫保洁体系，建设起服务全省城乡的 22 座垃圾焚烧发电厂、无害化填埋场，以及 172 座覆盖全省城乡的垃圾收集转运站，还引入了餐厨垃圾废弃物处理厂、阳光堆肥房等项目，推进了农村生活垃圾分类和再次资源利用。

2. 持续推进农村生活污水专项治理

自 2008 年以来，海南省全面贯彻落实国家"以奖促治"政策，加大农村环保投入，解决了部分村庄突出环境问题，农村环境污染问题得到一定程度改善。据统计，截至 2016 年底，全省累计投入 9.06 亿元，其中中央资金 3.43 亿元，省级资金 1.36 亿元，市县资金 4.07 亿元，社会自筹资金 0.20 亿元，对全省 340 个村庄生活污水、畜禽养殖污染等环境污染项目实施治理，农村生活污水处理能力达到 5.9 万 t/d，受益人口约 80 万人。

通过近年来的努力，海南省农村环境保护工作取得了积极进展。首先是完善了农村环保基础设施，到 2016 年底，农村污水处理率从 2010 年的不足 3% 提高到 12%；其次是改善了农村人居环境，尤其随着文明生态村、小康环保示范村和近年推出的美丽乡村建设等，村庄环境卫生明显提高；再次是各市（县）结合实际、因地制宜，充分利用本土文化和民风民俗探索出一些特色鲜明的乡村旅游，提升了国际旅游岛的乡村旅游品味和经济发展内涵；同时，通过农村污水处理项目的建设和环境综合整治，也唤醒了农民的环境保护意识。海南省农村水污染治理工作主要从以下三个层面开展探索和实践：①加强制度建设，保障项目资金规范管理。为了进一步改善农村人居环境，保障农村饮用水水源地水质安全，2008 年以来，海南省相继出台了《海南省环境综合整治考核办法》《海南省实施中央农村环保专项资金环境综合整治项目管理暂行办法》《海南省农村生活污水治理技术及建设指南》等一系列规范性文件，进一步规范了农村环境综合整治项目实施和监督管理，加强了对农村生活污水治理指导。②设立了海南省农村环境保护专项资金，保障农村污水治理项目顺利实施。在积极争取中央农村环保专项资金的同时，海南省积极落实中央"以奖促治"项目地方财政配套资金,2013 年设立了省级农村环境保护专项资金,截至 2016 年,共安排 1.36 亿元资金支持农村污水治理项目建设,保障农村污水治理项目顺利实施。③建立了部门协同合作机制,初步形成齐抓共管的治理格局。在实施农村环境综合治理的过程中,海南省发改、环保、住建、水务、农业、财政等有关部门协同合作,共同做好项目审查、申报、建设和验收工作,确保农村污水治理项目申报、实施和验收过程顺利进行,保证农村环保专项资金发挥良好的环境效益。

3. 海南乡村污水治理中涌现的典型经验

与城市生活污水处理不同的是,农村生活污水处理要求在保证有效的工艺基础上,更强调经济性与实用性,即要求工艺简单、处理效果有保证、运行维护简便、具有最佳的综合效益。农村风俗习惯、人口、自然、经济差异大,所以应根据村庄所处区位、人口规模、地形地貌、排水特点及排放要求,结合当地经济承受能力等具体情况,采用适宜的污水收集和处理模式进行污水处理。实践中,地处海南生态保护核心区的琼中黎族苗族自治县和地处东部沿海的陵水黎族自治县,结合当地实际所涌现的农村生活污水治理模式,就是因地制宜、效果显著、特色明显的好路子。

(1)琼中探索实行政府和社会资本合作模式

琼中黎族苗族自治县地处海南生态保护核心区,境内森林覆盖率高达 83.74%,既是南渡江、昌化江、万泉河发源地,又是重要饮用水水源保护区,生态安全地位很重要。2016 年,琼中县率先在全省探索采用政府和社会资本合作模式,在全县 10 个乡镇、4 个农场、544 个村庄,开展富美乡村水环境治理,逐步探索出了一条保护生态环境、推进脱贫致富、提高农民素质的高效规范农村污水处理新路子。截至目前,该县投入 1.6 亿元,建成农村分散式污水处理示范项目 53 个,直接受益群众 1.2 万人,农村生活污水实现全收集、全覆盖,出水可达到一级 A 类标准。

农村污水处理工程涉及面广、工作量大,琼中坚持创新模式优化项目建设。①积极运作"政府+社会资本合作"的投融资和运营模式,补齐项目资金短板,打出"企业自筹资金+银行贷款融资+政府补贴资金"组合拳,实现多元化可持续的投入机制,多方撬动资金投入项目建设,从而实现互利共赢。②科学选择治理模式和处理工艺。在项目建设过程中,综合考虑村庄黎族、苗族特色,以及房屋分布及地势情况等因素,根据不同条件不同情况,因地制宜合理选择治理模式,包括镇区共同处理、联村合建、单村建设、农户分散处理等建设模式,确保污水处理达到最大实效。在畜禽养殖集中的自然村,主要选择集中型处理模式,采用"预处理+厌氧缺氧好氧生物处理+生态处理"的工艺,进一步降低水中氨氮、磷浓度,确保出水水质达标。而在一般的自然村,主要选择分散型处理模式,即采用"预处理设施+生态小湿地"的处理工艺,对污水水质进一步净化,出水水质可达一级 A 类标准。

(2)陵水采取整体打包运营

陵水黎族自治县位于海南岛东南部沿海,随着经济的快速发展、农业生产方式的大幅改变,农村生活污水排放量也随之增大。陵水县按"建设一批,储备一批,谋划一批"的方式,制订了《2016—2020 年全县农村污水治理项目建设计划》,并要求各乡镇在建设精准扶贫整村推进项目和美丽乡村等农村基础设施建设时要将农村生活污水治理列入建设范围，全面推进农村污水治理建设工作。

为全面提速农村污水治理，陵水坚持规划与项目建设并联作业。坚持"高起点、接地气、贯到底"的工作要求，将城镇发展规划、村庄布点规划与县域治理规划和项目设计方案有机结合、通盘考虑、统筹推进，提高规划编制的可行性、科学性和操作性。在科学编制全县农村污水治理总体规划的同时，同步推进农村污水治理项目建设，确保加快进度、有序推进。目前陵水还学习借鉴兄弟省份先进的农村污水治理经验，结合美丽乡村的建设，大胆尝试新技术，发扬创新开拓精神，推动农村污水治理工程朝着高标准、高效益、特色化的方向迈进。

（3）农村生活污水治理未来典型做法

统筹美丽乡村建设和文明生态村（镇）建设，积极推进农村生活污水治理，优先开展连片整治，整镇（乡）推进。农村生活污水治理应因地制宜地分区分类施治，优先选择经济适用、简单易行的人工湿地、氧化塘、稳定塘等生态治理方式，人口密集、污水易收集的区域可采用污水处理厂（站）、一体化处理设施等方式。对可纳入城镇污水收集管网的村庄，优先考虑将村庄生活污水纳入城镇污水收集管网，统一处理；对不能纳入城镇污水收集管网的村庄，生活污水量大且易于统一收集的，宜建设雨污分流收集管网，采用污水处理厂（站）、一体化处理设施、集中式人工湿地等方式集中处理；对居住相对分散，生活污水难以统一收集的村庄，应尽可能合理利用现有边沟和自然沟渠收集生活污水，采用人工湿地、氧化塘、稳定塘等方式进行分散处理。

按照党中央、国务院的决策部署，海南将具体从以下五个方面推动农村生活污水治理工作。

1）落实市（县）政府农村环境保护的主体责任，强化部门环境监管职责。切实履行市（县）政府在改善本辖区农村环境质量方面的主体责任，统筹做好农村污水治理规划，加大农村环境治理资金投入，完善投资运营机制。环保、住建、农业、水务等部门切实履行行业监管的职责，敦促落实农村环境治理责任，落实项目建设资金，加快项目建设。

2）结合美丽乡村建设，探索创新农村生活污水治理模式。全面贯彻落实《海南省农村生活污水治理工作方案（2016—2020）》，重点围绕 1000 个美丽乡村、饮用水水源保护区、主要河流湖库周边等区域的村庄开展环境综合整治，力争 2020 年全省行政村农村生活污水处理设施覆盖率达到 50%。同时，加大各级财政资金投入，优先支持采用 PPP 和环境污染第三方治理的集中连片整治项目。优化各级涉农专项资金、生态转移支付资金使用方式和方向，推进专项资金从"重建设"向"建设和运营并重"转变。

3）加强技术的支撑作用，科学规范开展农村污水设施建设。按照已印发的《海南省农村生活污水治理技术及建设指南》，针对村庄的区位、人口规模、聚集程度和地形地貌等特点提出不同的治理模式和要求，采取因地制宜、集中与分散相结合的方式，合理选择技术成熟可靠、投资小、能耗低、适合农村特点的污水治理模式及技术，加强生活污水削减和尾水的回收利用，促进生活污水循环利用和生态农业发展，提高污水治理质量和效率；培育专业化运营队伍，建立省、市（县）、镇（乡）三级农村生活污水治理技术服务体系，充分利用"互联网+"技术，建立污水处理数字化运维服务管控平台，降低运维成本。指导市（县）积极申报省级和国家水污染防治专项资金，支持农村生活污水治理项目建设。

4）落实项目建设和运维经费，加强已建污水处理设施维护管理。对已建成生活污水处理设施维护运行及管理现状进行清理整改，针对问题制定整改方案，筹集资金对原有处理设施存在进水口有缺陷、动力设施受损、管网破损、污水池内无水或水量较少等问题，尽快采取设施（备）维修或更换、管网修复、配套管网建设等措施，恢复污水收集系统和湿地处理系统的正常功能。明确责任主体，指定专人负责，落实运营经费，确保污水处理设施发挥效益。

5）建立健全农村环境保护责任监督机制，将农村生活污水治理纳入部门工作考核管理。农村环境保护工作是一项涉及多部门的系统工程，要按照政府主导、环保部门统一协调与分工负责的原则，由各级环保部门切实负起统一监管的职责，统筹协调各行业主管部门履行部门责任，将农村环境保护工作纳入部门考核评价体系，充分发挥考核工作的效力，切实形成政府主导，环保部门统一监管，其他相关部门各司其职的环境保护责任体系。

三、海南乡村环境主要问题与成因分析

（一）乡村环境存在的主要问题

受人们生活方式、生活习惯，以及现代经济发展理念的影响，也受对农村资金与人才投入、技术水平的掣肘，乡村环境存在不同程度的突出问题。目前，海南乡村环境形势不容乐观，主要表现为：①污染层出不穷，点源污染与面源污染共存，生活污染和农业污染叠加；②未形成完整的环境保护机制，二次污染严重，各种新旧污染相互交织；③城市污染向乡村转移，危及乡村饮水安全和农产品安全；④乡村环境保护的政策、法规、标准体系不健全；⑤部分环境问题已成为危害居民身体健康的重要因素，制约了乡村环境、经济与社会可持续发展。

1. 乡村卫生环境"脏、乱、差"

村子里生活污水随意排放，在低洼处积聚形成局部黑臭水体，蚊蝇滋生、臭气难闻；畜禽和水产养殖废水、废弃物处置不当甚至没有处置，导致周边环境恶化、局部区域气味不佳，农村水环境恶化，病原菌有蔓延传播的潜在风险；生活垃圾等固体废弃物没有进行有效分类，乱堆乱倒现象普遍，回收利用率低，影响村容村貌。

2. 乡村发展理念较为落后

乡村仍停留在粗放式发展观念中，无整体规划发展意识，发展方向、投入及实施较为盲目，缺乏现代经营和发展理念。除农家乐、民宿、养殖等发展形式外，人们更多地是将农村作为城市的后备用地，将城市未经"资源化、减量化、无害化"处理的生活垃圾转移到乡村，导致乡村生态环境遭到前所未有的威胁，并在一定程度上制约着这一地区经济的可持续发展，污染加剧的可能性也随之增大，环境面临的威胁随之增加，未能将"绿水青山就是金山银山"这一发展理念根植于乡村中。

3. 乡村体制机制不健全

乡村体制机制改革工作的开展面临着市场运作体系不完善、生产经营方式落后等问题。

实现乡村振兴，离不开有效的机制体制保障。要以处理好农民与土地的关系为主线，通过体制机制创新，缩小城乡制度距离，强化乡村振兴"制度性供给"，让农村的资源要素活化起来，让广大农民的积极性、创造性迸发出来，让全社会的支农、助农、兴农力量汇聚起来，为乡村振兴添活力、强动力、增后劲。

4. 乡村规划不够合理

当前，乡村在发展方向、土地资源利用等方面的规划还不足以匹配美丽乡村建设、乡村绿色环境发展的目标。对乡村资源的利用多只注重通过短期项目攫取快速利益，忽略乡村长期发展的需要，缺少科学规划和合理布局，如分散式畜禽养殖和水产养殖，以及简易厕所等环卫基础配套设施没有统筹规划和管理，布局凌乱。对乡村发展路径的规划，多盲目追求经济发展，未从乡村文化历史、自然资源、自然环境出发，挖掘凸显乡村特色、利于绿色发展的发展路径；未贴合绿色发展、可持续发展的要求，忽略了现代人对美好生存环境的需求，以及后代人对环境可持续利用的需求。

5. 农业科技支持力度亟待加强

海南省农业科技支持力度低，农业生产和管理方式粗放，农业发展规划有待提升。目前，海南省农村科技力量依然薄弱，平均每 1400 个农业人口中只有 1 个农技人员。由于文化水平较低，接受农业科学技术的能力有限，科学技术在海南省农村难以转化为生产力，严重制约了农业的可持续发展。海南省农业发展规划的农业用地面积为 3 万 km^2，约占总面积的 85%，而海南省的森林覆盖面积达 62%，因此，农业发展与生态保护间的协调、农业发展定位和空间布局等均值得思考。

6. 乡村人才匮乏

典型乡村环境存在的人才问题，体现在两个方面：①内部供应不足；②外部支援不足。相较经济、教育发达地区的人而言，本地人更可能受传统乡土、亲缘关系影响而留在家乡发展，但乡村的教育水平普遍落后于城镇，这导致乡村的人才缺口大，单凭本地村民无法满足乡村绿色发展的需求。即使乡村这一源远流长的人类生活聚落形式，可能在传承中培育出具有特殊技艺的本土人才，有助于挖掘乡村特色发展路径，但难以完全覆盖乡村绿色发展对各类人才的全面需求。另外，乡村对成长在城镇等较好环境中的、具备较强个人能力的人才而言，缺乏吸引力，使外部人才资源的支援不足以填补乡村人才的空缺。有些地区污水处理设施由于缺乏管理或者管理不善，造成不能正常运行，严重影响了处理效果。

7. 乡村绿色环境发展现代治理体制滞后

乡村环境保护的政策、法规、标准体系不健全。城乡环境保护人才、资金、基础设施等投入差距较大，乡村投入少、基础条件差，生活污水与垃圾处理设施匮乏，部分已建成设施运行不善或停止运行。要以提高农村治理现代化水平为抓手，努力建设社会主义新农村，尽力改变农村地区的贫困落后面貌，逐步走出一条独具特色的海南农村跨越式发展道路。通过城乡一体化发展，夯实农村治理现代化的经济社会基础。同时，必须坚持农村绿色化发展，以资源要素优化配置实现农村治理效益的最大化。

8. 乡村生态环境保护长效机制不健全

我国农村问题日益突出，存在农药与化肥过度使用、生态退化、农村资源过度开发，以及生活垃圾不分类随意丢弃和生活污水乱排放等现象。要从根本上解决农村问题，就要建立农村环境长效管理机制，其关键在于根据农村的实际情况推行政策和措施，贴合农村的实际需要进行环保工作，大力宣传环保工作，进一步提高农村居民的环保意识，进而促进农村环境保护长效管理机制的健全与完善。

9. 乡村生态环境安全风险隐患压力倍增

我国城市污染向乡村加速蔓延、农业面源污染严重，农业生态系统的生物多样性减少，水土流失及乡村水环境恶化趋势总体加剧，土壤环境恶化等生态环境问题突出，并有持续恶化的趋势，严重影响我国生态环境质量、粮食安全及社会经济的全面协调发展，危及乡村生态环境与人体健康。此外，乡村在存在来自村民自身谋求发展带来的隐患；外来者带来的文化冲击与隐患；外来物种对当地生态环境的安全隐患；不可抗力（极端天气、政府行为等）带来的环境安全隐患。

10. 农业高耗能、高污染状况未能实现根本扭转

农业仍采取传统种植方式，耗费人力较多，时间成本高，效率较低，耗能高。另外，对农药、化肥的不合理利用易造成环境污染、土壤质量下降等问题。随着乡村生活方式的转变，农户分散养殖模式已逐渐消失，化肥取代有机肥广泛应用于农业生产。无法及时将乡村粪便、污水中的营养物质还肥于林田，造成林田土地日益贫瘠；同时，生活污水处理工艺技术选用混乱，处理效果良莠不齐，人畜污水中氮、磷特别是磷含量较高，处理时不仅要削减有机物还要进行脱氮、除磷。

11. 农民环保意识薄弱、生态观念不强

农民仍停留在过去的自然循环意识中，但现代环境的恶化、产生的众多无法自然降解的生活垃圾可能超过环境容量，环境的自净作用渐渐无法满足人们对美好乡村环境的需要。因此，营造绿色乡村环境急需人们强化环保意识、增强生态观念。

人畜粪污处置不当，厕所文化意识薄弱，"脏、乱、差"现象普遍存在。与人民日益增长的美好生活需求相对比，我国乡村居民厕所文化意识薄弱，广大乡村地区的厕所仍普遍存在"脏、乱、差、少、偏"的特点，简易厕所随处可见，人畜粪污随意堆放，资源化效率极低、处理处置水平严重落后，因粪污问题引发的人体健康受损事件频发。

12. 小农经济抗风险能力弱

乡村常见的小农经济体量小，抗风险能力弱，难以抵御市场风险、自然灾害风险等。

小农经济由于是个体经营，而个体发展带有自利性质，其生产单位"小、散、多"，在遇到天灾和危险时，无法有效组织大规模的抗灾救险行动，往往只能依靠宗亲关系进行一对一救助。小农经济基础上，无法建立完善的公共福利机制，也就导致了个体抗风险能力的降低。小农户经济的生产效率低下，多数农区农业经营的低效率和不经济已使土地丧失了产业"农业利润"的资本功能，而成为一种生存保障手段，许多农民不是为谋利而经营，而是为生存去种植。

单家独户的小农经济在进入市场时，由于信息的不对称、规模的不对等，所有的个体农户都必然是处于弱势地位。再就是其无法依靠自身解决农村剩余劳动力转移的问题，很难自发组织起稳定的合作化非农生产。因对市场把握不准，容易出现农产品盲目种植而滞销，造成土地资源浪费和农业废弃物大量增加，使相应的处理机制缺失。

13. 农民创业就业增收渠道狭窄

当前一些影响农民增收的因素主要如下：农业生产资料价格仍然居高不下，农民增收难度进一步加大；农民增收渠道仍有待拓宽，农民的家庭收入主要依靠外出务工和第一产业收入为主，农村劳动力向非农产业转移的进程缓慢，导致增收渠道较为单一，农民赚钱渠道仍然狭窄，从而制约农民收入的增长。

14. 生搬硬套，以城市化模式解决乡村环保问题

在所调研的乡村中，从理念、规划、建设、维护、使用、管理等全过程均存在过度生搬硬套城市环境设施建设，乡村公园化、城市化趋向尤为突出，造成乡村绿色环境发展同质化、高成本、高耗能现象严重。

15. 重建设、轻运营，乡村环保运营体系不可持续

除白土村等个别乡村之外，多数被调研乡村环境设施等均因政府重视并由财政出资建设，其维护成本远高于乡村发展实际水平，几乎不存在市场运营情况，包括垃圾资源化、无害化处理等若无政府出资也难以维系，面源污染等更是难以控制。

16. 盲目跟风，乡村规划设计同质化现象突出

"千村一面"现象在所调研乡村比较突出，这应是普遍存在的现象，至少在文化、环境、资源等相近似的区域内广泛存在。乡村规划设计不仅未能体现本土、本地、本村文化内涵和产业特色等，也未能尊重当地生产生活方式传统，导致乡村规划设计建设等"一刀切"现象尤为突出。例如，草坪代替了房前屋后的蔬菜瓜果，户外结绳晾衣等被禁止，大树纳凉也被空旷广场所取代，农事节庆仪式活动也消失殆尽等。

17. 只求己净，乡村绿色文化发展严重滞后

所调研的乡村中普遍存在一种认知误区，即认为本村环境整洁干净就好，垃圾、污水、废液、废气等污染其他村庄，甚至海洋、林地等和我无关。同时，近几年大力推行的美丽乡村、文明生态村等本身造成了巨大浪费和严重的污染隐患，使得过度硬化、阉割乡村特色，聚焦短期效益，只求面子忽视里子等现象尤为突出。

18. 污水、废水入海现象突出，滨海生态形势严峻

在调研的沿河、沿海乡村中，较为普遍的存在生活污水、养殖废水等直接排入河、海现象，尤其是滨海虾塘、鱼塘等生产作业时的废水等直接排入海，乡村的山塘、河塘等在进行水体治理、养殖作业时的废水等也会选择直接排入海。

（二）乡村环境存在问题成因分析

随着国家和海南省政府的高度重视以及乡村振兴相关工作的推进，海南乡村环境治理工作已经拉开帷幕，但开展过程并不顺利，进程缓慢，原因分析如下。

1. 缺乏科学合理的乡村建设规划

海南乡村的规划在前瞻性、引导性和衔接性方面比较欠缺，发展目标与路径策略不够明确；土地利用总体规划的管控不到位，资源环境承载能力不清，美丽乡村建设的评价指标体系不明确；生产、生活、生态空间土地资源开发利用布局不合理；缺乏农业产业结构、乡村生产生活方式与农业资源环境相互协调的绿色健康乡村发展模式；缺乏不同类型、不同特点、不同发展水平的人居环境安全和健康的乡村建设模式；目前提倡的城乡一体化发展带来的挑战巨大。

2. 农村污水处理设施缺乏、厕所文化落后

海南乡村大多较小，生活污水分布广、规模小、难收集，仅部分镇区生活污水得到处理，大部分行政村及自然村则不加处理随意排放，缺少合适的污水处理设施和运维管理措施，破坏人居环境的同时，威胁乡村地下水、土壤和饮用水安全。但各地因水污染造成的水环境恶化现象程度不同，不能一概而论。例如，在人少地多、生态环境好的山区，有些专家认为对于少量的污染，大自然自身净化即可解决，应顺势而为，设计简单实用的处理系统，有的专家对此则不认同，双方争议无法达成一致。

排泄物会污染食物和水源，引发肠道疾病，世界上每年因此造成的死亡人数比艾滋病和疟疾共同造成的死亡人数还高。目前，海南农村的化粪池多数存在无底现象，固体积累多年也不清理，粪水长年下渗地下，地下水有被污染的风险，但不同土地条件下污水对地下水的污染情况非常缺乏研究数据，导致处理后的出水继续采用土地下渗方式排放不被环保部门允许，污水处理系统的出水去向存在困难。

3. 生活垃圾等固体废弃物处理设施滞后

农村固废一般有生活垃圾、畜禽粪便、生产垃圾、作物秸秆等（不含建筑垃圾和水产养殖底泥等非常规垃圾），除了少数示范村庄和重点地区，大多数村庄环卫基础设施十分薄弱甚至没有任何基础设施。生活垃圾得不到有效清运与处置，导致不少村庄历史遗留的垃圾存储量大、分布面广，露天焚烧垃圾时有发生。同时，也缺乏因地制宜的垃圾分类标准、运行和处理模式，造成乡村生活垃圾难以实现资源化利用。此外，大多数乡村不具备对垃圾进行合理利用和处理的能力，只收不治、随意倾倒填埋，造成了资源浪费与环境污染。

4. 技术薄弱，环保技术工艺的选择不够适当

环境基础设施建设欠账较多，乡村污染治理技术模式不适当、治理效率不高。乡村生活垃圾和污水污染加剧。多数乡村建在河溪旁，没有建立完整的排放系统；乡村产生的生活垃圾相当部分未经处置，一些地方呈现垃圾"围村、塞河、堵门"之势；而乡村生活污水大多直排到水体中。目前我国农业基本还是采用粗放型生产经营方式，先进的技术手段并未得到普及。部分乡镇企业、集约化养殖业等尚处于初级发展阶段，对产品生产过程中产生的废物无能力进行合理利用和处理，从而造成了一定程度的环境污染和资源浪费。

目前市场上污水和固体废弃物处理的工艺技术种类繁多，但处理效果良莠不齐。由于各种原因，知悉海南本土情况的专家难以参与到海南乡村环境的治理工作中，外地专家对海南当地的气候、人文地理、自然资源、乡村经济和运行管理水平等实际情况认知不足，过分强调工艺技术创新与出水水质指标，规划设计过程中常生搬硬套城市或外地城郊的治理模式，造成工程完成后难以正常运转，综合治理效果不理想。例如，2007～2012 年，海南省共建成小城镇人工湿地污水处理项目 59 个，但在设计时多照搬内陆模式，选址和植物类型方面未能针对海南的台风、热带风暴等天气及沿海地区海水倒灌现象，未做到最大限度地规避自然灾害和选择本土耐盐植物，加上缺乏具体的政策支持和长效的运行管理机制，导致大多数人工湿地处理系统运行瘫痪。亟须统筹多要素，因地制宜地开展乡村环境共性技术及综合示范研究，提升乡村环境综合整治水平。

5. 政策支持不够接地气，落实困难，融资能力不足

乡村建设和环境保护的政策方针经常比较理论化，不够接地气，下面执行时经常面临具体的操作和实施难题。另外，乡村环保建设的公益性强、投资回报率低，相应的激励机制和投资优惠政策缺乏，对社会投资的吸引力较低，而政府主导的环保资金投放和项目建设对乡村的扶持力度不足，导致海南农村环保基础设施建设明显滞后。海南乡村环保工程的建设主要依赖于政府拨款，在主体工程完成后，往往面临着后续运行管理和配套资金不到位的尴尬局面，而向村民集资、收费或村集体出资的可操作性差。例如，乡村供水排水设施建设与运营缺乏可靠的资金来源是阻碍乡村水污染治理的一大难题。实践证明：乡村供水排水工程在管道建设方面的资金投入很大；即便污水处理工艺再简单、操作管理再方便的污水站，也需要动力消耗（无动力工艺除外），需要一定的运行管理维护费用和定期大修资金。而且中部山区和沿海的经济发展不平衡，生态补偿机制尚未系统建立。

6. 监督管理体制不完善，技术和管理人员均缺乏

现行的环保法规主要针对城市和重点污染源防治，对乡村污染及其特点重视不够，加之乡村环境治理体系发展滞后于农业现代化进程，环境立法缺位，解决乡村环境问题力量薄弱且适用性不强。这主要表现在乡镇一级缺少专业的环境保护管理人员；乡村地域广、污染点多且分散，造成不好确定责任人，执法困难；乡村无环境功能分区、定位，难以确定排放标准类别。虽然我国在乡村环境保护标准方面做了大量的工作，但与现实需求相比，还存在诸多问题，再加上现存指南标准本身条文不够具体和细致，技术适宜

性不强，更加大了操作难度。

另外，乡村环境保护涉及环保、水务、环卫、水利、交通、农业、渔业、畜牧、住建等多个相关部门，而各部门工作职能有所交叉但权责不明，存在各自为政、相互推诿等问题，尚未形成党委政府领导、环保和农业部门统一监管、各部门分工负责的有效管理体系，缺乏统一的协调与配合，难以保证乡村环境建设工作全面、协调、有序地开展。除此之外，乡村环境污染防治的法律责任规定不明确，难以确认责任人。环保设施的日常管理机构和养护队伍缺位，目前主要由各村自行临时管理和负责，而运行维修与日常养护主要依靠兼职队伍。具体的管理维护制度不明确，缺乏技术人员、资金保障制度和实施机构。

7. 村民环保意识差，公众参与度低

封闭的海岛型环境、以个体经济为主的小农经济和根植于本土自然经济沃土之中的传统文化，造成了海南乡村文化的长期滞后。此外，乡村经济基础差，农民受教育程度普遍低下，地方政府在环保科普宣传上流于形式或方法不到位，造成村民环境保护意识淡薄、卫生习惯较差，缺乏参与的动力，如对于无底的化粪池，村民并不认为会污染地下水源。因此，乡村环保工程实际落地时常遭到村民的阻挠，如在村舍周边铺设污水管道时，周边群众往往会索要补偿款，或锱铢必较地要求施工尽量不靠近自家屋舍，在村庄定点设置的垃圾桶或垃圾池常被人为损坏等。环境保护意识能否深入人心并真正落实到村民自身的行动中，除了受教育水平的影响外，各方媒体的宣传也是至关重要的。由于许多乡村的生产力水平还不高，衣、食、住、行、上学、就医等问题还未得到较好解决，环保方面的宣传更是跟不上，环境意识和公众参与机制尚未形成。因此，尽快加强环保宣传教育显得尤为重要。

8. 研究队伍和平台缺失

目前，环境保护资金投入不足和技术薄弱等导致乡村环境保护技术推广平台不够完善。经过多年的乡村环保工作积淀，我国已经初步构建了乡村环境保护技术体系雏形，但尚未形成乡村生活污染控制与生态建设技术评价及推广信息平台和专家系统，尤其是可操作性乡村环境保护技术推广配套政策方面十分薄弱，制约了许多乡村污染防治技术的大范围推广和应用。当前，我国乡村急需研究多元推广主体的有效协调、合作与组织运行机制，建立推广服务工作的渠道和组织运作平台；研究建立可移植的集试验、示范、政策和管理为一体的生活污染控制与生态建设技术推广平台，建立技术、资金、政策保障机制及监督管理体系。

9. 未能统筹考虑城乡环境融合均衡发展问题

乡村环境问题的解决，不能就乡村而论乡村，需要统筹考虑城乡环境保护，让城市反哺乡村。一方面，吸收城市环境保护的先进技术；另一方面，更需要进行乡村环境污染控制技术的保障机制创新，并针对不同区域突出问题开展综合技术集成示范。

（三）乡村绿色环境发展综合评价指标体系

海南根据国务院印发的《乡村振兴战略规划（2018—2022年）》，在国家发展和改革

委员会、国家统计局、原环境保护部、中央组织部制定的《绿色发展指标体系》和《生态文明建设考核目标体系》基础上，制定了海南乡村绿色环境发展综合评价指标体系。海南乡村绿色环境发展综合评价指标体系由资源利用、环境保护与治理、环境质量、增长质量、绿色生活、公众满意度6个子系统（一级指标）综合而成（表9-5）。根据各一级指标所含的二级指标对海南乡村绿色环境发展的重要性分配各指标的权数，再经过统计汇总形成6个一级指标的权数，总权数为100%。带*的指标为扩展指标，若评价对象不含海岸线，综合评价指标体系可不含此指标，对应权数可以分解赋给本一级指标内的其他二级指标。指标的含义及计算方法、计量单位及作用方向参见表9-5。

表9-5 海南乡村绿色环境发展综合评价指标体系

一级指标	序号	二级指标	计算方法	计量单位	权数/%	作用方向
资源利用（权数=25.5%）	1	化石能源强度	化石能源消费总量/GDP	tce/万元	3.4	−
	2	农田灌溉水有效利用系数	可被作物利用的水量/灌溉系统取用的灌溉总水量	—	5.1	+
	3	人均耕地面积	耕地面积/农村人口	hm²/人	3.4	+
	4	新增建设用地占比	农村新增建设用地面积/总建设用地面积×100	%	5.1	−
	5	一般工业固体废物综合利用率	一般工业固体废物综合利用量/一般工业固体废物产生量×100	%	3.4	+
	6	农作物秸秆综合利用率	农作物秸秆综合利用量/农作物秸秆产生量×100	%	5.1	+
环境保护与治理（权数=25.5%）	7	生活垃圾无害化处理率	生活垃圾无害化处理量/生活垃圾产生量×100	%	5.1	+
	8	污水集中处理率	污水集中处理量/污水产生量×100	%	5.1	+
	9	环境污染治理投资占GDP比例	环境污染治理投资额/GDP×100	%	3.4	+
	10	自然岸线保有率*	自然岸线面积/岸线总面积×100	%	1.7	+
	11	湿地保护率	受保护湿地（自然湿地保护区、湿地公园等）面积/湿地总面积×100	%	3.4	+
	12	海洋保护率*	海洋保护区（任何通过法律程序或其他有效方式建立,对其中部分或全部环境进行封闭保护的潮间带或潮下带陆架区域）面积/潮间带、潮下带陆架区域总面积×100	%	3.4	+
	13	水土流失治理率	水土流失治理面积/水土流失面积×100	%	3.4	+
环境质量（权数=21.0%）	14	地表水达到或好于III类水体比例	地表水达到或好于III类水体占全部类别之比	%	1.7	+
	15	地表水劣V类水体比例	地表水劣V类水体占全部类别之比	%	1.7	−
	16	近岸海域水质优良（一类、二类）比例*	近岸海域水质优良比例占全部类别之比	%	2.5	+

一级指标	序号	二级指标	计算方法	计量单位	权数/%	作用方向
环境质量 （权数=21.0%）	17	受污染耕地安全利用率	受污染耕地安全利用量/受污染耕地总量×100%	%	2.5	+
	18	单位耕地面积化肥施用量	化肥施用量/总播种面积	t/hm²	2.5	−
	19	单位耕地面积农药使用量	农药使用量/总播种面积	t/hm²	2.5	−
	20	单位耕地面积地膜使用量	地膜使用量/总播种面积	t/hm²	2.5	−
	21	森林覆盖率	森林面积/区域面积×100%	%	5.1	+
增长质量 （权数=10.1%）	22	人均 GDP 增长率	人均 GDP 增长量/人均 GDP ×100%	%	2.5	+
	23	农村居民人均可支配收入	—	元/人	2.5	+
	24	绿色产业增加值占比	绿色产业[借助科技，以绿色生产机制力求在资源使用上节约以及污染减少（节能减排）的产业]增加值占 GDP 的比例	%	5.1	+
绿色生活 （权数=13.6%）	25	农村人均年用电量	农村用电量/农村人口总量	kW·h/人	1.7	+
	26	农村自来水普及率	通自来水家庭/全部农村家庭×100%	%	3.4	+
	27	农村冲水厕所普及率	使用冲水厕所的家庭/全部农村家庭×100%	%	5.1	+
	28	建制镇绿化覆盖率	建制镇绿化面积/建制镇面积×100%	%	3.4	+
公众满意度 （权数=4.3）	29	公众对生态环境质量满意程度	对生态环境质量满意的农村居民占调查农村居民之比	%	4.3	+

注：资料来源于国家发展和改革委员会，2016；新华网，2018。

本指标体系适用于以海南省各市（县）为基本空间单元，进行乡村绿色环境发展的综合评价。综合评价指数采用线性综合加权法进行测算。首先，采用极差标准化法对指标进行标准化处理，不仅可以实现所有二级指标的无量纲化，还可以将负向作用的指标转换成正向作用指标，为指标的线性加和做准备。综合评价指数越大表示乡村绿色环境发展状况越好。

正向指标的标准化公式为

$$Y_i = \frac{X_i - X_{\min}}{X_{\max} - X_{\min}}$$

式中，X_i 为指标的数值；$X_{\min}$ 为数据集的最小值；$X_{\max}$ 为数据集的最大值。

负向指标的标准化公式为

$$Y_i = \frac{X_{\max} - X_i}{X_{\max} - X_{\min}}$$

式中，X_i 为指标的数值；$X_{\min}$ 为数据集的最小值；$X_{\max}$ 为数据集的最大值。其次，采用如下计算公式计算综合评价指数

$$Z = \sum_{i=1}^{n} W_i Y_i$$

式中，Z 为乡村绿色环境发展指数；Y_i 为标准化后的指标值；W_i 为指标 Y_i 的权数；n 为指标个数。

四、海南乡村绿色环境发展战略研究总结

（一）乡村环境治理国际成功案例与先进经验

1. 因地制宜型的日本"造村运动"：挖掘本地资源、尊重地方特色

日本因地制宜型模式是指在乡村治理中，以挖掘本地资源、尊重地方特色为典型特点，通过因地制宜地利用乡村资源来发展和推动农村建设，最终实现乡村的可持续性繁荣，以日本的"造村运动"最为典型。

因地制宜型模式在具体的乡村治理实践中，非常讲究具体问题具体分析的思路，通过整合和开发本地传统资源，形成区域性的经济优势，从而打造富有地方特色的品牌产品。从当前农村发展的现状来看，很难找到适用于各地区的标准化乡村治理模式。因此，因地制宜型的乡村治理能够充分发挥本地优势，有利于提升乡村社会的整体效益。

日本政府广开言路，让各村人民有充分的发言权，进而了解全国各地不同农村的实际状况，在乡村建设方案的制定上，充分尊重民意，根据不同乡情，给予不同的方针。

"造村运动"涵盖了民众基础设施建设、生态环境改善、古村落古建筑保护、培养农业技术人才等诸多方面。"造村运动"的根本目的是让每个村落根据自身具有的优势资源，集中一到两项特色并将其大力发展，使农村焕发出强大的生命力。

"一村一品"是造村运动的典型产物，所谓"一村一品"，就是按照区域化布局、专业化生产和规模化经营的要求，因地制宜地发展具有鲜明地域特色的主导产品和产业，进而形成产业集群，最大限度地实现农村劳动力的就地转移，促进农民增收，建设新农村。

2. 循序渐进型的德国村庄更新：明确发展定位、合理布局，与城市区分开来

德国循序渐进型模式是将乡村治理看作一项长期的社会实践工作，在此过程中，政府通过制度层面的法规调整，对农村改革进行规范和引导，逐渐地将乡村推向发展与繁荣，以"村庄更新"为典型。

循序渐进型模式针对经济社会的快速发展，政府需要不断调适现行的乡村治理目标、方式和手段，以求实现农村社会的整体效益，是一个长期的发展过程。在循序渐进型的乡村治理模式下，政府通过宏观上的规划制定和综合管理，依靠制度文本和法律框架促进农村社会的有序发展。

"村庄更新"推行的建设项目着眼于保护古建筑，发展村庄特色，走绿色发展道路。21世纪后，"村庄更新"融入了可持续发展理念，着力发展生态、休闲、旅游等多个产业，转变传统农业发展模式，发展现代科技农业，主要方向有环境农业、原料农业、基因农业，农村发展呈现勃勃生机。

3. 精简集约型的荷兰 "土地整理"：联合发展特色产业

精简集约型模式是指在国土面积不大、乡村资源相对匮乏的国家，通过整合现有农村资源，充分发挥地区优势，促进农村社会的和谐发展，以荷兰的农地整理为代表。

精简集约型模式是国家在农村资源相对有限的情形下，通过对乡村的精耕细作、多重精简利用的方式，实现规模化和专业化的经济社会效益。在精简集约型模式运作下，一方面促进了农村经济的发展，保护了乡村地区的自然生态环境；另一方面也达到了村庄城市化、可持续性发展的目的。

荷兰的土地整理通常与土地复垦及水资源管理紧密相连。随着时代的发展，可持续发展等先进观念的流入，荷兰的农村建设愈加注重生态保护、可持续发展，利用地方优势发展旅游业等特色产业已经成为荷兰农村建设的新常态。例如，推进可持续发展的农业，提高自然环境景观的质量；合法规划农地利用，推进乡村旅游和服务业的发展；改变乡村生活质量，满足地方需求等。

4. 综合发展型的法国农村改革：一体化农业+领土整治

综合发展型模式是指以满足农村现代化的需求为核心，通过农村建设的集中化、专业化及大型化，推动乡村的综合发展，以法国的农村改革为典型。法国作为经济高度发达的资本主义国家，既是一个工业强国，又是一个农业富国。

综合发展型模式在国家整体规划和科学指导的精神下，通过有效协同的方式，加强了各部门之间的联系，很好地整合了社会中各个部门的优势资源，使其共同致力于推动乡村社会的发展。综合发展型模式非常强调完善的合作机制，以融合和互促的手段建设利益共同体，形成工农共同发展的良性经济循环，加快了农业现代化的实现。

所谓 "一体化农业"，就是在生产专业和协调基础上，由工商业资本家与农场主通过控股或缔结合同等形式，利用现代科学技术和现代企业运作方式，把农业和与农业相关的工业、商业、运输业、信贷业等部门结合起来，组成利益共同体。

"领土整治" 则是通过国家相关的法规支持经济欠发达地区乡村发展，实现农村社会资源的优化配置，旨在解决区域发展不平衡，以及实现生态环境的保护等。法国将农村的空间环境和生态环境作为重点，划定了不可逾越的红线，目的在于保护城市与乡村居住环境的多样化。

法国用城市总体规划和土地利用计划来指导城乡土地利用，优先保证各类绿地、开放空间、农场牧场、村庄建设规模，以及农房高度边界和绿色边界，保持乡村形态和自然景观的原始延续，从根本上防治对农村土地的蚕食，最大限度地避免城市过度膨胀所带来的 "城市病"。

法国政府大量建设各类保护区，特别是分布在各地的大区级自然保护区，在保护自然遗产的同时，重点保护作为文化遗产的村落，并在保护中发展村镇经济，避免城市化引起的乡村衰落。

5. 自主协同型的韩国 "新村运动"：政府努力支持与农民自主发展结合

韩国自主协同型模式是推动农村跨越式发展的典型模式，主要通过政府努力支持与农民自主发展相配合共同实现乡村治理的目标，以 "新村运动" 为代表。

自主协同型模式是在城乡差距十分大的国家或地区非常实用的一种乡村治理模式。一方面，政府为了维护自身的合法地位，塑造良好的政府形象，需要对农村进行整治和改造；另一方面，长期处于贫困处境的农民，也非常愿意通过自身的努力改变落后的现状，改善生活质量和增加经济收入。

6. 生态环境型的瑞士乡村建设：生态环境增强农村吸引力

生态环境型模式是指政府在乡村建设中，通过营造优美的环境、特色的乡村风光以及便利的交通设施来实现农村社会的增值发展，提升农村的吸引力，其中瑞士的乡村建设最为典型。随着社会化和城市化的发展，瑞士的农村和农民不断减少，但是瑞士政府依旧将乡村发展作为推动国家前进的重要组成部分，努力实现乡村社会的繁荣。

生态环境型模式以绿色、环保理念为依托，强调将乡村社会的生态价值、文化价值、休闲价值、旅游价值及经济价值相结合，从而改善乡村生活质量，满足地方发展需求。生态环境型模式在工业发达、城市化水平较高及乡村建设已达到领先地位的发达国家比较适用，也是农村现代化的样板。

7. 城乡共生型的美国乡村小城镇建设：城乡一体化发展

城乡共生型模式以遵循城乡互惠共生为原则，通过城市带动农村、城乡一体化发展等策略来推动乡村社会的发展，最终实现工业与农业、城市与农村的双赢，以美国乡村小城镇建设为典型。美国是世界上城市化水平很高的国家之一，在乡村治理过程中，非常推崇通过小城镇建设来实现农村社会的发展。

城乡共生型模式产生于特殊的社会人文环境，多见于经济发展程度较高的发达国家，以农村完善的公共服务体系和发达的城乡交通条件为基础，能够全面提升国家的现代化水平。在城乡共生型模式下，政府在追求经济目标的同时，更加重视乡村生态、文化、生活的多元化发展。

8. 伙伴协作型的加拿大农村计划

伙伴协作型模式是指在互相交流和充分沟通的基础上，通过跨部门之间的协商合作形成战略伙伴关系，最终共同致力于乡村善治目标的实现，以加拿大的农村计划最为典型。加拿大作为世界上最发达的国家之一，也存在着城乡之间贫富分化的情况。

伙伴协作型模式改变了以往政府高高在上的形象，政府通过协调各部门之间的关系，与村民形成了新型的合作伙伴，积极帮助农民改善生活，促进农村现代化的快速实现。伙伴协作型乡村治理模式的主要价值在于实现城乡的统筹协调发展，通过平衡城市与农村的经济社会发展水平，提高农村社会的整体效益。

具体措施包括如下方面。

1）建立跨部门的农村工作小组支持和解决乡村问题，提高工作效率，降低政府行政成本。

2）建立农村对话机制，定期举办农村会议、交流学习、在线讨论等活动，及时掌握社情民意，为民众排忧解难。

3）构建农村透镜机制，使各级政府部门官员站在村民立场上，时刻牢记为人民服务的宗旨。

4）推动和组织不同主题的农村项目，激发企业和个人到农村创业。

5）在欠发达的农村地区建立信息服务系统和电子政务网站，为村民提供信息咨询服务和专家指导建议。通过农村协作计划的实行，政府成了维护村民利益、提高农民生活水平的好伙伴，极大地推动了乡村地区的发展和社会的繁荣。

综上所述，这些乡村治理模式尽管类型多样（有些是自上而下产生的，有些是上下结合驱动的）、特点各异（有些是外生的，有些是内生的），但都发挥了政府部门、农民协会、乡村精英、普通村民、城市、企业、高等院校、金融机构等参与主体的功能作用和内在价值，充分体现了多中心治理理论的思路，从而实现了乡村社会的稳定、繁荣和发展。因此，我们应该积极借鉴和充分吸收八大国家的治理经验，充分发挥政府部门、农民协会等社会各层面机构和组织的功能作用和内在价值，以精神领导意识，以意识贯彻行动，尽全力积极处理农村治理问题，不遗余力地解决农民纠纷。坚持自上而下领导建设海南特色乡村绿色环境发展范式。

（二）乡村绿色环境发展范式

习近平在 2018 年 4 月 11 日～13 日在海南考察时的讲话中提到："乡村振兴，关键是产业要振兴。要鼓励和扶持农民群众立足本地资源发展特色农业、乡村旅游、庭院经济，多渠道增加农民收入。"

因此，在此基础上我们提出了建设形成"三角度、两方面、一中心"的海南绿色乡村环境发展范式网络。

1. 一中心

以发展海南省旅游经济为中心，充分调动乡村旅游活力，整合各种资源，强化各种举措，稳步有序推进农村人居环境突出问题治理。扩大旅游投入，加强旅游小镇、共享农庄与椰级乡村旅游点 A 级旅游厕所建设。实施乡村绿化行动，全面保护古树名木，积极建设乡村公园。呼吁建设星级酒店，提高旅游居住质量与环境。在维持原有星级旅游景区的基础上深化发展乡村旅游新模式，整合自由行、乡村行等各种休闲旅游形式，将海南打造成高质量、高水准、友好型的国际旅游岛。

2. 两方面

充分调动两方面即社会和政府的力量，参与海南绿色乡村环境发展。以政府部门为领导，加强与社会企业、组织之间的合作，进而充分发挥政府部门、农民协会、乡村精英、普通村民、城市、企业、高等院校、金融机构等参与主体的功能作用和内在价值，利用多中心治理理论的管理思路，实现乡村社会的稳定、繁荣和发展。

3. 三角度

三角度，即思想角度、制度角度和建设方向角度。

思想角度是指要大力宣扬十九大精神、中华民族的优秀精神品质和吃苦耐劳的工作精神。海南省绿色乡村环境发展的各个阶段都需要十九大精神作为政府工作人员力排众难的工作支撑。宣传问题诱发意识，意识贯穿精神的思维逻辑，从思想上提高政府各阶层工作人员的工作能力和解决问题的能力。

制度角度是指要结合海南绿色乡村环境发展中遇到的各个问题，专注细节，结合问题提出方法，通过汇总问题、掌握规律、出台政策，最终通过整合政府与社会各方力量形成海南省绿色乡村环境发展的特色体系。统一、整合、高效、精准地解决乡村环境问题，加快海南绿色乡村环境建设的步伐。

建设方向角度是指要坚持推进海南乡村的基础设施建设、旅游资源建设和社会成分调整。要坚持实施农村"五网"基础设施建设重大工程，推进绿色乡村生产生活推进重大工程、绿色农业产业培育重大工程、生态系统保护和修复重大工程、绿色乡村稳定脱贫重大工程、绿色乡村人才培训重大工程、绿色乡村文化繁荣兴盛重大工程。坚定整合海南优质旅游资源，增强各乡镇旅游发展的自主意识，在环境保护的基础上发展海南特色乡村旅游。同时，海南省政府应出台相应政策吸引国内外优秀人才，形成适合海南绿色乡村环境发展的社会动力。另外，还应注意以下方面。

1）充分利用有利自然人文资源。要充分利用当地优秀旅游资源、自然资源和地理位置等有利要素，在坚持可持续发展与生态保护的环境理念基础上，做到开发速度与力度恰当，思维创新与理论现实充分结合。用积极、融合、多元的治理手段因地制宜地改善海南当地农村现状。

2）坚持"以点连线，以线连面"的工作思路。农村问题的治理不同于当地政策的制定，在农村问题的细节化方面，乡村与乡村之间往往存在着很大的差异。海南政府要贯彻宣扬不怕艰苦的奋斗精神，在吃苦耐劳的基础上，打造真才实干的农村干部群体，以老百姓反馈作为出发点，从根本上解决乡村环境治理。

3）生态保护与乡村发展互利共赢。乡村绿色环境发展是一种互利共赢的发展观念，共赢的双方是人与自然。"绿水青山就是金山银山"，以此为据，乡村绿色环境发展的实现便是乡村发展建设与生态环境保护之间的协调与平衡。党的十九大提出乡村振兴战略的重大决策部署。乡村振兴是包括产业振兴、人才振兴、文化振兴、生态振兴和组织振兴的全面振兴。五大振兴的总要求是"产业兴旺、生态宜居、乡风文明、治理有效、生活富裕"，所以海南乡村的振兴发展要与生态环境保持共赢的状态，用以适用于海南乡村的治理方式，及时处理各类问题，紧抓治理力度，提高农村绿色环境质量。

（三）乡村绿色环境发展重点工程

为适应海南省绿色乡村发展的新布局，我们提出了乡村绿色环境发展重点工程。

1. 农村"五网"基础设施建设重大工程

编制"五网"基础设施专项规划，加快农村路网、光网、电网、气网、水网等基础设施建设，推动城乡基础设施互联互通。全面推进"四好"农村路建设，加快实施通村组（自然村）硬化路建设，加大成品油消费税转移支付资金用于农村公路养护的力度。实施数字乡村战略，做好整体规划设计，加快农村地区宽带网络和第四代移动通信网络覆盖步伐，开发适应"三农"特点的信息技术、产品、应用和服务，推动远程医疗、远程教育等应用普及。积极推进燃气下乡进村，推动实现"气代柴薪"，加快燃气管网向村镇延伸步伐。加快新一轮农村电网改造升级，开展提升电网供电保障能力三年行动计划，解决农村供电低电压、重过载问题，推进农村可再生能源开发利用。推进节水供水重大水利工程，打造协调生态水网，统筹解决城乡水资源短缺、水生态退化、水环境恶化、水灾害频发问题。加快实施农村饮水安全巩固提升工程。提升气象为农服务能力。加强农村防灾、减灾、救灾能力建设。实施深化农村公共基础设施管护体制改革。

（1）路网

改善特色产业小镇、乡村旅游景点景区和特色农业基地等的交通运输条件。进一步理顺农村公路管理体制，全面落实地方政府主体责任，推行农村公路"路长制"，适时适地探索"建养一体化"模式，加快推进农村客运和物流发展。

（2）光网

加大财政补贴支持力度，实施信息进村入户工程，引导光网运营商将光网建设工作进一步向自然村、农垦地区延伸，继续落实农村地区网络提速降费政策。鼓励民间资本参与农村宽带接入网络设施建设和运营。

（3）电网

实施新一轮农网改造升级工程，实施农村通动力电规划，开发利用可再生能源，积极推进农村电力管理体制改革，全面解决农村地区生产生活用电问题，实现农村动力电全覆盖；应用智慧能源、大数据、人工智能等新技术、新工艺、新模式，持续推进安全、可靠、绿色、高效的现代农村电网建设，基本实现城乡电力公共服务均等化。

（4）气网

在建成"田字形"供气管网、实现县县通管通气的基础上，鼓励社会资本参与农村燃气管网和储存设施建设运营，推动燃气下乡。支持符合条件的企业通过投资建设民用燃气"卫星站"或通过城镇供气管网延伸，开辟农村用气市场，让大多数乡村用上清洁能源。

（5）水网

完善农田水利设施，保障农村饮水安全，普及农村自来水。

2. 绿色乡村生产生活推进重大工程

深入开展农村人居环境整治行动。深化"厕所革命"，强化资金保障，将农村无害化厕所建设作为乡村振兴战略的一项具体工作强力推进。推进厕所在城乡间、地区间的合理布局，提升厕所建设质量，健全厕所管理体制。大力开展农村户用无害化卫生厕所建设和改造，同步实施粪污治理，加快实现农村无害化卫生厕所全覆盖。加强旅游小镇、共享农庄与椰级乡村旅游点A级旅游厕所建设。加强农村新建住房无害化户厕配套建设和农村无害化公共厕所建设管理工作，积极探索和引入市场机制建设、管护农村无害化卫生厕所。以农村垃圾、污水治理和村容村貌提升为主攻方向，整合各种资源，强化各种举措，稳步有序推进农村人居环境突出问题治理。建立完善的农村生活垃圾清扫、保洁收运体系。完善农村垃圾分类和资源化利用制度与设施建设。加强农村污水治理，实施农村生活污水治理全覆盖工程。逐步建立农村低收入群体安全住房保障机制。强化新建农房规划管控，全面推行逢建必报制度。加强"空心村"服务管理和改造。保护、保留乡村风貌，开展田园建筑示范，培育乡村传统建筑名匠。实施乡村绿化行动，全面保护古树名木，积极建设乡村公园。

3. 绿色农业产业培育重大工程

乡村振兴，产业兴旺是重点。必须深入推进农业供给侧结构性改革，坚持质量兴农、绿色兴农，突出农业绿色化、优质化、特色化、品牌化，构建现代农业产业体系、生产体系、经营体系，推动农业由增产导向转向提质导向，加快实现由农业大区向农业强区转变。

发展一村一品、一镇一业，做强富民兴村产业。做大农产品加工、电子商务、休闲农业、田园综合体、乡村旅游、乡村共享经济等新产业，打造水果、蔬菜、南药、畜禽、水产、饲料等产业集群。以现代农业产业园、现代农业公园、现代农业示范区、农产品加工园区、特色农产品优势区为载体，集中培育和发展特色优势产业，打造现代农业要素聚集区。坚持政府引导、市场主体、多方投入的模式建设现代农业产业园。

4. 生态系统保护和修复重大工程

乡村振兴，生态宜居是关键。必须牢固树立"绿水青山就是金山银山"理念，统筹"山水林田湖草"系统治理，加强生态系统保护与修复，加快建立健全源头保护和末端治理机制，持续改善农村人居环境，推动乡村生态振兴。

实施重要生态系统保护和修复工程，优化和保护国土生态空间，保持生态功能稳定，完善生态安全格局。实施天然林保护、湿地保护和恢复、生物多样性保护等重点生态修复工程，实施"清洁土壤工程"，以耕地为重点完成农用地土壤污染状况详查，建设全省土壤环境质量监测网络，开展农用地土壤环境质量状况类别划定并实行分类管控。以"山水林田湖草"保护修复工程为重点，通过土地整治、植被恢复、河湖水系连接等手段系统恢复生态功能。加强农村饮用水水源保护，全面落实"河长制""湖长制"。落实水电生态电价政策，建立覆盖全省、统一规范的全流域生态保护补偿机制。持续推进水土流失治理。完善海洋环境协同保护机制，实施"蓝色海湾"和红树林种植修复工程，开展岸线和海岛整治修复，对不符合养殖规划的设施开展清退工作。加强农村环境监管能力建设，强化基层监管执法力量，落实县、乡两级农村环境保护主体责任。

5. 绿色乡村稳定脱贫重大工程

乡村振兴，摆脱贫困是前提，生活富裕是根本。推动公共资源向农村倾斜，加快补齐农村民生短板，缩小城乡差距，在发展中保障和改善民生。脱贫富民重大工程具体包括"十项工程""四大行动""五大支撑""三大机制""五大保障"。

十项工程：精准帮扶到户到人，即实施产业扶贫工程、旅游扶贫工程、就业扶贫工程、生态扶贫工程、教育扶贫工程、健康扶贫工程、危房改造扶贫工程、综合保障性扶贫工程、精神扶贫工程、社会扶贫工程。

四大行动：推动贫困地区到村到组基础设施建设，即开展交通扶贫行动、水利扶贫行动、电网和光网扶贫行动、贫困地区农村人居环境整治行动。

五大支撑：助力精准脱贫攻坚行动，即强化财政投入支撑、金融支撑、用地政策支撑、人才和科技支撑、法治支撑。

三大机制：夯实脱贫攻坚基础性工作，即完善精准识别和贫困退出机制、扶贫开发大数据平台信息管理和信息共享机制、脱贫攻坚项目库建设管理机制。

五大保障：加强和改善党对脱贫攻坚工作的领导，即强化脱贫攻坚五级战斗体系、把贫困村党组织建成脱贫攻坚坚强战斗堡垒、营造良好社会氛围、深化扶贫领域腐败和作风问题专项治理、加大脱贫攻坚战激励和问责力度五个方面的保障措施。

6. 绿色乡村人才培训重大工程

（1）大力培育新型高素质农民

全面建立高素质农民制度，完善配套政策体系。实施新型高素质农民培育工程。支持新型高素质农民通过弹性学制参加中高等农业职业教育。在农业类中等职业学校继续办好"农民中专班"。创新培训机制，支持农民专业合作社、专业技术协会、龙头企业等主体承担培训。引导符合条件的新型高素质农民参加城镇职工养老、医疗等社会保障制度。鼓励各地开展高素质农民职称评定试点。

（2）加强农村专业人才队伍建设

建立县域专业人才统筹使用制度，提高农村专业人才服务保障能力。推动人才管理职能部门简政放权，保障和落实基层用人主体自主权。推行乡村教师"县管校聘"。实施好少数民族地区、贫困地区和革命老区人才支持计划。继续实施"三支一扶"、特岗教师计划和乡村教师定向培养计划等。组织实施高校毕业生基层成长计划，引导和鼓励高校毕业生到基层工作。支持地方高等学校、职业院校综合利用教育培训资源，创新人才培养模式，为乡村振兴培养专业化人才。扶持和培养一批农业职业经理人、经纪人、乡村工匠、文化能人、非遗传承人等。

（3）发挥科技人才支撑作用

全面建立高等院校、科研院所等事业单位专业技术人员到乡村和企业挂职、兼职和离岗创新创业制度，保障其在职称评定、工资福利、社会保障等方面的权益。建立高等院校、科研院所与市（县）政府共建热带特色高效农业示范市（县）、示范乡（镇）的机制。实施农业科研杰出人才计划和杰出青年农业科学家项目，支持开展区域特色优势产业新品种选育、重大农作物病虫害防治和动物疫病防控等科技攻关，有效防治多种农业病虫害。健全种业等领域科研人员以知识产权明晰为基础、以知识价值为导向的分配政策。探索公益性和经营性农技推广融合发展机制，允许农技人员通过增值服务合理取酬。全面实施农技推广服务特聘计划。

7. 绿色乡村文化繁荣兴盛重大工程

对于乡村振兴绿色发展，绿色乡风文明是保障。必须坚持物质文明和精神文明一起抓，培育和弘扬绿色文明乡风、良好家风、淳朴民风，提升农民精神风貌，激发乡村文明创新创造活力，凝聚实现乡村振兴的强大精神力量。

加强农村思想道德建设。深入宣传习近平新时代中国特色社会主义思想，推动社会主义核心价值观进村入户，弘扬民族精神和时代精神，加强爱国主义、集体主义、社会主义教育。加强农村思想文化阵地和队伍建设，创建农村宣传思想文化工作示范乡镇，推动文化科技卫生"三下乡"，广泛开展群众性文化活动。开展移风易俗行动，遏制大操大办、厚葬薄养、人情攀比等陈规陋习，弘扬诚信文化，净化社会风气，树立文明乡风。抵制封建迷信，加强农村科普。可启动新一轮文明村镇、文明家庭创建活动。

发挥县级公共文化机构辐射作用，推进基层综合性文化服务中心建设，实现乡、村两级公共文化服务全覆盖。强化公共文化服务供需对接，实施文化惠民工程，推进乡镇实体书店和数字影院建设，提升行政村农家书屋管理水平，加强乡村广播电视传输覆盖网络建设。支持"三农"题材文艺创作生产，鼓励文艺工作者深入农村、贴近农民，推出具有乡村特色、深受农民欢迎的优秀文化作品和文化产品。繁荣农村文化市场，丰富农村文化业态，加强农村文化市场监管。

（四）乡村绿色环境发展目标方向

为回应中共中央提出的到 2035 年基本实现社会主义现代化的战略目标。海南省将于 2025 年初步形成农村"五网"基础设施建设重大工程、绿色乡村生产生活推进重大工程、绿色农业产业培育重大工程、生态系统保护和修复重大工程、绿色乡村稳定脱贫重大工程、绿色乡村人才培训重大工程、绿色乡村文化繁荣兴盛重大工程的基础形态，"三角度、两方面、一中心"的海南省绿色乡村环境发展范式网络体系初步形成，海南省乡村旅游基本成型；于 2035 年实现农村"五网"基础设施建设重大工程、绿色乡村生产生活推进重大工程、绿色农业产业培育重大工程、生态系统保护和修复重大工程、绿色乡村稳定脱贫重大工程、绿色乡村人才培训重大工程、绿色乡村文化繁荣兴盛重大工程的全面建成，全面解决海南省的乡村环境治理问题，乡村旅游发展成熟。

（五）乡村绿色环境发展行动策略

1. 全面落实"产业兴旺、生态宜居、乡风文明、治理有效、生活富裕"总要求

中央农村工作会议提出，实施乡村振兴战略，要按照"产业兴旺、生态宜居、乡风文明、治理有效、生活富裕"的总要求，让农业成为有奔头的产业，让农民成为有吸引力的职业，让农村成为安居乐业的美丽家园。

1）产业兴旺是前提。产业兴，带动百业兴，农村就能生机盎然、活力迸发、前景美好。实现产业兴旺，要靠发展农村生产力，推进农业供给侧结构性改革，加快建设现代农业产业体系，率先实现农业现代化。大力发展乡村旅游，推动农村第一、第二、第三产业的融合发展，培育农业农村发展新动能，千方百计增加农民收入，惠及群众，增加福祉。

2）生态宜居是基础。建成山青水绿、生态宜居的美丽乡村，农村才更有吸引力、农民才更有归属感、农业才能可持续发展。只有这样，习近平总书记提出的"绿水青山就是金山银山"理念，才能在农村落地生根。

3）乡风文明是内涵。乡村美，首先是文化美；乡村振兴，必须文化引领。乡风文明要求农村的发展要实现物质文明和精神文明的有效对接，弘扬优秀传统文化和现代文化，发展村民文化素质和精神风貌，为农村发展提供安定团结、和谐有序的文化氛围和

精神引领。

4）治理有效是保障。自治、法治、德治，三者的有机结合构建了乡村治理体系。这是进入新时代的新要求、新举措。

5）生活富裕是关键。生活富裕是实施乡村振兴战略的核心目标，也是衡量我们工作的基本尺度。只有农民收入提高了，才会有资本整改自己所处的环境，这样才会真正达到乡村绿色环境发展，以至于最后的终极目标——乡村振兴。

2. 系统梳理乡村生态环境关键影响因素

乡村振兴绿色发展的推动需要梳理乡村生态环境的关键影响因素，从经济、社会、文化等多方面着手，明确各类关键影响因素，多渠道分析问题、解决问题，统筹兼顾。例如，对基于生态承载力的乡村环境规划方法和建设模式的缺乏；技术标准缺位、技术薄弱；乡村环境污染治理资金投入不足、管理分散；环境基础设施建设及管理体制不完善；未统筹考虑城乡环境问题，充分调动城市积极性反哺乡村；环保宣传力度不够，村民环保意识差；乡村发展产业布局可能带来的环境安全隐患等。

3. 整合优化"三农"资源投入结构和方式

目前"三农"资源主要由各级政府投入、配套及群众和项目实施单位自筹，用于改善农业、农村、农民生产生活等。近年来各级政府加大投入，但其分配、管理、筹集、使用等环节还有待进一步完善和改进。按照"分类科学、分工明确、管理规范、运转有序"的要求，探索现有财政支农资源整合的有效途径，建立支农资金使用管理机制。创新投入方式，增加支农资源渠道。"三农"资源的投入，靠政府财政投入是远远不够的，必须引导、吸引民间资金、社会资金，注重提高资源的投入效果，充分发挥其作用。"三农"资源除了资金的投入，还要重视技术、人才的投入，完善"三农"资源投入结构，全方位服务于乡村绿色环境发展的推进，多层次服务于美丽乡村的建设。

4. 建立健全城乡融合绿色发展体制机制

2021年的中央一号文件把城乡融合发展作为实施乡村振兴战略的基本原则之一。城乡融合发展，就是要改变农村的发展只是农业的发展、农村的功能只是提供农产品的传统观念，树立"城乡等值""共存共荣""共建共享"的新理念。

一方面，要加快农业农村建设，激发农民群众主体精神，实现农村经济发展、社会稳定、农民安居乐业；另一方面，逐步推动城乡在建设规划、产业布局、公共服务、生态保护、社会管理等方面统筹融合，加快形成以工促农、以城带乡、城乡互补、共同繁荣的新型工农关系、城乡关系，进一步推进城乡一体化建设，建立健全城乡融合绿色发展体制机制。

5. 推广普及乡村绿色环境发展实用技术

因地制宜地开发和使用低成本、高效率的污水、垃圾处理技术。农办、环保、农林、科技等部门应加强对农村污染治理技术的服务指导，并把这一工作纳入各部门的职责范围，加强试点工作。加快现有成果的转化、推广，特别是针对海南不同地区环境特点，采用成本较低的环保技术，结合发展农业循环经济、清洁生产，把畜禽养殖污染治理、秸秆等废弃物综合利用有机结合起来，实现农村生活污水的生态化处理和粪便、垃圾、秸秆等的资源化利用。积极进行乡村实用环保技术的推广应用。改革农村能源结构，全面改灶、改电、改厕，变过去燃煤、烧柴为燃气、用电，推广使用清洁能源。海南光热资源丰富，应着重推广太阳能、沼气等适合农村使用的清洁能源。

6. 乡风文明长效工作机制加快确立

在乡村基础设施良好的前提下，同时也相应衍生出运行成本比较高、污水处理系统运行需要高额电费和管理维护费、政府财政负担较重等问题。这就需要通过提高农民本身的知识和素质来改善农村的生态环境问题。紧密结合县情、乡情、村情，对广大农民群众加强指导、培训、宣传和教育，充分利用广播、电视、报刊、网络等媒体，开展有关乡村生态建设的演讲、征文、摄影、培训等多层次、多形式的舆论宣传和科普宣传，使农民从根本上意识到农业生态环境对其自身健康和其生活的环境的重要性。积极引导广大农民从自身做起，自觉培养健康文明的生产、生活、消费方式，为长期环境整治、文明创建打下坚实基础。可在重要道路和区域设置广告牌或横幅，提高村民乡村生态环保意识，引导群众积极参与整治工作。在中小学开展环境保护教育，组织实施环境保护实践，树立保护环境的理念。充分发挥"世界环境日""全国低碳日"等的特殊影响，以生态人文为特色，提升乡风文明程度，使环保意识、绿色消费等观念深入人心。

7. 确立完善乡村生态环境保护长效机制

乡村生态环境保护是需要长期投入、实施、监督、控制的事业，要引起政府、乡村居民足够的重视，并加强对乡村生态环境保护长效机制的探索。引起思想上的重视还不够，要切实加大对这项事业的资源投入，助力建设乡村生态环境保护长效机制的设施建设与维护，做到有了环境保护设施后，有专人管理、维护，让已有的成果持续发挥作用。乡村生态环境的保护离不开乡村的主人——乡村居民，管理组织应充分采集群众意见、识别群众需求、调动群众积极性，利用好群众的集体智慧，确保环境保护长效机制的实施、监督控制和优化升级。

（六）乡村绿色环境发展路径选择

1. 绿色低碳循环经济

探索绿色低碳循环经济体系，意味着经济增长要建立在生态环境容量和资源承载力的约束条件下，将环境资源作为经济发展的内在要素，将环境保护作为实现可持续发展的重要支柱，把实现经济、社会和环境的可持续发展作为乡村振兴绿色环境发展的目标。发展绿色循环低碳经济要善于将"统筹兼顾"这一根本方法与"循环利用"的技术原则紧密结合起来。现代循环农业是以资源高效和循环利用为核心，以低消耗、低排放、高效率为基本特征的现代农业类型。其不仅具有现代农业的运作高效性，更具有循环农业资源节约性，而且可以通过优化组合，实现优势充分叠加而产生综合性的集成效应。①立足于适量投入、立体种养、高效利用、固碳减排，构建资源节约型复合生态系统的生产模式。②立足于优化环节、合理循环、减少废弃、防控污染，构建环境友好型循环利用系统的生产模式。③立足于农林复合、农牧配套、合理调控、促碳中和，构建固碳增汇型优化调控系统的生产模式。④立足于发挥功能、优势互补、统筹集成、和谐发展，构建生态文明型统筹协调系统的生产模式。⑤立足于技术密集、高效循环、科技创新、产业升级，构建科技示范型高效循环农业的园区模式。

2. 绿色田园综合体

绿色田园综合体的核心是"为农"，特色是"田园"，关键是"综合"，脉络是"绿色"。绿色田园综合体讲的是实现农村生产生活生态"三生同步"，第一、第二、第三产业"三产融合"，农业文化旅游"三位一体"，需要强调的是，"绿色"是整个田园综合体建设过程中必须遵循的环境原则、生态底线。绿色田园综合体必须有农村的第一产业，也就是农林牧渔等产业，不管是哪一种业态或产业，一定要有一定的规模，生产体系有一定的完整性，服务体系可以不健全但一定要有市场需求，运行体系可以不高效但一定要有组织；对于第二产业里面的农产品加工业，需要能够借助本地的第一产业基础，实现加工增值，生产农产品就要考虑其分级、加工及品牌建设销售，带动区域农业产业发展和农民增收致富。农村的第三产业服务业，可以是结合第一产业的农业生产性服务业，也可以是结合第二产业的品牌、加工、物流配送及金融服务业，总之能够通过内生性的不断提升，促进第一、第二、第三产业的提升，同时促进第一、第二、第三产业之间的有效融合发展。当然，在第一、第二、第三产业融合的过程中需要做到将农业与文化、旅游等高附加值的产业发展起来，这样就能够将产业生产层面的体系，延伸到生态体系的建设，也就能够实现最终的乡村振兴了。

3. 新型休闲旅游模式

新型休闲旅游型模式主要是在适宜发展乡村旅游的地区，其特点是旅游资源丰富，住宿、餐饮、休闲娱乐设施完善齐备，交通便捷，距离城市较近，适合休闲度假。乡村旅游业的发展不仅能增加当地政府的财政收入，还能为当地村民带来实实在在的就业机会。近年来，我们注意到乡村旅游的迅速发展，逐渐呈现产业的规模化和产品的多样化。不过，不同于科技产业，旅游业的发展必须依托独特的资源禀赋、独具特色的自然资源、丰富灿烂的文化遗产，这些都是旅游开发所需要的关键要素。要把挖掘独有的生态资源作为开发生态旅游之本，逐步健全健康医疗服务系统、文化教育服务系统、农业生产服务系统、居家生活服务系统。

从日本、欧美等发达国家和地区的经验来看，还有一类乡村非常具备改造和振兴的价值，那就是文化乡村。这里的文化包括民俗文化、历史文化和传统乡土文化，它代表了乡村的生长、发展的灵魂。作为有5000多年历史的大国，中国在许多乡村都有着极为丰富的人文历史。这里文化、传统、风俗和历史人物辈出，本身就是极好的可供旅游参观的吸引物。在这样的条件下，以文化为抓手进行乡村再造，是一个非常好的切入点。

4. 产业发展型模式

产业发展型模式主要在东部沿海等经济相对发达地区，其特点是产业优势和特色明显，农民专业合作社、龙头企业发展基础好，产业化水平高，初步形成"一村一品""一乡一业"，实现了农业生产聚集、农业规模经营，农业产业链条不断延伸，产业带动效果明显。加大新农村建设的资金投入，乡村的基础设施及社会公共事业建设都得到快速发展。此外，为解决数量过万的村民的就业问题，可利用当地现有的劳动密集型企业，有效吸纳剩余劳动力。另外，还可利用乡村外来流动人口的条件，鼓励和引导村民发展餐饮、娱乐、房屋出租等服务业。随着集体经济实力的壮大，不断以工业反哺农业，强化农业产业化经营。

5. 高效农业型模式

高效农业型模式主要在农业主产区，其特点是以发展农业作物生产为主，农田水利等农业基础设施相对完善，农产品商品化率和农业机械化水平高，人均耕地资源丰富，农作物秸秆产量大。创建美丽乡村过程中要充分发挥本地的资源优势，做大做强现代高效农业。

规划路径：以当地特有的优质大农业资源与差异化"高、精、尖、新"农业科普展示内容相结合，建立现代都市型生态科技农业产业示范园。

（七）乡村绿色环境发展保障措施

1. 全面深化农村改革，创新乡村绿色环境发展体制机制

改革一直是推动农业农村发展的不竭动力。党的十九大作出了实施乡村振兴战略的重大决策，吹响了加快推进农业农村现代化的进军号。站在新的历史起点上，推动农业全面升级、农村全面进步、农民全面发展，根本还是要靠全面深化农村改革，不断为农业农村现代化释放新活力、注入新动能。新时代深化农村改革，主线是要处理好农民与土地的关系，关键是要保持土地承包关系稳定并长久不变。农产品价格形成机制改革、农村土地制度改革、农业支持保护制度改革等一批重大试点已在全国铺开，要贯彻推进农业供给侧结构性改革的要求，不断提高农业供给体系质量和效率。构建归属清晰、权能完整、流转顺畅、保护严格的农村集体产权制度，是新时代完善农村生产关系的重大举措。改革只有进行时，没有完成时。

2. 推进农村产业振兴，完善乡村绿色环境发展政策体系

从党的十九大报告开始，再到 2018 年公布的中央一号文件，推进乡村振兴战略已有了明确的部署。乡村产业振兴是实施乡村振兴战略的重要一环，切实需要完善乡村绿色环境发展政策体系，从提质增效、完善基本经营制度等方面着手，有序推进体制机制创新。要推进对农副产品的深度加工、利用，提高产品的附加值，营造农村产业优良形象。此外，还可以开拓旅游+绿色生态农村的第一、第三产业融合模式。

3. 强化科技支撑引领，夯实乡村绿色环境发展关键基础

充分利用好现代科技的成果，让科技服务于乡村绿色环境发展，让科技出于民、用于民，切实发挥其造福人类的作用及回归其让人类生活更美好的初衷。各级组织要为科技入乡村做好牵头引领工作，乡村管理人员及居民要为科技切实发挥作用做好配合，要

落实管理、维护工作。科技应在环境治理、现代化农业、各类资源高效流转中得到应用，要用好、用足这一人类文明发展的硕果。

4. 打造专业人才队伍，增强乡村绿色环境发展智力支撑

打造全面综合的专业人才队伍，让人才引得进、留得住，建立良性人才服务乡村绿色环境发展机制。让环境治理专业人才提供乡村生态环境本底保障；绿色循环经济发展人才提供乡村居民生活保障及绿色发展路径前进保障；基层农业技术人才提供现代化农业高效流转保障；基层管理人才提供乡村环境全面发展统筹保障。实现乡村绿色全面协调可持续发展，营造美好生活环境，保障乡村居民生活质量。

5. 培养新型高素质农民，壮大乡村绿色环境发展经营主体

任何一个产业的发展都离不开人的作用，农业这一传统产业更是如此。当前现代农业的发展以及乡村绿色环境发展对农民提出了新要求，加强新型高素质农民培育，用先进农业知识、技术提高农民的能力，用环保意识观念武装农民的头脑，推动新型高素质农民转型。此外，要切实加强农民幸福感，让新型高素质农民成为新时代时尚职业、幸福职业、稳定职业，吸引更多有志人才回归、投身到美丽乡村建设潮流中，壮大乡村绿色环境发展的经营主体。

6. 完善长效工作机制，建立乡村绿色环境发展监测评价体系

任何关系地区建设、发展的工作都不是一蹴而就的，确保工作的落实和成果的体现都需要建立长效工作机制，并在发展中不断完善机制，一代接着一代干，一年接着一年干，将乡村绿色环境发展作为实实在在的、长期利民的工作延续下去。维护乡村绿色环境发展，在实施之余，监测、控制也不能放松，建立良好监测评价体系，让工作成果评价有标准流程，实施全面的工作评估。

7. 提供充足资金保障，有效助力乡村绿色环境发展

农村环境整治工作量大、面广，需要投入大量的资金，仅靠省级财政或单方面的力量无法满足，必须建立完善以各级政府财政支持为导向、农村集体和农户投入为主体、工商企业及社会团体等其他社会资本共同参与的稳定投入渠道，加大乡村生态环保的投入力度。加强财政资金的专项转移支付力度，明确解决农村环境问题的资金渠道和部门责任，统筹安排乡村振兴的各项资金使用。鼓励和奖励为污染治理作出贡献的单位和个人。积极建立污染治理市场化机制，变"谁污染谁治理"为"谁治理谁收费"，积极构筑面向市场的环保技术服务体系。

8. 因地制宜，制定各个乡村绿色环境发展规划

统筹城乡发展规划，将乡村绿色环境发展纳入城镇总体规划予以考虑。以改善农村环境、优化经济增长、提高生态文明为核心，制定各级农村环境保护规划，统筹各部门的资源，集中解决当前农村经济发展中的突出环境问题。

在农业生产环节，建立覆盖农村绿色产业结构、生产方式、生活方式各环节的清洁农业生产机制。例如，针对海南普遍种植的槟榔、橡胶、水稻、蔬菜等农作物，从产业

规划、种植与管护技术、农民消费与生活习惯等方面综合考虑，制定绿色生产环境发展机制。大力提倡绿色无公害农业的发展，扩大有机蔬菜的种植面积，实现绿色农产品的集约化、产业化生产。采用低毒、高效、低残留的新农药。在化肥污染问题上，推广生物有机肥，使土壤和水的污染降到最低。

因地制宜地制定符合当地村民生活习惯、民族风俗和文化特色的居住区规划与建筑规划。在民居中设置与居住分离的厨房、仓储室等功能房间，室外规划晾晒与种植空间，便于农民延续其生活习俗，方便日常生活。集中归置养殖区供农户安排畜禽养殖活动时，集中安置点应选址在村庄的下风向，并对畜禽粪便的收集和处理进行统一规划，保持村庄空气、水体清洁。

（八）乡村绿色环境发展对策建议

1. 深入推进垃圾分类工作

垃圾分类工作方面，要积极对标国家生态文明试验区的标准和要求。①充分认识垃圾分类工作的重要意义，结合"不忘初心、牢记使命"主题教育活动，以党建工作为引领，大力推进垃圾分类工作。②抓好垃圾分类宣传教育，营造全社会参与的良好氛围，持续加大垃圾分类宣传力度，凝聚社会共识，进村入户动员全社会共同参与、人人参与，使"垃圾分类、从我做起"成为居民的行动自觉。③完善长效机制，研究制定海南省生活垃圾强制分类管理条例，通过立法的形式来推动生活垃圾分类。同时抓紧研究制定垃圾分类相关配套措施，更好地推进海南省垃圾分类工作。④尽快印发海南省生活垃圾强制分类实施方案并抓好落实，突出重点、由点到面，提高垃圾回收利用率。

2. 扎实推动农村人居环境改善

按照全域旅游示范省建设总体要求，以建设美丽宜居村庄为目标，以农村垃圾治理、农村污水治理、农村"厕所革命"和村容村貌提升为主攻方向，与"美丽海南百镇千村"建设、生态环境六大专项整治等工作相结合，统筹城乡发展，统筹生产、生活、生态，动员各方力量，整合各种资源，强化各项措施，加快补齐农村人居环境突出短板，为建设具有海南热带特色、田园风光、宜居宜业、民富村美的农民幸福美好新家园，谱写美丽中国海南篇章打下坚实基础。

在全省各市（县）（不含三沙市，含洋浦经济开发区，以下同）乡村范围内（含国有农场、林区林场场部及其管护站、作业区、生产队）开展农村人居环境整治工作，以期实现农村人居环境明显改善，基本达到"干净、整洁、见绿"，乡村公厕"不湿、不臭、不挤"，村民环境健康意识普遍增强，建成一批各具特色的"宜居宜业宜游"的美丽村庄。

3. 持续强化垃圾治理工作

加快推进生活垃圾焚烧厂等处理设施的布局、建设，按照"有齐全的设施设备、有成熟的治理方式、有稳定的保洁机制、有长效的资金保障、有完善的监管制度"要求，根据《海南省农村生活垃圾清扫保洁收运处理规划（2015—2020年）》，建立并完善农村保洁制度。完善"户分类、村收集、镇转运、县处理"的垃圾处理模式，使所有行政村生活垃圾得到处理。在全省范围推行适合农村特点的垃圾就地分类和资源化利用工作，2018～2020年，与美丽乡村建设同步开展1000个垃圾分类和资源化利用示范村创建工作，每年分别完成20%、35%、45%的任务量。合理规划布局乡村废品和农业废弃物回收点，探索政府补贴回收废品，促进废品资源化利用。建立健全秸秆收储运体系，推进秸秆综合利用规模化、产业化。推广使用加厚地膜，开展可降解地膜试验示范，逐步建立农膜、农药包装废弃物回收利用机制。对小散畜禽养殖农户加强技术指导，划定适当区域集中养殖。清理农业生产用膜、农药瓶、包装泡沫箱等垃圾并建立责任制。按照就地封场治理、异地处理的要求完成105处历史存量垃圾堆放点排查整治，建立工作台账，实行滚动销号制度，2018年完成三亚市、乐东县、保亭县等10处历史存量垃圾堆放点整治任务；2019年完成文昌市、琼海市、五指山市、定安县、屯昌县、琼中县、白沙县、洋浦经济开发区等59处历史存量垃圾堆放点整治任务；2020年完成海口市、儋州市、万宁市等36处历史存量垃圾堆放点整治任务。加强农村保洁员管理，建立保洁员招聘、考核、奖惩等相关制度，结合实际逐步提高农村保洁员工作待遇。

4. 重点推进农村厕所粪污治理

积极推进乡村"厕所革命"工作，按照《海南省"厕所革命"三年行动方案（2018—2020）》，将"厕所革命"作为基础工程、民生工程来抓，2018～2020年，所有乡镇至少参照《城市公共厕所设计标准》（CJJ 14—2016）新建或改造公厕1座，所有行政村配建公共厕所（含附属式公厕），创建椰级乡村旅游点，所在村同步建设公厕并达到旅游厕所标准，每年分别完成20%、35%、45%的任务量。乡镇政府、村委会办公区附属式厕所应对外开放，并设置标识引导。合理选择改厕模式，完成24.85万户农户厕所无害化改造，同步实施厕所粪污治理，2018～2020年每年分别完成20%、35%、45%的任务量。加强农村新建住房和农村危房改造等项目无害化卫生厕所配套建设，以及乡镇中小学、乡镇卫生院、集贸市场等无害化卫生公厕建设。严格按照国家《农村户厕卫生规范》（GB 19379—2012）实施无害化卫生厕所改造。按照《海南省公共厕所管理及保洁服务标准》（DB J16—2010），完善公厕标识引导体系，加快"互联网+"公共厕所建设，推广城乡厕所手机应用程序和微信公众号的应用。加强农村改厕与生活污水治理的有效衔接，结合实际，将厕所粪污、畜禽养殖废弃物一并处理并资源化利用。

5. 全面推进农村生活污水治理

按照海南省农村生活污水产生区域特征，因地制宜地将全省农村划分为污水处理厂辐射区和分散处理片区。编制实施《海南省农村生活污水治理全覆盖规划（2018—2020年）》，对污水处理厂辐射区和分散处理片区的农村生活污水提出治理要求。市（县、区）及乡（镇）街内的市政污水处理厂辐射区内的农村生活污水，应通过市政管网进入污水处理厂进行集中处理。着力推进小城镇污水治理，完成镇及部分农场、林场场部污水处理设施和管网建设，推动污水管网向周边农村延伸覆盖，2018～2020年每年完成15%、40%、45%的任务量。分散处理片区农村生活污水分为三类区域，针对所处排水区域的水质目标，选择合适的污水处理技术。农村生活污水排放标准根据排水去向和用途参照相关国家标准执行，其中农村生活污水直接排放参照执行《城镇污水处理厂污染物排放标准》

（GB 18918—2002），农田灌溉用水参照执行《农田灌溉水质标准》（GB5084—2005），渔业用水参照执行《渔业水质标准》（GB 11607—1989），景观用水参照执行《城市污水再生利用景观环境用水水质》（GB/T 18921—2002）。到 2020 年，基本完成 2698 个行政村（居）及其自然村农村生活污水治理工作，其中，2018 年完成 540 个行政村（居）及其自然村农村生活污水治理任务，2019 年完成 944 个行政村（居）及其自然村农村生活污水治理任务，2020 年完成剩余 1214 个行政村（居）及其自然村农村生活污水治理任务。将农村水环境治理纳入"河长制""湖长制"管理，以房前屋后河塘、沟渠为重点实施清淤疏浚，采取综合措施恢复水生态，逐步消除农村黑臭水体。

6. 全域推进绿色村庄建设

按照尊重自然、黄土不露天、不过度硬化的要求绿化村庄。实施农村公路"六大工程"（自然村通硬化路工程、窄路面拓宽工程、县道改造工程、生命安全防护工程、农村公路桥梁建设及危桥改造工程、旅游资源路工程）建设，推进通村组道路、入户道路建设，村内道路同步建设排水系统，到 2020 年，基本解决村民出行不便等问题。整治村庄公共空间和农户庭院环境，到 2020 年，完成村内废旧设施和老旧广告牌拆除清理，消除私搭乱建、乱堆乱放。对无人居住的破败房屋，组织户主自行拆除，恢复绿地或发展村庄第三产业。加强村庄规划设计，提供建房设计图纸，引导农村建筑风貌提升。加大宣传和投入，加强传统村落民居和历史文化名村、名镇保护力度，弘扬传统农耕文化，提升田园风光品质。结合美丽乡村建设，统筹推动在村庄主要出入口、主干道和公共活动空间建设公共照明设施。

（九）保障措施

1. 强化基层组织建设引领

积极发挥"一核两委一会"在乡村绿色环境发展和相关整治工作中的作用。明确"两委"职责，发挥好基层党组织和"两委"核心作用，强化党员意识、标杆意识，广泛开展乡风评议活动，引导农村自我管理、自我提高；鼓励成立农村环保合作社，开展村庄环保设施规划、建设和管理；健全村民自治机制，充分运用"一事一议"民主决策机制，建立并完善乡村绿色环境发展重点项目公示制度，保障村民权益；鼓励农村集体经济组织通过依法盘活集体经营性建设用地、空闲农房及宅基地等途径，多渠道筹措资金用于农村人居环境整治，营造清洁有序、健康宜居的生产生活环境；将农村环境卫生、古树名木保护、村庄规划的主要内容等要求纳入村规民约，制定奖惩制度，明确村民维护公共环境的责任，庭院内部、房前屋后环境保洁整治由农户负责，并签订"门前三包"责任书；村内道路、村内公共空间及村庄周边等保洁整治由村"两委"负责落实，鼓励由村民投工、投劳解决。鼓励村民和村集体经济组织全程参与农村环境整治规划、建设、运营和管理；通过电视夜校等多种途径开展文明教育，把培育文明健康的生活方式作为践行社会主义核心价值观、开展农村精神文明建设的重要内容；教育部门要将生态文明教育纳入中小学素质教育并作为重要内容，完善课程体系，丰富教育实践。发挥爱国卫生运动委员会等组织作用，动员农村居民讲卫生、树新风、除陋习，摒弃乱扔、乱吐、乱贴等不文明行为；增强村民文明卫生意识，营造和谐、文明的社会新风尚，使优美的生活环境、文明的生活方式成为村民内在自觉要求。

2. 加强村庄规划编制和管理

全面完成市（县）域乡村建设规划编制或修编。对重要生态红线区内的村庄，逐步实施退出机制，并加强生态修复。按"多规合一"要求，结合美丽乡村建设，推进实用性村庄规划编制实施，做到农房建设有规划管理、行政村有村庄整治安排，实现村庄规划建设管理全覆盖。推行政府组织领导、村委会发挥主体作用、技术单位指导的"共谋、共建、共管、共评、共享"的村庄规划编制和管理机制。简化农村垃圾分类设施、公厕、污水处理设施用地和建设审批程序，按照村选址、乡镇审核、市（县）审定的原则进行项目选址和建设。严格执行农村住房"逢建必报"制度，做好村庄风貌管控。建立健全违法用地和建设查处机制，形成依规有序建设机制。

3. 完善乡村整治建设和管护机制

明确乡镇党委政府以及市（县）有关部门、运行管理单位的责任，建立"有制度、有标准、有队伍、有经费、有督查"的村庄人居环境建设管护长效机制，健全服务绩效评价考核机制。将农村公路、公厕、垃圾、污水处理等设施管理经费纳入市（县）预算，鼓励专业化、市场化建设和运行管护。推行环境治理"依效付费"制度，建立垃圾污水处理农户付费制度，完善财政补贴和农户付费合理分担机制。组织开展专业化培训，把村民培养成村内公益性基础设施运行维护的重要力量。简化项目审批和招投标程序，降低建设成本，确保工程质量。

4. 切实加大政府公共投入

建立市（县）、省级投入为主，中央补助为辅的政府投入体系。市（县）政府统筹整合相关渠道资金，加大投入力度，合理保障农村人居环境基础设施建设和运行资金。省财政在加大资金投入的同时，可依法合规发行政府债券筹集资金。市（县）政府可根据实际情况，整合生态功能区转移支付资金，用于农村人居环境整治。城乡建设用地增减挂钩所获土地增值收益，按相关规定用于支持农业农村发展和改善农民生活条件。村庄整治增加耕地获得的占补平衡指标收益，通过支出预算统筹安排支持当地农村人居环境整治。省级资金采取以奖代补、先建后补、以工代赈等多种方式，提高资金使用效率。

5. 不断加大金融支持力度

充分发挥金融机构作用，支持海南省农村人居环境整治。通过发放抵押补充贷款等方式，引导国家开发银行海南省分行、中国农业发展银行海南省分行等金融机构依法合规提供信贷支持。支持中国农业银行海南省分行、中国邮政储蓄银行海南省分行、交通银行海南省分行等涉农商业银行扩大贷款投放，支持农村人居环境整治。支持收益较好、实行市场化运作的农村基础设施重点项目开展股权和债权融资。积极利用国际金融组织和外国政府贷款建设农村人居环境设施。

6. 充分调动社会力量积极参与

积极探索采取政府和社会资本合作模式、第三方治理模式等形式，引入市场主体开展农村人居环境整治，鼓励各类企业积极参与农村人居环境整治项目。规范推广政府和社会资本合作模式，通过特许经营等方式吸引社会资本参与农村垃圾、污水处理项目。支持将农村环境基础设施建设与美丽乡村、共享农庄、民宿业、特色产业、休闲农业、乡村旅游业等有机结合，引进企业、社会资本参与投资建设，实现农村产业融合发展与人居环境改善互促互进。引导相关部门、社会组织、个人通过捐资捐物、结对帮扶等形式，支持农村人居环境设施建设和运行管护。倡导新乡贤文化，以乡情、乡愁为纽带吸引和凝聚各方人士支持农村人居环境整治。

7. 强化技术和人才支撑

继续组织高等院校、科研单位、企业开展"三师下乡"活动，利用"文化、科技、卫生三下乡""文化进万家"等活动，结合污染防治和农业废弃物资源化利用等技术，推进农村人居环境整治。省直属相关部门、各市（县）要开展农村人居环境项目建设和运行管理人员技术培训，加快培养乡村规划、设计、建设、运行等方面的技术和管理人才。选派科技副镇长、规划设计等专业技术人员驻村指导，组织企业与县、乡、村开展农村环保实用技术和装备需求对接。

8. 加强考核验收督导

将农村垃圾分类、农村污水处理和农村人居环境整治等工作纳入市（县）发展综合考核，考核结果作为市（县）干部政绩考核的内容。省级统筹制定实施相应的考核验收办法，定期组织督导评估，于每年 10 月开始对市（县）检查验收；检查验收结果向省委省政府报告，通报市（县）党委和政府，并以适当形式向社会公布。同时，强化激励机制，检查验收结果与省支持政策直接挂钩。

参 考 文 献

程丽, 文传浩. 2018. 乡村绿色发展与乡村振兴: 内在机理与实证分析. 技术经济, 37(10): 98-106.

国家发展和改革委员会. 2016. 关于印发《绿色发展指标体系》《生态文明建设考核目标体系》的通知. http:// www.gov.cn/xinwen/2016-12/22/content_5151575.htm [2016-12-22].

海南省人民政府. 2021. 海南省农村人居环境整治三年行动方案(2018—2020 年). http://www.shouye-wang. com/html/3/hainan46709.html [2021-3-21].

海南统计局. 2018. 海南统计年鉴 2018. 北京: 中国统计出版社.

海南统计局. 2019. 2018 年海南省国民经济和社会发展统计公报. http://stats.hainan.gov.cn/tjj/tjgb/fzgb/ n_71782/201901/t20190128_2282048.html [2019-1-28].

郇志博, 梁伟红, 罗微, 等. 2013. 海南冬季瓜菜产业风险及可持续发展对策研究. 江苏农业科学, 41(10): 431-433.

郇志博. 2018. 2016 年南方 5 省 150 份青辣椒农药残留监测分析. 现代预防医学, 45(21): 4025-4028.

李长学. 2018. "乡村振兴"的本质内涵与逻辑成因. 社会科学家, (5): 36-41.

刘伟. 2018. 论乡村环境协同治理的行动者网络及其优化策略. 学海, (2): 114-120.

温铁军. 2018. 生态文明与比较视野下的乡村振兴战略. 上海大学学报(社会科学版), 35(1): 1-10.

新华社. 2018a. 习近平: 在庆祝海南建省办经济特区 30 周年大会上的讲话(1). https://baijiahao.baidu. com/s?id=1597640553681698258&wfr=spider&for=pc [2018-4-13].

新华社. 2018b. 国家乡村振兴战略规划(2018—2022 年). http://www.gov.cn/zhengce/2018-09/26/content_ 5325534.htm [2018-9-26].

新华社. 2018c. 中共中央　国务院关于支持海南全面深化改革开放的指导意见. http://www.gov.cn/zhengce/ 2018-04/14/content_5282456.htm [2018-4-11].

新华社. 2019. 国家生态文明试验区(海南)实施方案. http://www.gov.cn/zhengce/2019-05/12/content_ 5390904.htm [2019-5-12].

新华网. 2018. 中共中央国务院印发《乡村振兴战略规划(2018—2022 年)》. http://www.xinhuanet.com/ politics/2018-09/26/c_1123487123.htm [2018-9-26].

杨浩勃, 黄斌欢, 姚茂华. 2015. 乡村环境的协同治理: 生态政治学与社会的生产. 农业现代化研究, 36(1): 28-33.

姚倩, 高玲琳, 姜亚磊, 等. 2017. 海南畜禽粪中四环素类和大环内酯类抗生素的含量及其分布特征. 海南大学学报(自然科学版), 35(2): 152-158.